# 重构作业

## 课程视域下的单元作业

王月芬 著

教育科学出版社
·北京·

# 序

>>>>>>>>>>>>>>>>>>>>>>>>>>>>>>>>>>>>>>>>>

作业应有的价值毋庸置疑。

作业是学校教育的名片，作业折射了教师的教育理念和专业能力；作业花费了教师、学生大量时间，是导致学生学业差距的重要因素；作业也往往会成为学生是否喜欢一门学科、一位教师的重要原因。因此，作业设计和实施的质量，不仅是提升教育质量的重要维度和衡量课程改革成效的关键尺度，还是体现教师专业能力的重要标志，更是影响学生发展的核心因素。

作业又是熟悉的陌生人。教师往往习惯于按照常规布置作业、批改作业，但很少会去深入反思：这样的作业设计质量是否高？这样的作业是否适合学生？这种作业批改方式是不是有效？作业究竟对学生发挥了哪些作用？……

随着教育内涵的发展和很多深层次问题的显现，作业的价值、作业自身存在的问题、教师的作业设计与实施能力都日益引起社会各方的高度关注。多次 PISA① 测试的调查结果都无一例外地显示，中国学生花费在作业上的时间几乎是世界上最长的。更令人深思的是，中国学生普遍存在作业时间很长但学习效率很低的现象。

近年来，国家在一些文件中不断发布关于作业方面的要求。其中，2019 年发布的《中共中央 国务院关于深化教育教学改革全面提高义务

---

① PISA，Program for International Student Assessment 的简称，即国际学生评估项目。

教育质量的意见》的第10条指出："统筹调控不同年级、不同学科作业数量和作业时间，促进学生完成好基础性作业，强化实践性作业，探索弹性作业和跨学科作业，不断提高作业设计质量。杜绝将学生作业变成家长作业或要求家长检查批改作业，不得布置惩罚性作业。教师要认真批改作业，强化面批讲解，及时做好反馈。"因此，不断提高广大中小学教师的作业设计能力与作业实施质量刻不容缓。

本书正是顺应这样的时代要求，从历史、现实与未来的视角，着重围绕作业设计与实施思想有着怎样的历史发展脉络、树立怎样的作业观、如何提高作业设计与实施质量、如何提高教师的作业设计与实施能力、如何基于信息化设计作业系统、如何实现"教学—作业—评价"的系统设计等方面展开。

本书凝聚了我十多年来对作业从理论到实践的系统思考，也参考了我主持的上海市教育委员会教学研究室（简称"上海市教委教研室"）一直开展的"提升中小学作业设计与实施品质"这一大型项目的部分观点。比如，本书有一些问题的出发点来源于2014年我和我的团队出版的专著《透析作业——基于30000份数据的研究》；再比如，本书中的一些案例选自2017年开始由上海市教委教研室主办的"上海市中小学优秀单元作业、试卷案例征集评选活动"……

在这本书中，我尝试将作业理论基础架构与实践操作相结合：通过文献研究，梳理了国内外十多位著名专家的作业思想，归纳出"作业即游戏活动""作业即教学巩固""作业即学习活动""作业即评价任务"等典型思想；同时结合作业研究历史脉络的分析，以及基于现实作业问题背后的原因剖析，2013年在我的博士论文中较早提出了"课程视域"这个概念，希望教师能够具有基于课程视域观的单元作业设计与实施能力。

基于作业设计研究的重要性和必要性，本书着重回答了五个基本问题：一是课程视域是否针对作业设计现状与解决作业问题的现实诉求？

二是课程视域作业观是否符合作业观的历史发展趋势？三是结合作业的历史发展趋势与现状，课程视域作业观具有怎样的基本特征与要求？四是如何基于课程视域观进行单元作业设计？五是如何通过有效的途径和方法让课程视域下的作业设计策略可视化，从而保证课程视域下作业设计的可操作性和可推广性？

本书提出课程视域下的作业设计，更加强调的是一种科学的作业设计范式，强调"单元视角""目标导向""系统设计"和"诊断改进"等。本书还结合课程视域作业观的基本理念，提出作业设计的八大基本策略，以及提高作业设计质量的可视化技术路径，以提高教师的作业设计能力。

为了适应未来信息化时代，本书还呈现了对信息化环境下作业的系统建设，以及对于未来如何实现"教学—作业—评价"的系统设计等方面的思考。

我们需要充分发挥作业自身的价值，同时更要将作业融入整个课程教学体系，这样才能使作业更好地产生系统效应。本书呈现了我个人多年来在作业方面的研究结果，以及对作业未来发展的思考。限于本人的水平，难免有错漏之处，恳请广大读者提出宝贵意见。

# 目 录

绪 论 作业与学生发展 ……………………………………………… 1

## 第一章 国内外作业的内涵与价值 ……………………………………… 5
一、作业的内涵与价值 6
 （一）国内对作业内涵的界定 6
 （二）国外对作业内涵的界定 7
 （三）作业内涵分析 8
 （四）作业的功能与价值 10
二、国内外作业研究特征 14
 （一）研究内容：树木与森林 14
 （二）研究证据：数据与陈述 15
 （三）研究基础：概念与理论 17
 （四）观点论述：结论与解释 17
 （五）成果应用：理念与操作 18
三、本章小结 19

## 第二章 作业思想的历史发展脉络 ……………………………………… 21
一、作业即游戏活动 22
 （一）"作业即游戏活动"基本观点 23
 （二）"作业即游戏活动"思想的启示 25
二、作业即教学巩固 26
 （一）"作业即教学巩固"基本观点 26
 （二）"作业即教学巩固"思想的启示 30
三、作业即学习活动 32
 （一）"作业即学习活动"基本观点 32

（二）"作业即学习活动"思想的启示　37

四、作业即评价任务　40

（一）"作业即评价任务"基本观点　40

（二）"作业即评价任务"思想的启示　47

五、作业思想的历史发展脉络分析　48

（一）作业思想的历史发展脉络　48

（二）作业思想的历史发展趋势分析　51

六、本章小结　53

# 第三章 作业文本分析与作业现状　55

一、作业文本分析　56

（一）文本分析的内涵与特征　56

（二）作业文本分析方法　59

二、作业现状分析　66

（一）作业地位分析　67

（二）作业观念分析　68

（三）作业设计质量分析　71

（四）作业问题原因分析　74

三、本章小结　79

# 第四章 课程视域作业观　83

一、课程视域作业观的内涵特征　84

（一）课程与教学的关系分析　84

（二）课程、教学与作业的关系分析　90

（三）课程视域与教学视域　92

（四）课程视域与教学视域作业观比较　93

（五）课程视域作业观的意义　95

二、课程视域作业观的基本理念　99

（一）关注学生差异　100

（二）注重作业与教学协同　102

（三）系统设计作业　103

（四）注重反思改进　105

三、课程视域与单元作业　108
　　(一) 单元作业与课时作业　109
　　(二) 单元作业的特征与价值　110
　　(三) 核心素养与单元作业　112
四、本章小结　113

# 第五章　课程视域下单元作业设计与实施策略 —— 115

一、单元作业目标　120
　　(一) 课程目标、作业目标与教学目标的关系　120
　　(二) 单元作业目标如何设计和表述　123
　　(三) 单元作业目标如何变为课时作业目标　125
二、作业内容　128
　　(一) 作业内容与作业目标一致　128
　　(二) 作业内容科学明确　133
三、作业时间　137
　　(一) 国内外研究中关于作业时间的建议　138
　　(二) 科学预估作业时间　141
　　(三) 学生自主作业时间　142
　　(四) 作业时间的协调　143
四、作业难度　144
　　(一) 难度与学情分析　144
　　(二) 难度与最近发展区　145
　　(三) 难度与学生品德发展　147
五、作业类型　148
　　(一) 作业类型的多维界定　149
　　(二) 跨学科作业的设计　151
　　(三) 学科作业类型的整体设计　156
六、作业差异性　157
　　(一) 体现难度和数量的差异性作业　158
　　(二) 基于学习风格的差异性作业　160
　　(三) 基于不同脚手架的差异性作业　163

（四）自主学习能力与差异性作业　165
　　（五）一周作业与差异性作业　169
七、作业结构　177
　　（一）作业的内向结构　179
　　（二）作业的纵向结构　180
　　（三）作业的横向结构　184
八、作业批改分析与改进　187
　　（一）作业批改与统计　187
　　（二）作业分析与改进　193
九、本章小结　196

## 第六章　课程视域下单元作业设计策略的可视化　199
一、作业设计策略可视化的必要性　200
二、作业设计策略可视化的内涵意义　202
　　（一）可视化的内涵与特征　203
　　（二）可视化与教师专业发展　205
三、作业设计策略可视化的基本思路　207
　　（一）不同层级作业设计的基本要素　207
　　（二）作业设计策略可视化的要求　209
四、课程视域下单元作业设计策略可视化工具　210
　　（一）作业设计前的"设计流程图"　210
　　（二）作业设计中的"属性分析表"　212
　　（三）作业设计后的"反思评价表"　213
五、本章小结　218

## 第七章　作业研究总结与展望　221
一、信息化与线上线下融合式作业　224
二、教学、作业与评价的系统设计与实施　231
三、本章小结　239

**参考文献**　241
**后　记**　249

# 绪论　作业与学生发展

> 作业设计和作业实施的质量,理应成为衡量课程改革成效的关键尺度,也应该成为教师专业发展水平的重要标志之一。
>
> ——题记

作业本身是非常重要并且有效的教育活动之一，有助于继续发展和扩充教育的价值。从世界范围来看，在各国的教育改革中，作业都是课程改革的关键词之一。作业和教学、评价有着千丝万缕的联系，作业和教学共同促进学生发展，决定课程改革成败。课程改革的内涵发展要求教育从外在的规模发展转向内在的质量发展，从粗放发展转向精细发展，从同质发展转向特色发展，从模仿发展转向创新发展。作为课程内涵的重要组成部分，作业设计和实施的质量，从某种角度看会直接影响课程目标的达成，影响教育目标的实现与学生的完满发展。

作业有助于促进学生发展，包括学生的自主学习能力、学习习惯、学习方法、责任感、自律性、持之以恒的意志力、时间管理能力、创新实践能力、学业成绩等方面。但是长期以来，我们往往只关注作业对学生学业成绩的作用，忽视过多的作业给学生带来的严重课业负担，以及由此所导致的一系列危害。（见表0-1）

表0-1 过重课业负担所导致的危害

| | |
|---|---|
| 对个人成长的影响 | 体质下降，近视率逐级攀升；<br>久坐不动，脊椎发育不良；<br>睡眠长期不足，身体素质下降；<br>显性或隐性的精神创伤；<br>厌学和逃学现象日益严重；<br>行为异常现象增多，甚至导致少部分学生自杀；<br>…… |
| 对学校和家庭教育的影响 | 师生关系紧张；<br>学生对学校毫无感恩之情，甚至憎恨学校；<br>过高的期望和严苛的要求，导致亲子关系紧张；<br>学生内部学习动机丧失，缺乏可持续学习的愿望；<br>…… |
| 对社会和国家的影响 | 导致学生多种生活能力、实践能力的缺失；<br>学生缺乏解决真实问题的能力；<br>学生创新能力丧失，国家失去持续发展和创新的人才基础；<br>…… |

虽然也有少数的坚持者认为，学生的学习本身就是一件辛苦的事情，学生必须付出努力和汗水才能获得优异的成绩，才能磨炼坚强的意

志，同时才能取得未来的成就，但不可否认的是，学习需要的刻苦努力，却不是野蛮式的低效的刻苦努力，学习是一个科学的过程，应该强调科学方法指导下的刻苦努力。过重的课业负担有时候是因为不科学的、低质量的教育内容和方法导致的，其危害不可小觑。

造成这种课业负担过重的原因很多，包括中国教育的升学竞争压力，社会优质教育资源的稀缺，不同职业收入的巨大差异，父母攀比心理严重，教师教育观念落后，评价研究与实践严重滞后，教育教学方法落后，改革创新精神缺乏，自主招生政策导致的群体焦虑，校外培训机构的推波助澜，等等。

由于中国考试造成的"竞争文化"和"选拔机制"，导致学校教师为了在考评机制中获得种种奖励，家长为了自己的孩子获得高考优异的成绩和未来出人头地的工作机会，不约而同而又无可奈何地"共同"助推形成了"过重课业负担"的局面。而最为弱势的学生群体，则成为这种教育文化和机制的"受害者"和"牺牲品"。他们不仅丧失了本属于他们的快乐童年，而且在这种机制的摧残下，成为每天疲于奔命的应付各种考试和作业的"机器人"，日益丧失了对学习的兴趣、对生活的热情，以及最可贵的创新精神和生活中必须具备的各种能力等，甚至产生一些悲剧。

从教师的教育教学观念来看，因为现在的教师绝大部分是应试教育下的"得益者"，所以"多学习、多做作业、多施压，才能取得好成绩"的观念在他们心中根深蒂固。他们自认为自己的教育行为是"用心良苦"，是对学生学习负责的表现，因此对于自己简单操练的教学方法、高耗低效的作业设计很少花时间去反思和改进，导致学生在这种教育方式下课业负担日益加重。

从中国的政策机制来看，除了滞后的评价改革，以及高利害的考试文化导致过重的课业负担外，独生子女政策也是导致竞争日趋"白热化"的根本原因。由于每一个家庭都"输不起"，使得他们把所有的希望都寄托在"唯一的孩子"身上，导致家庭不断地对孩子层层加压，认为"比别人多学一点、多花一些时间、多做一些作业，就能取得更好的成绩"，这些错误甚至扭曲的心态导致学生不堪重负，作业问题越来越突出。

作业问题研究不仅关系着课程改革的成败，而且关系着学生的身心健康和未来的成长，乃至整个民族未来的希望。如果说课程改革推行数十载，我们的课堂教学有了一些改观的话，作业改革依然进展缓慢。纵观目前作业研究与实践的基本现状，作业问题虽然日益得到重视，但依然是教育研究领域亟须开垦的荒原。

# 第一章 国内外作业的内涵与价值

> 作业本身是非常重要并且有效的教育活动之一,作业有助于继续发展和扩充教育的价值。
>
> ——本贝努蒂(Bembenutty)

什么是作业？国内外在对作业内涵以及具体功能的界定上存在一定的差异。作业，在古代原指奴仆的劳作，是个贬义词。（陈桂生，2009）18世纪德国学者莱辛和康德率先把"作业"应用于脑力劳动，形成"书本作业""精神作业"之类的概念。（姜琦，1935）到了近代，人们充分拓展了"作业"这个概念在教育领域的应用范围，并越来越重视发挥作业的教育价值，将作业作为重要并且有效的教育教学补充物，成为个别化学习的手段，以弥补学校学习活动和班级授课制的局限。

## 一、作业的内涵与价值

### （一）国内对作业内涵的界定

从中国教育发展史来看，"作业"最早出现在先秦文献《管子·轻重丁》中，即"行令半岁，万民闻之，舍其作业，而为困京以藏菽粟五谷者过半"。该句中"作业"有"劳作"的意思，也就是把"作业"作为体力劳动，这也是我国最早有关"作业"一词的文字记载。在世界上最早的一篇专门论述教育和教学问题的文章《学记》中也有关于作业的记载。如《学记》中说"时教必有正业，退息必有居学"，"藏焉修焉，息焉游焉"，其内涵就是指课外活动（包括课外作业），是课内学习的继续和补充，与课内学习相互依存、相互促进。这时候已经把作业作为一种"脑力劳动"了。

从当今国内一些权威工具书对于作业的界定来看，国内更多地把作业当作为了达成一定的教学目标，与完成一定的教学和学习任务密切相连的学习活动。例如，《教育大辞典》把作业分为课堂作业和课外作业。其中对"课外作业"的界定为：根据教师要求，学生在课外时间独立进行的学习活动。布置及检查课外作业是教学组织形式之一。一般认为，它是课堂教学的延伸，有助于巩固和完善学生在课内学到的知识、技能，并培养学生的独立学习能力和学习习惯。《中国大百科全书·教育》中也是将作业分为课内作业与课外作业两种，认为课外作业是课内作业的继续，是教学工作的有机组成部分；学生作业的目的在于巩固与消化所学知识，并使知识转化为技能技巧。再如，《简明国际教育百科全书·教学（下）》中是这样表述的："课外作业指的是学生课后开展的无教师辅导的学习活动。"

当然，中国历史上也有少数学者强调作业的实践性，例如明清时期的思想家王夫之、近代教育家陶行知等。王夫之提出"教必著行"，即强调实践是获得真知的可靠途径，所以他认为作业也应该是一种实践。

但是整体而言，国内绝大部分学者习惯于把作业分为课内作业和课外作业，把作业作为学生独立从事的学习活动。课外作业往往是被看作课堂学习的继续，常用来巩固、消化、理解或迁移课上已学过的知识，是课堂教学工作的延续，是教学工作的重要组成部分。从目前国内这些对作业的权威界定来看，国内对作业内涵和功能的界定具有以下几个基本特征：

一是更习惯于将作业当作课堂教学的组成部分，包括课内练习和课外作业，而课外作业主要是课堂教学的延伸和巩固。

二是对作业的形式界定不一。有些认为作业是练习，侧重于将看作一种书面练习；而有些则将作业界定为一种学习活动、一种实践，内涵更加丰富一些。

三是在对作业功能的界定上，更侧重于作业在巩固课堂知识与技能方面的功能。有少部分学者将作业功能扩展到培养学生独立学习和思考的习惯、发展学生智力、培养学生创造才能、提高学生时间管理能力等方面。

四是更强调学生独立完成作业，不太强调完成作业过程中学生之间的相互合作。

五是更强调学生个人对作业的责任，以及作业对于教学诊断巩固的功能。

（二）国外对作业内涵的界定

19世纪，德国教育家赫尔巴特正式提倡学生在课后要运用和实践所学的知识。从此，家庭作业越来越受到人们的重视，家庭作业成为课内学习的继续，逐渐为教师和学生所认同。（汪亮，2010）

在国外，作业也是学前教育中一些教育家所重视的研究内容。例如，19世纪的德国教育家福禄贝尔和20世纪意大利的女教育家蒙台梭利,他们把作业作为学前教育的重要内容。福禄贝尔的"作业"主要是根据他设计的各种用具,即"恩物"来进行活动,重视儿童的自发活动,认为教育过程就是生活过程。其作业主要包括手工训练,如模型、纸工等手眼协调动作的训练。蒙台梭利的"作业"的范围比福禄贝尔的广泛一些,涉及视觉、听觉、味觉、嗅觉和触觉等方面。此外,蒙台梭利还重视各类作业活动对现实生活的价值,认为教育是为了为现实生活做准备,因而把作业与生活紧密相连。(熊焰,2009)虽然福禄贝尔和蒙台梭利所倡导的作业与今天的作业有一定的区别,他们更加侧重儿童游戏、活动,并且受到神秘主义局限,略显机械呆板,但他们把作业与生活相联系,强调儿童自主活动、实践的思想,是值得借鉴的。

如同福禄贝尔和蒙台梭利一样,国外绝大多数教育家、思想家强调作业的实践性,典型的如杜威、夸美纽斯等。他们强调的作业的几个特征值得我们关注:

一是强调课外作业与课内学习的互补。

二是强调作业的实践性。例如,夸美纽斯认为要给学生提供作业练习,让他们"从实践中去学习"。又如,强调作业实践性最典型的代表是美国的杜威,他倡导"做中学"和开展"活动课程",倡导主动作业、有用的作业。杜威认为的主动作业有着丰富的领域,除了手工、劳动、游戏和竞技之外,还有户外的短途旅行、园艺、烹饪、缝纫、印刷、装订、纺织、油漆、绘画、唱歌、演剧、讲故事、阅读、书写等具有社会目的的形式。

### (三) 作业内涵分析

国内外对作业内涵的界定有一些共同点:一是在作业完成时间上,都偏向于强调作业主要在非教学时间完成;二是在作业布置主体上,都强调是学校教师布置给学生的,不包括课外辅导机构布置给学生的其他任务。而在作业具体范畴的界定、作业内容要求、作业完成方式、作业具体功能的实现上,国内外的界定存在一定的差异。(见表1-1)

表 1-1　国内外对作业界定的比较

| | 国内对作业界定的特点 | 国外对作业界定的特点 |
|---|---|---|
| 定位 | 作为课堂教学的巩固、延伸 | 作为课程的组成部分 |
| 功能 | 以巩固课堂教学的知识与技能为主 | 作为一种学习任务或实践活动，强调与生活相结合，强调实践性 |
| 完成方式 | 更强调独立完成 | 有独立完成，有合作完成 |
| 作业形式 | 更强调文本性书面作业 | 更强调实践性作业、探索性作业等 |

如何恰当地界定作业？这决定了作业的内涵和外延。从国内外对作业的界定来看，国内主要将作业定位于辅助课堂教学，作为教学的一种补充和延伸手段。而国外历史上很多教育家将作业作为课程的一个组成部分，将其作为一种学习任务或实践活动，其功能与价值较之国内更加广泛。

而到了近代，国内外一些作业研究人员所界定的作业内涵逐步趋同。典型的如美国杜克大学的库珀（Cooper）在1989年将作业定义为：作业主要是由学校教师布置给学生，学生利用非在校时间完成的任务。但是2006年，库珀等研究人员通过综述研究，将作业的概念内涵修改为：由学校教师布置的在非教学时间完成的任务。库珀等人对作业定义的修正明确了作业的两个基本特征：一是作业主要来自学校，虽然作业也可能来自家长、课外学习机构和学生自己等；二是作业时空不再仅仅限于家庭内，而是包含了非教学时间的其他时间，因为学生在自习教室、图书馆，或利用课间休息时间来完成家庭作业等现象已经变得越来越普遍。

在库珀的作业界定中，他认为家庭作业不包括三个方面的内容：一是在学校进行的有指导的学习；二是诸如运动、参加俱乐部等非学术性的额外课程活动，如社团活动等；三是通过网络、邮件、电视以及其他媒体进行的函授课程学习。

鉴于上述分析，作业主要是指学校教师依据一定的目标布置给学生,由学生利用非教学时间完成的学习任务,俗称"家庭作业"①。本定义包含以下基本内涵:(1)作业主要是指学校教师布置给学生的学习任务;(2)作业不仅仅包括学生个人完成的,也包括学校布置的团队性任务;(3)作业强调一定的功能和目的,即强调教师有意识、有目的的设计;(4)作业完成的时间主要是指非教学时间,包括学生回家,以及在学校利用休息时间、图书馆开放时间或者其他非教学时间等完成作业的时间。作业的这一内涵界定要避免另一个误区:学生在课间休息时间做作业是理所当然的。课间休息时间还是应该让学生主要进行体育运动和休息。

因此,如果说教学是学生在教师的帮助下进行学习的过程,那么作业从本质上说是学生自主学习内化的过程。

(四)作业的功能与价值

作业究竟是"天使",还是"魔鬼"?

作业的功能定位从来就不是明确一致的。在不同的国家、不同的学校、不同的家庭,对作业的功能界定是多种多样的。同样不可思议的是,在不同的历史时期,即使是同样的国家、同样的学校,也会对作业的功能有不同的观点。作业千差万别的价值和功能定位,也会让各个国家和不同的群体在作业的设计和实施上差异巨大。

例如,美国对于作业的态度呈周期性循环的特征。为了发展学生的智力并提高学生的学业成绩,19世纪的美国中小学教师每天都给学生布置大量记忆类、背诵类的家庭作业,当时的美国高中期望学生每天晚上(包括周末)至少花两三个小时来学习。(任宝贵,2010b)随着家庭作业的增加,过量家庭作业对学生的身心健康造成了严重伤害,社会媒体认为家庭作业是"在美国父母脚下的国家犯罪"。加上美国进步主义教育思想和美国高度重视自我文化的影响,废除家庭作业运动爆发并持续了约半个世纪之久。20世纪50年代末,在俄罗斯成功发射人造地球卫星之后,美国减少家庭作业的局势得到逆转。美国人开始担心,缺乏严谨的教育体系会导致孩子们面对复杂的未来技术以及与意识形态对手竞

---

① 本书中的"作业"和"家庭作业"为同一概念。

争时措手不及。家庭作业被视为加快获取知识步伐的一种重要手段。但在20世纪60年代中期,情况又出现逆转。家庭作业过多开始被视为学生压力过重的重要原因。当代学习理论再次质疑家庭作业的价值,并指出其可能导致学生心理健康出现问题的不良后果。至20世纪80年代中期,对于家庭作业的态度再次转向更为正面的评价。美国一些研究学者通过比较后发现,美国学生所学习的知识少于其他国家学生所学习的知识。因此,一些学校通常将家庭作业作为介绍和学习新的技能和概念,以弥补或增加课堂教学时间的手段,由此美国中小学生的家庭作业量有了比较大幅度的增加。从1981年至1997年,6—8岁儿童的作业量翻了近3倍,从每周的44分钟增加到了2个多小时。在美国全国,小学阶段的家庭作业量每周平均为2小时15分钟,而中学阶段每周平均为6—7小时(Westchester Institute for Human Services Research,2002)。家庭作业成为学校延长教学时间、拓展教学内容的重要手段。

又如,英国对于家庭作业同样也是在不同的历史时期有着不同的价值认同,而且不同的群体对作业价值的认可也不完全一致。19世纪开始,家庭作业成为英国寄宿学校的"预习"手段。到了20世纪30年代,皇家督学团进行普查后,家庭作业开始被重视。教育董事会为各类学生设立了家庭作业标准:中学生做作业的时间为每晚1.5—2小时;小学生没有家庭作业。但是个人爱好、体育锻炼、学生俱乐部已被认为是学生在家里活动的一部分。

近年来,英国一些研究机构对家庭作业做了调查研究。例如,剑桥大学一项大规模调查发现,5—11岁的孩子被迫每周做作业,把家庭变成了第二课堂,本属于孩子的玩耍时间被国家基础课程挤占。研究者认为,现在学生从事室外活动和无人监管体育活动的时间在减少,这使得学生的生活变得越来越"学术化"。(佚名,2008)剑桥大学早期调查研究也指出,英国的正式测验和学校排名夸大了小学生的进步,他们的阅读能力并不比20世纪50年代的小学生更强。他们认为,即使做了这么多作业,现在的孩子并没有表现得比他们的前辈更加聪明。2008年,英国广播公司报道,英国教师与讲师协会(Association of Teachers and Lecturers)提倡取消小学生的家庭作业。(宋倩,2008)该协会认为,硬性规定小学生每天做很多作业只会增加他们的压力,让他们变得不高兴,而且最重要的是他们认为很多家庭作业实际上是浪费时间,毫无作用,反而会导致学生越来越厌学,甚至导致家长和学生之间出现不和。2012年,英国政府对家庭作业总量提出这样的要求:七年级和八年级(11—13岁),每天45—90分钟的家庭作业;九年级(14—15岁),每天1—2小时的家庭作业。现在,英国学生的许多家庭作业都要在电脑上完成。如果家中没有电脑的,可以在学校的电脑上完成。

再如,联邦德国的小学生平时基本没有家庭作业,主要是课堂练习,练习答案一般当堂核对。德国小学一般也没有单元考试、期中考试和期末考试,更没有统考。语文、数学和科学三门学科每学期各做两三次作业,其他学科都没有作业。这三门有作业的学科,作业要存档,便于家长查阅,评分采用六级计分标准:一分为优秀,二分为良好,三分为满意,四分为及格,五分为不及格,六分为差。

德国也有教育专家认为,没有确凿的证据证明家庭作业对提升学业成绩有帮助,留家庭作业只不过是一个教育仪式。好学生不会因为写作业成绩就更好,差学生在课堂上没有掌握学习内容,回家后也不会通过写作业来掌握它们。德国教育家呼吁,学校应着眼于如何在课堂上更好地提高效率,充分利用在校时间提供教学辅导和练习,这样比给学生留家庭作业更加有意义。

通过上述对不同国家和同一国家不同历史时期对于作业价值的认识,我们可以发现各个国家、各个学段、各个学科、不同的研究者对于作业的功能定位并不相同,甚至存在较大的差异。从各个国家对作业功能界定的变化中我们可以感受到,作业的价值与一个国家的政治、经济、军事、教育和文化的变化有着密切的联系。不同的经济条件、文化差异,不同的家长风格以及不同的家庭价值观,使得不同区域、不同家庭对于作业的态度可能完全不一样。而今天的社会,对于作业价值的认识也逐渐趋于多元。

有关调研结果显示,绝大多数教师最认可作业"巩固课堂学习内容"的功能。这一结果一定程度上可表明,作业功能的窄化是导致教师在作业设计时过于关注知识与技能的重要原因。事实上,作业的确有助于巩固课堂所学的知识与技能,但这不应该是作业的唯一功能,作业还可以发挥以下这些积极功能。

- 培养学习的责任心和毅力。学生每天放学回家认真完成作业，这本身就是对学生责任心和毅力的一种培养，让学生从小懂得学习是自己的责任，是要依靠自己努力的，而且是要日积月累的。一些长作业的设计，除了培养学生问题解决能力外，更重要的是在培养学生的毅力和耐心。
- 培养学习兴趣和学习自信。学习自信有助于激发学习兴趣。作业设计过难，会导致学生学习自信丧失，兴趣下降；同样，作业过于容易，也会让学生产生枯燥乏味感。现在作业中恰恰存在过难和过易两个极端现象。因此，如何通过设计难度适宜的作业，让学生在解决问题的过程中，体会到自我价值的实现，从而激发学生的学习自信和学习兴趣，这是非常值得探索的。
- 培养元认知能力。元认知是对个体自身认知过程的知识，以及对个体思维和解决问题过程的调控能力。相比较而言，在教学过程中学生的认知过程受教师影响比较多，而学生自主完成作业的过程，尤其是完成一些综合性、问题解决类的作业，更有利于培养学生的元认知能力。
- 培养解决问题和创新实践的能力。如果说教学受到了每节课40分钟或45分钟的限制，作业的时空则要比教学时空更灵活。教师布置一些综合类、创新类、实践类、问题解决类的作业，比如制作一个自动滴灌装置、参观走访超市、形成一份调查报告等，实际上更加有助于学生综合运用所学的知识和技能，培养学生的问题解决能力和创新实践能力。
- 培养自主管理时间的能力。学生每天放学后如何分配各门学科的学习时间，如何分配自己的休息、学习和娱乐时间，这些都是需要从小培养的一种自主管理时间能力。所以，教师和家长在学生完成作业的过程中，要有意识地引导，让学生学会自主管理，而不是包办代替。

……

当然，上述是作业可能发挥的积极功能，这依赖于教师所设计作业的质量。如果教师设计的作业质量不高，作业不仅不会发挥积极的功能，反而会起反面作用，比如让学生厌学、失去学习自信、影响身心健康等。

## 二、国内外作业研究特征

通过对国内外作业概念界定和功能定位的比较分析、国内外作业研究现状的综述，我们发现国外对家庭作业的研究主要侧重于采用数据分析统计、文献的元分析等方式，研究内容集中在以下几个方面：一是作业的功能与人们对待作业的态度方面的基础研究；二是作业与学业成绩的关系；三是家庭作业时间与学业成绩的相关性研究；四是家庭作业量的研究；五是作业布置与反馈方面的研究；六是针对不同移民的家庭作业的政策研究；等等。而国内有关作业的研究绝大部分侧重于对国外作业资料的翻译和介绍，侧重于作业问题描述、原因分析、教师个人经验等，缺乏对作业的系统、完整的理论研究与实践研究，缺乏对基本规律的探索。

深入分析国内外已有的作业研究成果，我们发现作业研究还存在着广阔的探索空间和需要反思的问题。

### （一）研究内容：树木与森林

纵观国内外有关作业的研究，存在复杂的作业现象被过度简化的问题。在诸多的研究结论中，我们不难发现同样一个问题存在多种研究结论的现象。比如，对家庭作业时间与学业成绩的关系研究就存在四种研究结论：第一种观点认为，家庭作业时间与学业成绩正相关；第二种观点认为，家庭作业时间与学业成绩负相关；第三种观点认为，家庭作业时间与学业成绩之间呈曲线相关；第四种观点认为，家庭作业时间与学业成绩之间没有任何关系。面对这种现象我们不能简单地对谁对谁错下定论，从作业相关研究结论难以统一的情况，我们可以发现作业问题研究并不简单，事实上家庭作业的实施效果受到多种复杂因素的影响。

由于教师、学生、家庭条件、教学情况、作业设计质量、学校管理等都可能会影响作业的实施效果，当一些研究者在研究作业时间和学生学业成绩之间的关系时，出于研究的方便，往往将家庭作业与课堂教学彻底割裂，也与作业相关的其他一系列因素割裂。我们很难去重复验证,针对同样一个学生,做作业或者不做作业、做多少作业、做什么样的作业的影响究竟有多大。分析一下国外有关作业效果的研究,发现以下特征:

- 只见作业时间,不见作业内容;
- 只见学生群体,不见学生个体;
- 只见学生行为,不见教师行为。

这样的研究,不仅会让大家把关注点都聚焦在"增加还是减少作业时间""增加还是减少作业量"等这些可能作用不大的外显的要素上,而忽略了作业设计内容质量本身,而且会忽略学生个体的差异;这样的研究还会产生误导,即作业没有效果,责任在于学生,而与教师设计的作业质量本身以及教学毫无关系。

(二)研究证据:数据与陈述

美国杜克大学的库珀和他的研究团队分析了大量作业研究的历史文献,对作业研究进行了综述。他还做了作业方面的大量元分析研究,以及对学校样本的问卷和访谈分析。尽管库珀对作业研究做出了很大的贡献,他的作业研究引用率非常高,但是他的研究中依然存在一些不可忽视的缺陷:

- 作业时间仅仅依靠教师单方面的自我陈述,或者学生单方面的自我陈述,而缺乏对作业时间准确性的有效验证。从 2013 年上海市义务教育阶段作业设计与实施现状的调研结果中我们发现,教师对作业时间的陈述与学生实际的作业时间之间存在很大的差距。
- 作业时间是每周作业时间的累积,而不是每天作业时间的累积,不仅误差极大,而且无法了解作业布置的频率问题。
- 学生样本的选择可能只代表少部分的学生和班级,并不具有普遍的代表意义,并未充分考虑学生样本的区域特点、家庭特点、学校特点等。
- 只是测量教师所布置的作业,而不是学生真正完成的作业,没有考虑有些学生不完成作业的情况,以及学生额外完成家长与校外培训机构布置的作业的情况。
- 绝大部分研究缺乏同等情况的对照组。即使有对照组,也很难保证对照组学生和实验组学生完全相似。

- 作业研究方法单一，仅仅依靠数据统计分析和解释。

最为关键的是，作业时间并不能代表作业的全部，因为学生差异太大。国外作业研究中绝大多数是把家庭作业时间作为作业量来进行研究的，这是不科学的，因为每个学生的智力水平、作业习惯、家庭环境、学习动机等迥然不同。可能同样作业量的内容花费的作业时间完全不同；也可能同样的作业时间，完成的作业内容、作业难度截然不同。所以，国外这种将作业量和作业时间混淆的研究方法所产生的研究结果的信度往往令人质疑。

与此同时，无论是作业量还是作业时间，研究者所获得数据的来源也是令人质疑的。研究者犹如是在进行"黑箱"验证，无法知道所获得的数据是否客观。例如，学生所报的作业时间是否真的客观真实？如果仅仅关注作业时间，那么学生有着怎样的做作业的过程，是否得到家长的帮助，是否通过网络询问同学，是否在做作业的过程中同时在看电视或者听音乐等，学生完成作业的整个过程我们无法监控，所以我们即使获得了一个同样的时间数值，这个数值背后的实际情况可能也差异极大。例如，美国一项有关于作业的最新研究表明：当由学生来汇报作业时间的时候，7—12年级比K—6年级[①]在作业与学业成绩之间的相关性更为明显，而教师提供的作业时间则不能够证明这种相关性。（Cooper et al., 2006），这充分说明了不同的人对于同一事件所提供的数据或信息是有偏颇的：一方面可能是因为不同的群体表达信息的真实度有差异；另一方面也可能是对数据的估计和判断能力有差异，或者是由于无法完全真实了解。例如，教师很难正确估计每个学生实际做作业的时间。因此，在作业研究中，要客观分析现有学生的作业现状，需要获得学生真实、原始的作业文本，并且对实际完成作业的时间进行统计，或者通过有经验的专家进行第三方的分析判断。

此外，如果只是以作业时间和学业成绩之间相关性的研究结论为依据，可能会给学校、家长和教师造成巨大的误解，他们会简单地通过控

---

① K—6年级，指幼儿园至小学六年级。

制作业的量和作业时间来解决作业问题，这无疑是在用一种机械化思维在思考一件复杂的事情，因为作业功能的多样性、作业自身品质的高低、作业形式的复杂性、作业实施过程中的诸多变量等，都会影响作业实施的效果。所以，单纯地研究作业时间和学业成绩之间的关系，是很难具有普适性意义的。

### （三）研究基础：概念与理论

综观国内外有关作业的各种研究，可以发现现有的研究中绝大多数是对作业现状的描述研究、相关研究、比较研究等，普遍缺乏对作业理论基础的系统梳理，这造成了作业研究的根基不牢、概念混乱。这不仅导致作业研究的深度有所欠缺，而且也阻碍了作业理论的发展与完善，以及有效的作业范式在实践中的产生。缺乏理论基础的作业研究导致了以下几个典型的问题：

一是作业概念混乱，有些作业只是指课堂练习，有些是将课上和课后的作业混为一谈。

二是作业的功能和价值混乱。例如，作业究竟应该发挥怎样的功能？不同的功能定位对作业设计以及实施的方法都会产生巨大的影响。又如，是把作业作为教学的延续，还是把作业作为课程标准达成的途径之一？这两种视角都会使作业的设计思路和实施方式产生根本性的不同。

很多研究结论大都还是应然层面的表述，缺乏相关证据证明和理论支撑。比如，这样进行作业设计的优势在哪里？在哪些方面促进了教师和学生的发展？如何证明这样的作业设计对学生的学习效果产生了重要的影响？对于这些问题都还缺乏深入研究和系统论证，很难让人信服。

### （四）观点论述：结论与解释

在众多研究中，很多研究结论的获得并没有充分的证据支持，这是国内很多研究的一个普遍现象。在国外一些专家的研究中，虽然有充分的证据支持，但是也会出现前后研究结论不一致的现象。如果仔细研究库珀2001年和2007年两次作业元分析的结果，我们会发现在研究年级水平对作业与学业成就相关性影响的时候，2001年和2007年库珀分别用了不同的数据处理方式。2001年，库珀将小学、初中和高中的数据分开处理，结果发现：

对于高中生（10—12年级）来说，存在明显相关（$r$[①] $= +0.25$），初中生（6—9年级）相关性略小（$r = +0.07$），而对小学生来说基本不存在相关性（$r = +0.02$）。

2007年，库珀分小学（K—6年级）和中学（7—12年级）两个阶段统计数据并进行处理。这种处理方式和2001年的截然不同，他们认为这是最好的数据处理方式，结果发现：

中学阶段的学生所花费的作业时间与学业成就明显相关，在23个样本中$r$大约为$+0.25$。而对于小学阶段的学生来说，10个样本的结果接近于0。

作业研究不能沦为数字的仆人。显然，2007年的研究结果使得7—9年级的结果与10—12年级学生的结果一样，而这与2001年的研究结论是有一定矛盾的，相关性系数也因为这种数据处理方式发生了很大的变化。而库珀本人并没有说明为什么将7—12年级的数据做统一分析是更好的。

此外，我们还需要关注研究者的偏见问题，因为研究者对作业的态度可能和他内心潜在的价值观相关。有时候数据表明的结果和研究者的观点相佐，但研究者也会倾向于做出与数据不一致的分析解释。例如，库珀即使通过数据分析发现，小学生作业与学业成就之间不存在相关性，但是库珀依然建议要给小学生布置一定数量的作业。

---

[①] 说明：本书中涉及如下统计术语，这里做统一说明，后续不再另行解释。$r$代表相关系数，反映不同变量之间的关系。相关系数为正，表示是正向关系，即两个变量同时增大或同时减小。相关系数为负，表示是逆向关系，即当一个变量增大时，另一个变量会减小。相关系数越接近1，表示相关性越强；相关系数越接近0，表示相关性越弱。$F$代表方差分析。当存在多种类型（自变量有三组或三组以上）时，可用方差分析比较多个均值是否存在差异。$p$代表显著性水平。$p > 0.05$，代表不显著；$0.01 < p \leq 0.05$，代表显著；$p \leq 0.01$，代表非常显著。

### (五) 成果应用：理念与操作

从国内外有关作业研究成果来看，绝大部分研究侧重于调研和描述作业的问题，有针对性的措施往往是比较原则性和抽象的。而国外很多的作业研究，即使研究出了作业时间和学业成绩的相关性，但事实上对实践的指导作用也微乎其微。例如，库珀的作业研究结论之所以令人质疑还有一个重要的原因，在 1987 年到 2006 年有关作业的研究中，他完全没有考虑作业设计的缺陷、作业类型等关键问题。

此外，因为各国文化、教育制度、教育价值观取向不同，所以作业研究的方向和内容也会有所不同。例如，美国受到杜威"做中学"和实践课程的影响，在作业设计上强调情境性、实践性；法国因为课程改革中受到"框架性课程"的影响，强调研究性学习作业；而加拿大的一些地区在小学阶段根本不布置作业。正是这种文化、教育制度的差异告诉我们，不能将国外的一些研究思想与结论简单套用在我国的作业研究与实践上。而且因为教育文化差异，国外有关作业的研究结论对国内作业设计和实施来说缺乏直接的指导作用。

教师常常陷入"知难行易"的困境，这与缺乏有效的策略方法指导是有关的。例如，绝大部分教师都意识到作业的针对性和个别化很重要，但由于缺乏针对性和差异性的具体操作方法，在实际的操作中往往只能作罢。

## 三、本章小结

毋庸置疑，作业问题已经成为课程改革内涵发展阶段的瓶颈问题之一，作业是导致学生过重课业负担的重要因素之一。

从国内外对作业的界定来看，国内主要将作业定位于服务课堂教学，将作业作为课堂教学的一种补充和延伸手段。而国外历史上很多教育家主要将作业看成课程的一个组成部分，将其作为一种学习任务或实践活动，其功能与价值较之国内更加广泛。正如美国密歇根州立大学珍妮特（Janet）1996 年的研究所述，教师应该将家庭作业重新界定为能够弥补课堂学习不足的课外学习机会。为了使家庭作业有效，他们认为家庭作业要有以下特点：一是能够帮助学生了解一定的课程思想；二是内容要难易适当；三是要为学生提供一些有助于他们顺利完成家庭作业的背景知识和资料；四是要让学生花费的作业时间和精力与学生的学业成绩成正比。

综观国内外作业研究的已有成果和局限，我们不难发现，作业研究实际上是相当复杂的。如果真正深入思考并研究作业，就犹如打开了潘多拉魔盒，我们会发现关于作业尚有一系列问题值得深入探索。

# 第二章 作业思想的历史发展脉络

> 现在的根,深扎在过去,而对于寻求理解现在之所以成为现在这样子的人们来说,过去的每一事件都不是无关的。
>
> ——莫里斯·克莱因(M. Kline)

作业从哪里来？作业应该到哪里去？

究竟应该依据怎样的理论基础才有可能解决目前作业存在的问题？

纵观中西方教育发展史，在浩如烟海的教育理论论述中，虽然有不少的教育学家、教育心理学家都或多或少地提及作业，或者对与作业类似的"练习""训练"等有一些零散的思想表述，但是很少有教育家去系统论述作业的思想。相较其他研究领域，作业设计理论的系统性、传承性和发展性都明显不足，这或许也是现代作业研究与实践不理想的原因之一。

为了更好地建构作业理论基础，本书尝试从历史发展的角度系统梳理有关作业的思想和理论，并尝试对不同的作业思想进行归类。这里着重对古今中外一些公认的教育家的有关作业的思想进行论述，包括最早比较系统地阐述作业思想的幼儿教育专家福禄贝尔、蒙台梭利，以及近代的教育心理学家、课程论专家和教学论专家，如夸美纽斯、裴斯泰洛奇、赫尔巴特、凯洛夫、泰勒、杜威、克伯屈、布卢姆、加涅等①，还有当代的库珀、瓦特洛特（C. Vatterott）等。

从历史角度来看，很多教育家、思想家并没有严格地区分作业、作业设计、作业实施、作业功能等。在逐个分析不同教育家、思想家与作业设计相关的思想和观点，寻求不同专家之间的共性与个性观点的基础上，本书尝试将历史上不同专家的作业设计思想和观点分为四种典型的类型，即"作业即游戏活动""作业即教学巩固""作业即学习活动""作业即评价任务"。本章将综合不同专家有关作业的观点，分别论述这四种典型的作业思想，为进一步提升现代作业设计与实施水平提供可借鉴的作业理论基础。

## 一、作业即游戏活动

正如"作业"一词首先产生于德国一样，最先对作业进行较为系统阐述的是德国教育家。19世纪的德国幼儿教育家福禄贝尔在教育领域首

---

① 本章主要对历史上比较著名的教育学家、课程论专家、教学论专家、教育心理学家的有关作业的思想进行论述，目的是保证作业思想研究的权威性，以避免争议。

先提出"作业"这一概念,并进行了系统阐述;20世纪意大利的女教育家蒙台梭利在此基础上进一步发展,也把作业作为学前教育的重要内容,并对作业进行过单独论述。福禄贝尔和蒙台梭利是较早使用作业概念来较为系统阐述有关幼儿游戏活动的教育家,也是"作业即游戏活动"思想的主要代表。

(一)"作业即游戏活动"基本观点

"作业即游戏活动"的思想,主要是针对幼儿教育的。幼儿教育史上的作业一般比较强调对儿童进行感觉和知觉的训练,尤其是指手工作业。近代幼儿教育一般把幼儿园的一切活动都称为作业,这是广义上的,包括上课、游戏等。(熊焰,2009)整体来说,"作业即游戏活动"的思想有以下一些基本观点。

**1. 作业主要侧重于训练幼儿的感知觉、动作技能等**

作为德国著名教育家、现代学前教育的鼻祖,福禄贝尔把作业视为幼儿园教育的支柱。他为幼儿园设计了三类游戏活动:第一类为恩物;第二类为活动游戏;第三类为作业。作业是指儿童利用作业材料进行的手工和构造活动,主要是根据福禄贝尔设计的各种用具来进行的,包括折纸、放置木棍、串珠、刺绣、绘画等手眼协调动作的训练。福禄贝尔认为,作业活动是幼儿体力、智力与道德和谐发展的主要方面。教师可以通过各种作业活动对儿童进行教育。他还指定了一套幼儿园作业大纲,要求幼儿的作业活动要遵循从简单到复杂的原则。他认为作业活动中,教师应当及时给予指导和帮助,培养幼儿集中注意力和认真制作的习惯,发展幼儿的表现和创造能力。此外,福禄贝尔强调采用游戏活动的形式进行作业活动,注重作业和恩物紧密相连。作业是为儿童设计的各种游戏活动,而恩物则为这些活动提供各种观念。(唐玉光 等,1986)

蒙台梭利的作业所训练的感官范围比福禄贝尔的更为广泛一些,包括视觉、听觉、味觉、嗅觉和触觉等。而且,她还注重培养儿童的思维,比如分辨、归纳和组织能力,为儿童将来学习写字和阅读做准备。此外,蒙台梭利还重视现实,认为教育是为现实生活做准备,因而把作业与生活紧密相连。她强调可以通过作业来培养儿童的独立性、生活自理能力，并且锻炼儿童的意志力。

### 2. 作业主要是教师指导下的校内活动

福禄贝尔的作业实际上是一种达成幼儿教育目的的游戏活动，并且这种作业主要是在学校内完成，针对学前儿童的。福禄贝尔认为这种作业具有目的性、计划性、选择性和活动性。福禄贝尔比较强调教师在作业过程中的指导作用，还强调教师要为作业设计相应的材料。作业活动要依据一定的目的，需要提前准备一系列材料。教师要精心设计和准备这些材料，保证作业的质量。

与福禄贝尔相比，蒙台梭利更加强调这种校内活动——即作业中的儿童的地位，强调作业要为儿童未来生活做准备。她认为在作业过程中，教师只是一个观察者和指导者，指导儿童选择与自身发展相匹配的作业，促进儿童发展。

### 3. 强调所设计的作业要符合儿童兴趣并且由儿童自愿完成

蒙台梭利认为，作业应该从儿童的兴趣开始，儿童有自由选择的权利。儿童自由选择作业和完成作业的过程，又有助于培养他们的纪律意识。她认为这是一个相互关联的链，即"自由—作业—纪律"。作业连接"自由"与"纪律"，具有平衡和中介作用。作业旨在使儿童的身心得到完善的发展。她认为作业就是自由活动，即作业应该是儿童自愿的，符合儿童兴趣的。蒙台梭利认为作业设计包括两种主要形式：第一种是个别作业，这类作业主要由儿童自己选择，并通过自己努力独立完成；第二种作业是反复练习，强调在作业的操作过程中，让儿童不断试误，最后成功完成，从而让儿童体验到一种成就感。对于这两种作业，前者似乎更加强调儿童的兴趣，后者强调一些必要技能的掌握。当然，福禄贝尔也注重通过各种恩物的设计，强调在游戏、动手做的过程中进行作业，让儿童选择活动，这有助于激发不同孩子的兴趣，满足不同孩子的需求。

作为较早地、比较多地阐述作业的教育家，福禄贝尔和蒙台梭利所倡导的作业思想与今天的作业虽然有一定的区别，但也有着一定的联系。"作业即游戏活动"的思想，与今天的作业内涵和功能要求并不相同，但从中外教育史中作业思想的起源来看，作业原本主要是指在校内为了一定的教育目的而让学生完成的学习活动；只是到了近代，作业才逐渐成为课后的学习任务，逐渐占据了学生本来可以自主支配的课外时间。

(二)"作业即游戏活动"思想的启示

"作业即游戏活动"中的"作业"，虽然主要是针对幼儿在幼儿园内的活动进行设计的，但是其关于作业的很多思想至今仍有很好的借鉴意义。比如：

- 强调作业对儿童身心发展的价值，如对感知觉、动作技能、思维等的培养；
- 强调作业设计的目的性、计划性；
- 强调作业设计是一种儿童感兴趣的自愿的活动、游戏，而不是教师强加的外在负担；
- 强调作业内容与生活相联系，为儿童的未来生活做准备；
- 强调作业的活动性、实践性；
- 强调教师在作业过程中的指导作用、观察作用，帮助儿童选择适合自己的作业内容，让儿童在自己感兴趣和能够完成的作业过程中获得成就感；
- 强调作业是连接"自由"与"纪律"的中介；

……

但不可否认的是，福禄贝尔、蒙台梭利的作业思想中也有一些值得商榷的地方：

一是作业设计的功能和目的极其单一。例如，福禄贝尔认为作业的目的主要是培养学生的动作技能，进行手眼协调的动作训练等。这种对作业功能的定位不仅与对作业的内涵界定有关，也与幼儿教育的特点相关。当然，这也受到了当时人们认识水平的局限。

二是过于强调在作业过程中的"教师中心地位"。福禄贝尔认为儿童只能模仿成人，少有创造性。因此，他强调作业要循序渐进，由简到繁。这不利于儿童在作业过程中的创造性发挥。也由于很多作业变成外在的、强制性的，所以儿童将作业作为不得不去完成的任务去做，作业成了儿童的一种负担。正如有评论者所说的一样，假如福禄贝尔的作业落到不好的教师手中，这些作业将可能成为对儿童毫无益处的折磨。

此外，"作业即游戏活动"的思想，某种程度上把重视现实和发展想象对立起来。例如，福禄贝尔认为想象只是为儿童提供虚幻的东西。总之，福禄贝尔、蒙台梭利有关作业的思想更多地是建立在幼儿教育活动的基础上，将作业作为校内开展、教师指导的一种游戏活动。福禄贝尔、蒙台梭利的教育思想，以及有关作业的思想对当时世界的幼儿教育都产生了极大的影响。例如，现在儿童所使用的积木、拼板等都源自当时"恩物"的思想。（唐玉光 等，1986）但是由于福禄贝尔和蒙台梭利受到神秘主义思想的局限，理论略显机械呆板。例如，福禄贝尔重视儿童在作业中得到发展，是为了让儿童更好地认识上帝，因此他所设计的各种恩物也是仿照大自然创制建立了作业体系；而蒙台梭利因为受到当时心理学、医学等发展的局限，很多思想具有一定的唯心主义色彩，比如她认为幼儿园阶段是儿童感官、思维迅速发展的时期，教师应该通过足够多的作业来刺激幼儿发展。这些观点在今天看来不是完全科学的。

## 二、作业即教学巩固

与福禄贝尔和蒙台梭利等教育专家不同，从 17 世纪开始，就有一批教育家将作业作为服务于教学、巩固教学内容的重要手段与方法。从捷克的夸美纽斯，到瑞士的裴斯泰洛奇，到德国的赫尔巴特，再到苏联的凯洛夫，都在他们有关教学的基本观点、教学环节的论述中，对作业、练习提出了一些思考与建议。这些教育家关于作业的思想，与福禄贝尔、蒙台梭利等认为"作业即游戏活动"的作业思想是不同的。

### （一）"作业即教学巩固"基本观点

如果说福禄贝尔、蒙台梭利更多地是从幼儿教育角度将作业作为一种训练幼儿技能的游戏活动、一种学校内进行的教育活动，那么裴斯泰洛奇、赫尔巴特和凯洛夫等人有关作业的思想已经逐渐超越了学校的时空范畴，并且重新界定了作业的内涵和功能。

赫尔巴特、福禄贝尔和第斯多惠都是德国 18 世纪末、19 世纪所涌现的著名的教育家，虽然他们都阐述过有关作业的观点，但赫尔巴特有关作业的观点却和福禄贝尔等人的有着本质的区别。在赫尔巴特的论述中，他有时候使用"作业"，有时使用"练习""训练"等相近的词语。① 同时，这些专家更多地将作业置于"教学的视野"下进行论述。凯洛夫等人对赫尔巴特的教育教学思想进行了传承与发展。整体而言，"作业即教学巩固"的思想，具有以下一些基本特征。

**1. 强调作业对教学中知识与技能的巩固作用**

赫尔巴特曾经说过，为防止学生忘记学过的知识，最有效的手段是练习。因此，赫尔巴特和凯洛夫都强调"作业即教学巩固"的思想，强调作业对教学中知识与技能的巩固作用。例如，赫尔巴特认为教育是个体系统地学习知识的过程。他认为，教师应该是一名建筑师，应该以知识为材料，不断塑造和建设学生。（博伊德 等，1985）换言之，赫尔巴特把个体是否能够牢固地掌握知识作为教育是否成功的重要标志之一。赫尔巴特最著名的观点可以说有两个，一个是关于"意识阈"；另一个就是四段教学法，即"明了—联想—系统—方法"。（见表 2-1）

表 2-1　赫尔巴特四段教学法以及与其相应的教学方法与结果
（朱智贤 等，1988）

| 阶段 | 学生心理状态 | 学生心理活动 | 教师的教学方法 | 掌握知识环节 | 结果 |
| --- | --- | --- | --- | --- | --- |
| 明了 | 注意 | 静止的专心活动 | 提示教学 | 钻研 | 产生新概念 |
| 联想 | 期待 | 动态的专心活动 | 分析教学，自由谈话 | | 引起统觉过程 |
| 系统 | 探究 | 静止的审思活动 | 综合教学 | 理解 | 形成概念、定义和原理 |
| 方法 | 行动 | 动态的审思活动 | 练习，作业 | | 运用知识，培养逻辑技能 |

---

① 在对教育史的梳理过程中可以发现，作业、练习、训练这三个词语经常被不同的教育家混用。本书为了表达原文的思想，根据实际情况选择使用这三个词语，并不做强行统一。

从表 2-1 可知，赫尔巴特的四段教学法建立在一定的心理学基础上，比较细致地考虑了学生学习的心理状态和兴趣，考虑到不同的教学阶段要采用不同的教学方法，这些都有助于知识的传授与掌握。赫尔巴特的四段教学法还重视运用统觉原理，要求在已有经验的基础上建立新的经验，强调在原有知识基础上使新知识能够被整理、系统化和概括；同时重视通过练习、作业等活动，使学生所学知识得以巩固。赫尔巴特认为，在各个学习阶段，教师都要结合学生不同的心理状态，采用不同的教学方法，来达到不同的教育效果。例如在方法阶段，即应用或练习阶段，主要让使学生运用系统化了的知识进行巩固训练。（王天一 等，1993）[329]

凯洛夫也认为，教育是教师在学生们自主与自动的参加之下，以知识、技能和熟练技巧的体系去武装学生的过程。基于这样的认识，凯洛夫认为，教育的实质就是以教师为主导，用现有固定的知识来发展学生。作业则是巩固和发展学生"现有固定的知识"的一种重要手段。由于知识大爆炸时代来临，知识量越来越大，所以学生需要巩固和练习的知识也越来越多。在这种思想指导下的作业观，容易导致学生作业量越来越大，作业负担越来越重。

**2. 强调作业是进行课堂教学管理的重要手段之一**

基于"性恶论"的判断，"作业即教学巩固"的倡导者们往往将对学生的管理放在整个教育过程中很重要的位置。例如，赫尔巴特强调教学中要有"惩罚的威胁""监督"等主要管理方法，辅助的方法则是"权威"与"爱"。因为赫尔巴特认为，只有学生安分守己，才能达到教育的目的，也只有这样，才能让学生形成守秩序的精神。他认为管理方法包括：一是运用惩罚的威胁；二是监督；三是命令和禁止；四是包括体罚在内的惩罚，如剥夺自由、站墙角、禁止吃喝食物、关禁闭、使用惩罚簿等。赫尔巴特所讲的惩罚簿，就与作业和练习相关。因此，有研究者认为，以赫尔巴特为代表的"传统教育家"的思想凸显的是教师的地位，教师对学生的管理和训育成为整个教育过程的主要组成部分，教师往往采用强迫作业、威吓、监督、惩罚等方法对学生进行灌输，学生毫无主动性可言。（任胜洪，2005）

与赫尔巴特的作业观有相似之处，凯洛夫的作业观除了将作业作为课堂教学的延续、巩固课堂知识与技能外，实际上也强调作业对课堂教学管理的功能。因为教师每日的作业布置会让学生意识到，如果课堂上不认真听讲，家庭作业就不会做。这会在一定程度上促使学生上课认真听讲，遵守纪律。这充分体现了赫尔巴特和凯洛夫更强调把作业作为教学的辅助手段，对教学起到诊断和促进作用。

**3. 强调独立作业和书面式的文本作业**

"作业即教学巩固"的思想不仅强调单一的知识与技能训练，而且强调独立作业和书面式的文本作业。例如凯洛夫认为，家庭作业是教学工作的有机组成部分，从根本上具有以独立作业的形式来巩固学生的知识，并使得学生的技能和技巧完善化的使命。可见，凯洛夫倡导独立作业的形式，认为作业具有巩固学生知识，并使学生熟练掌握技能的作用。这种家庭作业观对我国的作业产生了深远的影响。它将学生作为被动完成的客体，将作业功能单一化，忽略合作，强调独立。由于这一功能的限制，凯洛夫作业观指导下的作业，几乎都是以学生独立完成和书面形式为主。

**4. 重视将心理学作为作业研究与实践的基础**

19世纪，传统官能心理学仍然占据着统治地位。康德否认心理学是科学的观点影响着整个德国，乃至欧洲。但是赫尔巴特不仅提出心理学是一门科学，而且认为教育学知识领域中的大部分缺陷是因为缺乏心理学的结果。因此，无论是赫尔巴特还是凯洛夫，他们的很多教育教学的理论都建立在心理学基础上。这开辟了教学论研究与实践的新道路。这无疑是教育学史上不可磨灭的一大功绩。典型的是凯洛夫的五段教学法与赫尔巴特的四段教学法，它们本质上基本相似，而且都非常注重心理学在各个环节的运用。整体而言，这些教学模式对让学生系统地掌握知识、获得较好的学业成绩、具有理性思维等的确有着明显的价值，但是缺乏活动性、综合性和实践性。赫尔巴特的作业研究与实践强调以心理学为理论基础，开辟了作业新的发展道路。

## (二)"作业即教学巩固"思想的启示

洛克把心灵比作"蜡块""白板",莱布尼兹把心灵比作"大理石",而赫尔巴特则把心灵比作一个"容器"。(张法琨,1980)作为德国著名的教育理论家,赫尔巴特有很多突出的创见,比如通过各种学科来引起学生多方面的兴趣;通过教学使学生牢固掌握知识,并且注重在教学中实现德育;根据学生的不同心理状态和兴趣进行教学;学生应该对教材进行深入的学习钻研,并且对问题进行认真的思考、探究;重视通过练习、训练和实际操作来巩固知识等。

作为20世纪四五十年代苏联教育学的重要代表人物,凯洛夫的教育思想深受赫尔巴特思想的影响,但是与其又不完全相同。20世纪50年代,凯洛夫主编的《教育学》传入中国,他所提倡的"五步教学法"——即"组织教学—复习旧课—讲解新课—巩固小结—布置作业"广为传播,这一课堂教学模式至今仍对我国的教学有着深远的影响。作业作为教学五环节中的一个重要环节,对国内作业布置的思想、形式和要求有着根深蒂固的影响。

在"作业即教学巩固"的思想基础上,他们引入心理学成果,这无疑是教育史上的巨大进步,使得作业的研究从某种程度上脱离了经验式的操作。同样重要的是,"作业即教学巩固"的思想使作业和教学建立起了紧密的关联,对今天的作业设计和实施乃至教学都产生了不可忽视的影响。但是他们有关作业的思想也存在一定的时代局限性。

### 1. 过分强调作业对知识与技能的巩固功能

如果说裴斯泰洛奇和赫尔巴特在对作业功能的认识上还比较全面,包括对知识与技能的巩固、对道德的训练、对思维能力的发展、对意志的训练等方面,那么到凯洛夫,他则将作业的功能主要侧重于对知识与技能的巩固方面。正是基于这样的功能界定,在这种作业观指导下的作业强调书面作业、独立作业,导致作业类型的单一化、机械化。

### 2. 基于"性恶论"的前提假设,强调机械训练

对于作业的功能,凯洛夫和赫尔巴特都重视作业的练习巩固和强化

功能。赫尔巴特和凯洛夫的作业思想,从某种角度来说都是基于"性恶论"的假设,强调作业对学生的"控制"。例如,赫尔巴特极其重视道德教育,他认为德育是全部教育的核心,而且必须贯穿教育过程的始终。他主张培养学生五种基本的观念,即"内心自由""完善""仁慈""正义"和"公平或报偿",他认为这是永恒不变的美德。性格训练是赫尔巴特的道德教育方法主张。他认为,对此还有一个重要的工作要做,即注意防范热情的冲动,避免情绪的爆发。他认为,一个人的知识越多,道德品质就越好。"愚蠢的人不可能是有德行的。"(王天一 等,1993)[324]因此,赫尔巴特建议通过约束、限定、抑制、训诫、制裁、谴责、劝告、惩罚以及警告等手段,摧毁儿童顽强的意志,使他们从小就成为"恭顺"之人,以免长大后对社会秩序有危害。今天看来,其中有些见解是过于极端的。

**3. 将课外时间演变为理所当然的"第三课堂"**

在作业思想的传承上,凯洛夫明显继承和发展了赫尔巴特的有关教学和作业的思想,比如他们都将作业作为教学的组成部分。但是,赫尔巴特强调的练习作业还主要发生在教学过程中,而凯洛夫已经明确将学生的课外时间都理所当然地作为了教学时间的延续。因此,从某种角度来说,凯洛夫是强调将作业作为教学的延续,以巩固知识与技能为主的倡导者,更是将作业从"课内"学习活动演变成"课外"学习任务的助推者。

相较于赫尔巴特,凯洛夫的作业目标更加集中,方法更加单一,作业形式更加强调以书面作业为主,时空更为宽广,即明确从课内拓展到课外。凯洛夫对家庭作业的定义与价值阐述,对我国的作业实践产生了重大的影响。例如,我国《教育大辞典》《中国大百科全书》《中国教育百科全书》等权威文献对"作业"的基本解释,几乎是照搬了凯洛夫对"作业"的定义。国内专家不仅采纳了凯洛夫的作业观点,而且在实践中进一步强化了"巩固知识与技能"这一功能。凯洛夫认为作业是教学工作的有机组成部分,而国内学者则直接将作业作为课堂教学理所当然的延伸,这种思想其实潜在地将每个学生的家庭都演变为了学校的"第三课堂"。(熊和平 等,2008)

毋庸置疑，赫尔巴特、凯洛夫等人的作业思想，在巩固知识与技能方面的确有着巨大的作用。但是这种以行为主义心理学为基础的作业思想，有其明显的弊端。首先，这种作业观将学生作为控制、加工改造的客体（任宝贵，2010a），完全忽略了学生在学习中的主体性、积极性和创造性。其次，这种作业形式单一，内容枯燥，机械重复，重竞争轻合作、重数量轻质量的问题已经不容忽视，这种作业观将作业功能单一化，使作业远离了学生丰富的现实生活，变成教师延长课堂教学时间和管理教学的手段，因此作业也就可能成为学生被迫完成的毫无乐趣的负担。最后，这种思想指导下的作业观导致了作业占用学生业余的时间越来越长，严重挤压了学生自身发展的需求空间，比如人际交往的需求、社会化的需求，导致学生出现求知欲下降、实践能力缺失等一系列问题。

## 三、作业即学习活动

如果说夸美纽斯、裴斯泰洛奇、赫尔巴特和凯洛夫等教育家、哲学家更加侧重于从教学的角度来阐述作业的功能、形式和实施要求等，把作业作为教学的补充或延续，作为巩固课堂知识的主要方法，那么，从19世纪开始涌现的以杜威、克伯屈等为主要代表的近代教育家，则更多地从课程角度，将作业作为达成课程目标的一种"学习活动"，比较系统地论述了作业的价值和设计方法。

### （一）"作业即学习活动"基本观点

杜威的思想是建立在对传统教育理论批判的基础上的。杜威批判了斯宾塞的"教育是成人生活的准备"之说，也批判了黑格尔和福禄贝尔把教育理解为开展儿童先天理性的学说。杜威认为，这些观点都是把成人所掌握的或者自认为很需要的知识强加给缺乏理解的儿童，是成人施加给儿童的虐待。杜威还批判了洛克把教育理解为训练心智的学说。洛克等人认为，人们具有记忆、思维、想象等各种心智能力，教育的目的就是培养这些心智能力。杜威认为，人们没有这种假定存在的而且彼此分割的心智能力，脱离现实生活而孤立地训练记忆力和想象力是很荒唐的。杜威同样批判了赫尔巴特把教育理解为教师按照心理的统觉过程向儿童提供教学内容的学说。杜威认为,这种观点会使儿童过多地依赖成人,忽略了儿童潜在学习的动力,将儿童作为被动吸收知识的容器,致使儿童缺乏学习的动机。杜威认为这是教师心理学,而不是儿童心理学。因此,他认为应该强调"儿童中心",即教学应该以儿童心理为根据,以儿童活动为依附,处处为儿童设想。

在杜威有关作业的理念中,"作业"不仅是一个名词,还是一个动词。当"作业"做名词的时候,表示作业任务本身;当"作业"做动词的时候,表示学生完成作业的过程。例如,杜威在论述灌输式教学和被动式学习的时候,说建构式学习的理论一直被普遍认可,而为什么在实践中得不到很好的实施的原因就在于,学校缺乏实行的机构,而且也有相当的工具和具体的材料"使学生能够直接地和继续不断地利用东西作业"(杜威,2001)。因此,从这个角度来说,杜威还把作业当作一种学习的过程。杜威认为,所谓作业是指复演社会生活中进行的某种工作或与之平行的活动方式。(张华,2000)杜威在其论述中有时候用"主动作业",有时候用"可用的作业",有时候用"活动作业"或者"作业活动",这几种说法没有本质的区别,但是也有细微的差异,例如"主动作业"强调最后的目的是将来在社会上有用。然而杜威在论述中并没有刻意区分这几种表达的含义,因此在本书后文的表述中也不再做区分。

克伯屈的教育思想,是在发展杜威教育思想的基础上创立起来的。作为美国 20 世纪初著名的教育家,他的理论体系属于杜威的实用主义教育理论体系。在杜威教育理论的影响下,克伯屈以"设计教学法"而闻名,并产生了深远的影响。克伯屈在进入哥伦比亚大学任教后成了杜威的同事。他试图将当时的行为主义心理学与进步主义相结合,形成了影响深远的"设计教学法"——又被称为"项目教学法",在 20 世纪二三十年代的美国初等学校和中学的低年级得到比较广泛的应用。克伯屈虽然没有对作业提出很明确的观点,但是他的项目设计思想对作业设计具有重要的启发意义。整体而言,"作业即学习活动"的思想具有以下一些基本特征。

**1. 倡导作业是学校课程的一部分**

杜威认为，课程是社会性的作业活动，任何学科性的知识都可以转换为活动作业，课程与作业紧密相连。杜威认为，学校应采用游戏和作业，作业在课程中占据重要位置。基于此，杜威认为作业既包括工作又包括游戏。游戏相对来说更加有助于激发兴趣，游戏本身就是活动的目的，游戏适合年幼的儿童；当能够与遥远的、具有一定特性的结果相联系，并且做出持久努力达到这种结果时，游戏就变成了工作。工作是有目的的活动，并且强调较长的过程，以及在这个过程中培养学生的兴趣、思维、情感等价值。基于儿童中心论的基本思想，杜威认为作业实际上也是学校课程的一部分。从这个角度来说，杜威实际上承认了福禄贝尔等人对于幼儿阶段作业是一种游戏活动的观点。

**2. 强调对校内作业与校外作业关系的处理**

杜威所倡导的作业实际上包括了校内作业以及校外作业，其中校内作业尤其是指课堂教学的内容与要求。杜威提出了一个重要的命题，即学生在校外和在校内的时候是否应该做根本不同的事情？杜威认为，在开拓蛮荒的时代，校外的作业能够提供明确的和有价值的理智与道德训练。由于那时候书籍是极其难得的资料，所以学校的任务主要集中在书籍上是有道理的，此时他倡导校内作业和校外作业应该是有所不同的。但是在近代社会，尤其是城市中，杜威认为校外很多青少年接触的游戏和工作是很危险的，甚至是和教育目的背道而驰的，加上印刷制品如书籍等越来越便宜，学生求知的机会增加，所以学校更加应该创设环境，设计有用的作业。他认为应该重视校外和校内教育目标的关系。

在校内作业和校外作业问题上，虽然杜威在不同的时期认为校内作业和校外作业的关系有所不同，但是他的观点引发了我们一个重要的思考：校内作业和校外作业究竟应该是互补关系，还是应该相一致，或是兼而有之？对于这个问题，赫尔巴特和凯洛夫等人的观点显然是支持校内作业和校外作业内容相一致的；而杜威从课程目标达成的角度，认为在不同的时期应该关注校内作业和校外作业的互补性，例如校外可以进行一些旅行，这些是无法在校内完成的。

### 3. 作业设计要关注整体性、情境性和真实性

"作业即学习活动"的思想，强调作业设计要注重整体性、情境性和真实性。杜威认为主动的作业首先应该注意整体。整体是指作业的情境应该具有完整的感染力，而不是仅仅强调技能训练，或者仅仅是获得某种知识。杜威在作业中所强调的整体设计，主要是指作业情境设计和功能设计的整体性。此外，杜威认为教师也要注意创设情境，因为情境也具有教育性和真实性，有助于培养学生解决现实生活中真实问题的能力。杜威认为作业情境有助于学生理解，构成了一个整体。杜威认为，作业是简单还是复杂，完全取决于作业的目的。他认为，作业是知识与方法的结合。

与此思想紧密相关的是，克伯屈也强调学习活动要注重以主题或项目为中心进行设计，打破单科教学的体系，更加强调以儿童自身的兴趣为导向设计学习单元。1921年，克伯屈将设计定义为："设计是自愿的活动——从自愿决定目的，指导动作，并供给动机的活动。"（季金杰，2013）克伯屈的设计教学法有四个基本特征：一是有一个有待解决的实际问题；二是有一个有目的、有意义的单元活动；三是由学生自己负责计划和实行；四是一种可以增长经验的活动，使学生通过设计获得发展和生长。克伯屈根据设计教学的思想，将活动分为四种类型：一种是消费者的设计，一种是生产者的设计，一种是问题设计，一种是练习设计。（克伯屈，1991）

消费者的设计目的是消费，如欣赏一篇文章并写出评论等。

生产者的设计目的是生产，即通过某种活动证明一种观点或实施一个计划等，如建造一个模型，写出一篇文章，设计出一个海报，等等。

问题设计的主要目的在于解决已有知识经验与现实问题之间的冲突，如思考蜡烛为什么能够燃烧。

练习设计是为达到某项任务或者获得某种程度的技能而设计的专门任务，如打电话练习口语，抄写字词达到记忆熟练、识记公式与符号等。

豪厄尔（R. T. Howell）认为，设计教学法能够激发学生的创造力，并给予学生一种成就感、自豪感和自我价值感。教师在为学生设计学习

任务的时候,必须要清楚学习任务的目的是什么,并且需要考虑任务是否符合学生的兴趣,是否能够给学生带来成就感。

杜威和克伯屈的作业设计要关注整体性、情境性和真实性的思想,实际上在今天的作业设计中依然是非常缺乏的。好的作业设计,有助于培养学生解决实际问题的能力,发展学生的综合能力,这种关注整体情境设计的活动性作业,有助于培养学生的创造力和合作能力。

**4. 作业设计要遵循学生不同发展阶段的学习心理特点**

杜威根据儿童不同发展阶段的特点,提出了不同的学习要求,这种思想也是很值得关注的。杜威在《民主主义与教育》中,把儿童和青少年的学习分为三个发展阶段。(见表2-2)杜威认为,教育最初的本质是人类的,符合儿童身心特征的,以后才是逐步专业的。他认为学校学习中最严重的问题就是,大学教学用的是适合科学家的方法,中学用的是大学的方法,而小学又向中学仿效,这一系列忽视儿童心理发展规律的学习方式造成了儿童学习的悲剧。

表2-2　杜威关于学习的三个发展阶段

| 阶段 | 阶段名称 | 年龄段 | 特点 |
| --- | --- | --- | --- |
| 第一阶段 | 通过活动和工作而学习阶段 | 4—8岁 | 所学的是怎样做,方法是"做中学";所得的知识来自应用,并且是为了应用,而不是为了储备 |
| 第二阶段 | 自由注意学习阶段 | 8—12岁 | 在这个年龄段,儿童的能力逐步增强,可以学习间接知识,但是间接知识依然要融合在直接知识之中;所学知识是为了生活的需要和应用,否则死记硬背会成为孩子大脑的负担 |
| 第三阶段 | 反省注意学习阶段 | 12岁以后 | 开始掌握系统性的、理论性的科学知识或事物规律,并且习得科学的思维方法 |

**5. 作业设计要强调兴趣、道德、能力等方面的全面育人功能**

与"作业即教学巩固"的思想不同,"作业即学习活动"的思想强调作业不仅仅是为了巩固知识与技能，更应该关注作业对儿童兴趣、道德、能力等方面的培养。例如，克伯屈非常注重让学生根据自己的兴趣爱好、专长来选择适合自己的项目进行学习，注重激发学生的动机，并注重与项目和主题、目标等的结合。又如，杜威在《民主主义与教育》中，阐述了"教育"与"训练"的区别。杜威认为，"训练"主要是促进行为的改变，并不考虑情感和心理的改变。而"教育"最主要的价值不在于外在行为的改变，而是心理和情感的变化。正如杜威认为道德教育中的病态行为之一，就是教师仅仅注意防范和纠正学生的犯错行为，却不知道在引导学生从事正确的活动中，就自然抑制了不良的品行。杜威认为，如果把防范和压制看作比引导行善的积极力量更为可贵，那么就无异于在说死亡比生命更可贵，牺牲比服务更可贵，否定比肯定更可贵，这是谬误。

(二)"作业即学习活动"思想的启示

杜威、克伯屈等人对作业的研究，更多地是从活动课程、项目或主题设计等角度进行思考，强调作业是实现课程目标的主要学习活动之一，这与赫尔巴特和凯洛夫基于教学的视角，仅仅将作业作为教学的延续、作为巩固知识与技能的手段的思想是截然不同的。杜威和克伯屈其实都将作业、项目、任务等作为课程的重要环节，这对作业的功能定位、形式、要求、实施方式和效果等都会产生根本性的影响。

"作业即学习活动"的思想的核心观点包括：一是作业是课程的重要组成部分或关键环节，是实现课程目标的重要途径之一；二是强调课堂教学和课后作业的协调统一与适当互补；三是强调作业设计的综合性、情境性，以及对学生思维、能力、兴趣等方面的综合作用；四是强调非书面作业形式。这些与"作业即教学巩固"的思想是截然不同的。

杜威的"儿童中心论"摆脱了"儿童作为成人缩影"的窠臼，强调教育不能违背儿童的学习心理发展规律而在成人预先设计的框架下为未来做准备。杜威的教育思想无疑改造了美国旧教育的体制，并且对美国乃至世界范围内的教育理论与实践产生了巨大的影响。杜威鼓励儿童从生活中学习、从活动中学习有一定的进步之处。杜威所倡导的"活动作业"，改变了教学脱离实际的弊端，并且强调作业要注重学生的兴趣和积极性,强调在活动作业的过程中要发展学生的思维等。杜威认为,作业主要还是起到替代学校课程和教材的作用,强调基于真实性、情境性任务的作业设计。

"作业即学习活动"的作业思想,更多地将作业作为学生的一种学习活动,强调作业对于实现课程目标的价值与意义,而不是仅仅作为巩固教学内容的一种手段。这种作业思想更加强调在整个课程的视角下思考作业的功能、设计和实施,使作业的功能更加广泛,表现形式也更加多样、丰富、综合。因此,在杜威的作业思想中,作业包括了游戏、旅行、阅读书籍、道德训练、烹饪等各种类型的活动。"作业即学习活动"的思想摆脱了传统的练习和训练的窠臼,更加强调作业的自主性、生活化、情境化、操作化、综合化等特点。这种作业方式旨在把理性化的、学科性的知识授受转化为学生感性化的、活动性的知识探究,让学生亲历求知的整个过程。这对于当下过于注重以系统知识体系训练为主的作业设计,是有很强的借鉴与启示作用的。

但客观来说,"作业即学习活动"的作业观还存在以下一些局限。

**1. 缺乏可操作性且在实践中效果不明显**

"作业即学习活动"的思想,并没有建立作业与学校其他要素的关系描述并形成体系,而且没有对作业进行进一步分解,也没有为教师提供细致有效的指导。所以,杜威关于作业的思想在实践中并没有取得预期的效果。杜威力求通过作业展现社会生活中所需要的一切知识,例如通过纺织作业就能够学到关于棉花的知识、纺织机械的物理学知识等。但是,这种作业类型的功效实际上并不理想,儿童学习的科学知识是片断零散的,教师的教学效率是低下的。1957年苏联人造卫星上天,震惊了美国朝野。美国海军中将李科弗(H. G. Ricover)撰写了《美国教育——全国性的失败》。美国教育学者贝斯特(Bester)也批判这种反理智主义,认为美国教育工作者满足于废弃智力的价值而在智力和文化的真空中,为发展教学技术而发展教学技术。在一系列对杜威的教育理论的批判中,美国开始派遣苏联教育考察团,开始重视科学教学,编写高难度的教材,加强师资培训等。

的确,杜威过高地估计了儿童自发的发展能力。事实上,儿童能力有一定的局限性，通过这种学习方式儿童只能获得零星片断常识，无法取得系统而专深的学识，因此从某种角度来说，杜威反对教条主义的同时又陷入了经验主义。受到杜威进步主义教育的影响，美国学校曾经一度认为儿童可以随意活动和获取经验，既不制定课程标准，也缺乏严密选择和组织教材的过程，学习和作业缺乏有计划的严密设计。从杜威教育思想发展的历史可以看出，从早期强调以"活动作业"为中心，到后来强调"活动作业"与"学科教学"并举，主要与两个方面相关：

一是和当时美国的社会经济发展状况密切相关。20世纪30年代，美国经济虽然萧条，但是经济发展的唯一希望还是依靠科学与技术的进步，所以学校如果一味强调通过活动作业来进行不断尝试，学习一些低层次、零碎的知识技能，是不能满足未来社会需求的。从这个角度来看，杜威对于学校课程和作业的定位，实际上依然和社会发展紧密相连。

二是强调综合性和应用性的作业在实践中很难落实。这些综合性和应用性的知识，不仅需要耗费很长的教学时间，而且需要教师设计并准备很多材料，学习效果也遭到很多人的质疑，因此逐渐失去了吸引力。加上后来美国教材的编写逐渐与社会生活相联系，教师的教学也开始注重创新，让学生适当动手，这迫使杜威不断完善自己有关课程、教材和作业的思想。

**2. 学生难以获得系统的学科知识体系**

杜威的实用主义教育、克伯屈的设计教学思想可以总结为三大中心的特点，即以活动为中心、以学习为中心、以儿童为中心，其重大缺陷是学生不易获得系统的学科知识，所以在20世纪50年代受到了巨大的质疑。

当然，也有人批判克伯屈的设计教学法。例如，有人批判设计教学法假装批判学校教育脱离实际的弊端，实际是为了取消教学大纲、教材和分科教学，希望通过各种活动，如做饭、养殖、组织救护队等，把学生训练成忠顺的、目光短浅的为资本家服务的人员。（蔡迪，1955）反对设计教学法的人员实际上主要是站在分科教学的立场，认为设计教学法严重破坏了学生对系统科学知识的掌握。

但是不可否认的是，"作业即学习活动"的观念从某种程度上打破了分科教学的界限,更加强调一种类似于跨学科的综合活动的设计,强调以儿童自发活动为选择和组织活动的中心,强调儿童的兴趣和动机本身,强调培养学生创新的能力与负责的精神,强调解决实际生活情境中的问题,对发展学生合作的精神与能力、坚韧的意志、对他人的宽容之心以及判断能力等都有着独特的价值。这些理念与价值对于作业设计与实施来说,有着同样的启发意义。例如,2013年上海市义务教育阶段作业设计与实施现状的调研结果表明,在教师布置、家长布置、学生自主作业的三种作业来源中,只有学生自觉自愿去完成的作业,或者是由学生自己给自己布置的作业任务,才会对学生的作业兴趣激发和学业成绩提高有着非常明显的促进作用。因此,"作业即学习活动"作业观中强调的学生自发活动,与作业设计中要有意识地引导学生自发、积极、主动地完成作业的思想是不谋而合的。

## 四、作业即评价任务

如前所述,一些教育家将作业作为游戏活动来训练学生的技能,如福禄贝尔和蒙台梭利等;一些教育家把作业作为教学巩固的手段,用作业来延伸教学的时空,着重巩固知识与技能,如赫尔巴特和凯洛夫等;还有一些教育家把作业作为一种学习活动,强调作业对学生多方面能力的培养,如杜威、克伯屈等。除此之外,还有一些教育家将作业作为一种评价任务,即评价学生对课堂教学内容的掌握情况,从而作为诊断教学效果和改进教学手段的有效措施。这方面的典型代表有泰勒、布卢姆和加涅等。

### (一)"作业即评价任务"基本观点

泰勒,在20世纪30年代和40年代分别提出两条基本原理:一条是评价活动原理,以1934年出版的《成绩测验的编制》为代表;另一条是课程编制原理,以1949年出版的《课程与教学的基本原理》为代表。前者使泰勒被称为"当代教育评价之父",后者使泰勒被誉为"现代课程理论之父"。布卢姆,著名的教育家和心理学家,作为泰勒的学生助手和同事,继承了泰勒的研究成果,率先建立了教育目标分类系统。布卢姆整个教学理论的核心内容是掌握学习理论。加涅，美国教育心理学家，结合行为心理学和信息加工心理学的思想，系统论述了教学设计原理，并且提出了著名的五大学习结果，即言语信息、智慧技能、认知策略、动作技能和态度。

**1. 关注作业的评价和改进功能**

"作业即评价任务"的思想，是建立在心理学研究基础之上的。这种作业思想主要是把作业当作诊断分析教育教学目标是否达成的主要途径，强调将练习、作业等作为检验目标是否达成的手段。这实际上是把作业当作一种评价检测手段，其根本目的不在于评判学生的优劣，而在于判断学生达成目标的情况，从而反思课程目标制定的合理性，最终来改进课程编制、教学设计与教学行为。

这种功能定位与前面三种作业思想是不同的。如果说"作业即游戏活动"的思想主要强调培养学生的某些技能，"作业即教学巩固"的思想着重强调作业是为了巩固学生的知识与技能，"作业即学习活动"的思想是为了发展学生道德、能力、情感、知识等综合素质，那么"作业即评价任务"的思想则强调作业的诊断、反馈与调节功能。作业不仅仅是为了培养学生某一方面的能力，而是强调通过诊断学生的情况来改进教学，从而更好地促进学生的发展。因此，从这个角度来说，"作业即评价任务"的思想更加体现了"为了改进学习的作业设计"。

**2. 强调作业目标的选择与设计要综合考虑各种因素**

由于"作业即评价任务"的思想强调作业的评价诊断功能，所以无论是泰勒还是布卢姆和加涅，都无一例外地非常关注作业目标的设计问题。他们在作业目标设计上的研究越来越深入，并且日益强调作业目标要可测量和清晰具体，强调作业内容的设计要紧扣作业目标，并且强调对作业结果的分析反馈，从而改进教学本身乃至课程的设计。

泰勒认为，与其说是制定目标，还不如说是选择目标。他认为为了能对目标的选择做出明智的判断，必须有来自三方面的信息：一是对学生的研究；二是对当代社会生活的研究；三是来自学科专家的建议。泰勒认为，任何单一的信息都不足以为明智地选择目标提供基础。因为学校教育的时间和精力有限，所以一定要将精力集中在非常重要的目标上。此外，泰勒还建议，要用教育哲学和学习理论这两个筛子，对已选择出来的目标进行筛选。泰勒有关目标设计和确定的过程可用图2-1表示。

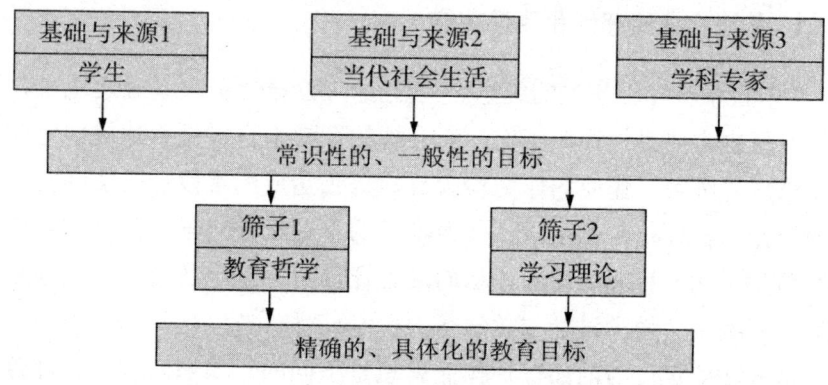

图2-1 泰勒确定教育目标的过程

基础与来源1中对学生的研究，不仅包括对学生外显行为的研究，也包括对学生的思维和情感等内隐行为的研究。泰勒认为，需要把学生目前的状况与理想的常模加以比较，其中的差距就是教育目标。

基础与来源2中对当代社会生活的研究是泰勒非常强调的一个方面。他认为千万不能让学生学习50年前重要的，但是现在已经不再重要的内容了。这一点，泰勒与杜威的实用主义相似，都强调了教育对社会的价值。

基础与来源3中关于学科专家的建议，泰勒认为学科专家往往把学生看作将来要在这个领域从事高深研究的人，而不是把这门学科当作基础教育的一个组成部分。因此，学科专家应该考虑的是这门学科对于一般公民有何作用，而不是该学科的特殊功能和专业化功能。目标设计要思考专业教育和普通教育的区别。

筛子1中，教育哲学主要体现在学校的办学宗旨、学校的价值取向和态度上面。例如，如果学校认为教育的基本职责是顺应社会，那么选择的目标可能就不会强调创新和改造等；如果学校认为社会分层是一种合理的现象，那么就会认为给不同的学生布置不同层次的分层作业也是合理的。

筛子2中，学习理论是学习心理学和认知心理学等提供的研究基础，泰勒认为一方面要区分"可能通过学习过程使学生产生的变化"与"不可能期望产生的变化"；另一方面要区分"在特定年龄阶段可行的目标"与"需要花费很长时间才能达到的目标"，这样才能保证目标设计的有效性、科学性和指导性。

**3. 形成科学有效的描述和撰写作业目标的方法**

从某种角度来说，作业既是一个学习的过程，也是教师为了了解学生对课堂内容掌握情况的过程性评价。因此，作业目标的设计应该遵循具体、可测量的基本原则，而不宜采用宽泛、笼统和含糊的表达方式。例如，布卢姆认为目标具有几个基本特征：第一，用学生外显的行为来陈述目标。制定目标是为了客观的评价，而不是表述理想。因此，布卢姆认为目标必须是具体的、外显的、可测量的。第二，教育目标并没有明确的层次关系，也不是从简单到复杂的简单排序。第三，教育目标分类学是超越学科内容的。比如，泰勒认为教师要学会用二维图表表达目标，同时这也是评价的指南。二维图表有助于目标设计和选择的科学化、均衡化和结构化。

加涅提出了"五成分目标"的目标陈述方法，即情境、习得的性能、对象、行动动词以及工具、限制和特殊条件。

● 情境：加涅认为一个目标必须要规定情境的特征，因为学生实际所做的是高度依赖情境的，所以目标要对行为发生的环境条件进行描述。例如，是"在教师的指导下"还是"在家长的帮助下"，是"在自己的家里"还是"到社会上某个机构或者实践基地"，这些都是作业的情境要求。因此，从某种角度来说，情境实际上也是完成作业的一种条件。

● 习得的性能：加涅列举了九种不同的习得的性能动词，用来区分九类学习结果。因为他认为仅仅运用行为动词来表达，有时候并不能明确究竟代表什么类型的学习结果。

● 对象：对象成分指出学习者行为表现的内容。例如，演示两个三位数之和的计算。其中"演示"就是习得的性能的动词，"两个三位数之和的计算"就是对象。

● 行动动词：行动动词描述行为是如何被完成的。加涅将行动动词和习得的性能所用的动词进行了区分。他认为在撰写作业目标的过程中，不能将九种习得的性能动词用作行动动词。

● 工具、限制和特殊条件：在某些情境中，行为表现需要使用特殊工具，需要某种限制条件或者其他特殊条件。限制条件还可能意味着在完成相关作业的时候，需要其他的知识与技能基础作为前提。

根据上述"五成分目标"的描述方法，加涅还根据习得的性能类型、不同的学科列举了很多相关案例，例如下面这个典型例子：

（情境）给出10道需要短除法的算式，（行动动词）通过写出答案以（习得的性能）演示（对象）除法，（工具和限制）在无特殊帮助下，达到90%的正确率。（加涅 等，1999）[155]

是否所有目标都需要明确"五成分"？是否所有目标都能够被测量和训练？加涅认为，目标是为了清晰表达意图而写，如果不通过"五成分"就能表达清楚，那么也不需要出现所有"五成分"。例如，"陈述美利坚合众国50个州的名称"这个目标看似非常明确，也包含了习得的性能动词和对象，但是这样的目标阐述实际上没有说清楚一些问题，如是在教室的情境里，还是口头提问？是让学生列举场景，还是书写出来？是要求学生全部回忆出来，还是读出来？从加涅所列举的这个案例来看，他还是倾向于将"五成分"都说清楚，这样才可以避免模糊和不确定性。唯有如此清晰的目标，才能使作业设计对于不同的群体具有同样的意义。

## 4. 针对同一内容可以设计不同评价目的的作业或题目

布卢姆的教育目标分类理论对测验试题的编制起到了重要的指导作用。在20世纪40年代，布卢姆等人采用了一套标准来区分知识和智慧技能。他们认为，在测量的时候凡是测验情境与原先学习情境相同，或者只有细微的变化，这样的测验所测量的就是知识；如果测验情境与原先学习情境相比发生了程度不同的变化，那么这时候测量的就是不同层次的智慧技能。（黄莺 等，2008）这种思想至今依然被一些学科所借鉴，指导教师进行题目的编制。教育目标分类理论的出现，也使得题目、作业和试题的形式多样化。它让人们意识到，相同的知识可以通过不同的方式（如情境变化）来考查和训练学生不同的能力，这样的题目编制能更符合各种评价目的。更为重要的是，教育目标分类理论让教师在进行教学、试题编制、作业设计时始终具有明确的目标意识。

对于一个相同的知识类型来说，可以有多种不同的认知过程；同样，对于特定的认知过程来说，可能对于特定的知识类型更加有效。例如，记忆、理解、应用等认知类型，可能更加适用于事实性知识、概念性知识和程序性知识；而对于评价、创造等高阶思维，可能更加适合元认知知识，因为不同的认知过程，加工的程度和复杂性不同。

例如，针对热胀冷缩现象，教师如果只希望孩子了解现象，那么只展示或者介绍一些类似的现象给学生即可；而如果教师希望学生利用热胀冷缩的原理设计制作一个小喷泉，那么教师就不能只是讲授，而应该让学生在初步理解原理的基础上尝试设计一个小喷泉，并且不断通过评价来进行改进，从而更加深刻地理解和运用热胀冷缩的原理进行不断创造。

**5. 强调作业和校内学习的互补**

"作业即评价任务"的思想也存在校内教育和校外学习之间的关系问题。泰勒在他的论著中专门阐述了"学生校外学习的领域"这一问题，这与作业是密切相关的。与以往的课程专家不同，泰勒不仅关注校内教育，而且充分重视校外学习的价值与意义。20世纪70年代，泰勒提出"学习发生在哪里？"的问题。泰勒认为，学习不仅发生在学校里，而且也发生在家庭里、社会里。学校课程知识只是学生整个学习内容的一个部分，如果要使学生能够建设性地参与社会，能够更好地完善并发展自己的话，那么仅仅依靠校内教育是无法完成的。学校主要为学生提供了读、写、算等部分学习机会，我们还要思考学校之外的学习机会。在这个过程中，学校要帮助学生寻找机会，通过各种方式与社区其他组织共同协作，并给予正确的指导。泰勒认为这样做给学生成为未来建设性的公民提供了有效的学习机会，因此他呼吁建设整个教育环境。

## 6. 强调作业设计需要系统设计

"作业即评价任务"的作业观,强调作业以诊断目标达成为主。一些教育心理学家对教学和作业的关系的论述,以及系统设计的思想(见表2-3)对改进作业设计也具有很大的启发意义。如加涅认为,教学应该是精心设计的系统,教学设计是一个系统。他要求教学设计分为若干个步骤,每个步骤之间环环相扣,而且每个步骤都要对来自下一步骤的"反馈证据"给予检验,以保证该系统的整体效度。教学设计应该开始于需要和目的。系统设计的思想对于作业设计同样重要。除了在教学论上的巨大贡献,加涅对作业也有着比较系统的阐述。

表2-3 加涅等人的教学设计模型(加涅 等,1999)[36]

| 狄克和凯里的9个阶段教学设计模型 | 加涅的14个阶段教学设计模型 |
| --- | --- |
| 1. 鉴别教学目的<br>2. 进行教学分析<br>3. 鉴别起点行为与学生特征<br>4. 陈述作业目标<br>5. 发展标准参照测验题<br>6. 发展教学策略<br>7. 发展与选择教学媒体<br>8. 设计与开展形成性评价<br>9. 设计与开展总结性评价 | **系统水平**<br>1. 分析需要、目标和优先条件<br>2. 分析资源、限制条件和可供选择的传输系统<br>3. 确定课程和教学的范围和顺序<br>**教学水平**<br>4. 确定教学的结构和顺序<br>5. 分析教学目标<br>**课的水平**<br>6. 定义作业目标<br>7. 准备课时计划或课件<br>8. 开发、选择材料和媒体<br>9. 评估学生的作业(成绩测验)<br>**系统水平**<br>10. 教师的准备<br>11. 形成性评价<br>12. 现场测验、修改<br>13. 总结性评价<br>14. 安装和传播 |

这种系统设计的思想包含三个层面的内涵:一是需要系统思考作业内部各个相关因素之间的关系;二是需要思考与作业环节相关的上下情境的关系,并且能够思考教学结果、作业结果等对于作业设计的意义;

三是不同阶段作业之间的纵向系统设计。

(二)"作业即评价任务"思想的启示

众所周知,19世纪末,教育研究深受行为主义心理学的影响,典型的如桑代克提出的准备律、效果律和练习律三大定律,再如斯金纳通过控制、强化来塑造机体行为的思想,导致了机器教学和程序教学等方式、方法的盛行。20世纪60年代后认知心理学得到发展,其中对教育教学产生较大影响的是建构主义、结构主义,强调学习者的原有知识在新的学习中的作用,强调学习是学习者主动建构的过程,以布鲁纳、奥苏伯尔、维特罗克等为代表。加涅不仅受过严格的行为主义心理学训练,而且也吸收了信息加工心理学的思想,在通过教育学与心理学相结合促进科学的教学设计上做出了巨大的贡献。

"作业即评价任务"的思想,将作业不再作为一种随意的活动或者游戏,而是作为在精细目标确定的情况下设计的一系列任务,并且强调目标和内容的一致性。因此,"作业即评价任务"的思想非常强调目标研究以及目标如何表述的问题。从泰勒对目标的筛选,到布卢姆的教育目标分类学,以及加涅提出的"五成分目标"描述方法,这些对于作业目标研究都具有重大启示作用。"五成分目标"描述方法让不同群体对作业有同样的理解。加涅将学习的结果称为行为目标(behavioral objective)、学习目标(learning objective)或作业目标(performance objective)。其中,加涅将"作业目标"界定为对可通过行为观察的学习者可能具有的性能的明确描述。(加涅 等,1999)[47]教师要清晰地知道"完成作业之后学习者将能够做哪些他们以前不会做的事?"或"完成作业之后学习者将会有何变化?",这就要求作业目标能够被测量、可观察并且可操作。虽然加涅所指的作业,是课堂教学设计中的环节之一,但它更多地是指一种课堂任务、表现,也包括了今天所讲的练习。加涅的作业目标,更多地是指课堂教学的结果,甚至也可以理解为教学目标,是教学目的的清晰化、明确化。加涅有关作业的很多思想与技术方法,对于教师清晰、科学、准确地表达目标,以及今天的作业研究与实践,依然具有重要的启示作用。

将心理学的研究成果引入作业研究与实践,关注作业目标并且给予科学的分类指导，强调通过作业结果进行诊断与反馈，这些都是"作业即评价任务"作业观的巨大贡献。但是"作业即评价任务"也存在时代的很多局限性。

比如，泰勒的思想是建立在"有效""高效""可控"等前提下的，有些人反对泰勒的理由之一是：所有计划都是企业当局意志的体现，劳工只能按指标行事，这无异于管理上的专制。泰勒的思想的确忽略了这样一个意义深远的信念，即有些事情是必须由个人自己来决定的。现实生活从来就不像泰勒所想象和期望的那样有序和可控。（林影 等，2008）

又如，布卢姆对于教育理论的贡献是众所周知的，而且教育目标分类学的发展直接影响和促进了教育评价理论的发展，也为建立跨学科的共同语言奠定了良好的基础。但是布卢姆的教育目标分类学也存在一些问题，比如，这种分类视野下对目标的描述存在困难；分类的线索与学习的真实情境不能够完全吻合；人为地将知识内容与过程割裂开来，具有跨学科性，无法满足各个学科独特的要求。

此外，不可否认的是，无论是泰勒还是布卢姆与加涅，都未能非常好地解决情感态度与价值观维度的评价问题，也没有做出更大的突破，可操作性依然很差。此外，对于目标的可测量性问题也有很多人并不赞同，因为孩子的很多能力不是马上能够反映出来的，而是需要长时间的积累，经过几年甚至更长的时间以后才能显示出来。

## 五、作业思想的历史发展脉络分析

整体上来看，很难发现作业思想在历史发展上的清晰脉络。作业思想的发展是随着课程理论、心理学理论、教学理论、评价理论等的发展而发展的。但是，不同的作业流派对当今的作业设计研究与实践都有很好的启示作用。

### （一）作业思想的历史发展脉络

下面从作业时空、作业功能、作业形式、作业思想的主要贡献四个方面，对作业思想的历史发展脉络进行一定的梳理、归纳与总结。（见表2-4）

表 2-4  作业思想的历史发展脉络梳理

| 流派 | 代表 | 作业时空 | 作业功能 | 作业形式 | 作业思想的主要贡献 |
|---|---|---|---|---|---|
| 作业即游戏活动 | 福禄贝尔（1782—1852年） | 校内 | 训练儿童技能 | 与恩物紧密相连的作业、游戏等活动 | 1. 作业的目的性和计划性<br>2. 作业的选择性<br>3. 作业的活动性<br>4. 设计配套材料 |
| | 蒙台梭利（1870—1952年） | 校内 | 训练儿童技能，以及归纳、组织等能力 | 个别作业、反复作业 | 1. 作业是连接自由与纪律的中介<br>2. 强调儿童地位，要符合儿童兴趣，儿童自愿完成<br>3. 要为现实生活做准备<br>4. 训练儿童意志力 |
| 作业即教学巩固 | 夸美纽斯（1592—1670年） | 课堂教学内 | 让教学更彻底和得到巩固 | 多做练习，经常复习 | 1. 作业能促进儿童时刻学习<br>2. 关注在实践中学习 |
| | 裴斯泰洛奇（1746—1827年） | 课堂教学内 | 对德育、智育和体育的作用 | 练习、训练 | 1. 不仅强调作业对智育的作用，也强调作业对体育和德育的作用<br>2. 要素思想对作业设计研究的启示 |
| | 赫尔巴特（1776—1841年） | 以课堂教学内为主 | 1. 教学巩固手段<br>2. 教学管理方法 | 练习、训练等作业 | 1. 强调作业对道德性格的训练<br>2. 开始将心理学应用于作业研究<br>3. 强调兴趣是作业的目的本身 |
| | 凯洛夫（1893—1978年） | 以校外为主 | 课堂教学知识与技能的巩固 | 独立作业、书面作业 | 1. 强调作业对于教学的管理功能<br>2. 强调作业对于知识与技能的掌握<br>3. 将作业作为教学在校外的延伸（第三课堂） |
| | 杜威（1859—1952年） | 校内外 | 1. 应用并适应社会的需求<br>2. 发展思维、智慧，培养情感和道德 | 活动作业、有用的作业 | 1. 明确作业是实现课程目标的手段<br>2. 强调做中学，作业功能多样化<br>3. 关注对校内作业和校外作业的关系的处理<br>4. 强调作业情境设计，要求有整体性<br>5. 重视心理学的应用，强调作业内容与形式要适应不同阶段儿童<br>6. 强调作业的全面育人功能 |

续表

| 流派 | 代表 | 作业时空 | 作业功能 | 作业形式 | 作业思想的主要贡献 |
|---|---|---|---|---|---|
| 作业即学习活动 | 克伯屈（1871—1965年） | 校内外 | 兴趣、合作能力、解决问题能力培养 | 项目任务、主题任务 | 1. 强调以主题或项目为中心进行设计<br>2. 思考"为谁设计"的问题<br>3. 强调综合各个学科知识与要求 |
| 作业即评价任务 | 泰勒（1902—1994年） | 校内外 | 1.参与社会<br>2.发展兴趣、态度、知识、技能和习惯 | 社区活动等 | 1. 将评价引入课程设计，强调评价的目的是改进课程和教学本身<br>2. 科学的目标确定方法<br>3. 二维图表的设计与运用<br>4. 强调校内外教育和学习的互补 |
| 作业即评价任务 | 布卢姆（1913—1999年） | 校内外 | 1. 促进所有学生的进步<br>2. 注重不同知识类型和认知类型的培养 | 测量、评价 | 1. 针对同一内容可以设计不同评价目的的题目<br>2. 作业目标必须具体、可测量<br>3. 不同的知识类型应该对应相应的认知要求与作业形式 |
| 作业即评价任务 | 加涅（1916—2002年） | 校内外 | 1. 帮助个体有效学习<br>2. 言语信息的获得，智慧技能、认知策略、动作技能和态度的培养 | 长期作业、及时作业 | 1. 首倡作业对个体学习的意义<br>2. "五成分目标"的表述方式<br>3. 强调系统思考作业各要素的关系<br>4. 根据不同的知识分类，有针对性地设计相应的作业 |

从上述作业思想的历史发展脉络的梳理结果来看，有关作业的理论与研究缺乏系统性、连续性和发展性。作业研究缺乏独立的理论基础，作业研究还未成为一个独立的研究系统，人们更多地将作业作为其他领域的附属品，如将作业作为教学的某一个环节，或者实现课程目标的一个项目任务或教育活动，或者评价领域里的一种任务设计等。

作业思想绝大部分与课程理论、教学理论和心理学理论的发展密切相关。作业直到近代才被相对独立出来加以系统研究。从历史上来看，在同一作业思想流派中，我们能够看到有些作业观点之间具有一定的关联性和发展性，比如从福禄贝尔到蒙台梭利，他们主张的作业形式虽然基本相似，但是对作业的功能，后者显然进行了深入的拓展；再比如在"作业即教学巩固"的作业观中，凯洛夫对作业的形式强调以书面作业为主，强调独立作业，并且明确将作业延伸到课外。

（二）作业思想的历史发展趋势分析

根据上述对作业思想的历史梳理，我们可以发现作业思想的历史呈现出以下发展趋势。

**1. 作业研究的视角日益多元化**

从各个历史时间段来看，"作业"一词最早在幼儿教育专家那里得到了比较多的阐述。当时主要作为一种教育活动，或者是幼儿的游戏活动，作业几乎被等同于整个教学的内容与活动；到了近代，主要有两种流派，一派是以赫尔巴特和凯洛夫为代表的教学理论体系，认为作业是教学的环节之一，主要用于巩固教学；另一派主要是以杜威和克伯屈为代表的课程理论体系，将作业作为达成课程目标的手段之一，类似于一种课程活动。

在将作业作为教学环节的时候，作业的功能主要有巩固教学知识与技能，也有评价诊断教学的效果，前者主要以赫尔巴特和凯洛夫等为代表，后者主要以泰勒、布卢姆和加涅等为代表。

**2. 作业时空从"校内"到"校外"到"校内外"结合**

作业时空随着作业研究视角的转变而发生变化。原先由于作业被视作学校里的学习活动,加上书籍等资源匮乏,所以作业还没有延展到校外。随着凯洛夫将作业作为课外学习巩固的手段,加上人们对教育的需求日益增加,作业日益成为学生校外学习的主要形式,成为学校教育在家庭中延伸的主要方式之一。

校内外任务究竟应该是一致,还是互补?不同教育家的观点并不完全一致。例如,泰勒、杜威等倡导校内外任务的互补,而凯洛夫则倡导校内外任务的一致。

### 3. 作业的功能和形式逐渐丰富和多元

从历史发展角度来看,作业的功能呈现越来越丰富的趋势,从原先作业只是用来训练儿童的观察技能,到后来逐步发展出智育、体育乃至德育方面的功能。从"作业即评价任务"的作业观来说,作业既是巩固课内学习知识的手段,也是诊断和完善教学的途径。

到了近代,作业也越来越注重在家校关系、学生学习习惯、时间管理等方面的功能。当然,作业功能越来越丰富是好还是不好,这是值得我们反思的。

作业形式和作业功能的定位相关。作业在形式上,有活动,有游戏,有以巩固知识与技能为主的书面作业,还有发展社会适应能力的社区服务等各种类型。

### 4. 作业的设计越来越科学和精细

如前所述,作业思想的发展与课程理论、教学理论、心理学理论的发展密切相关。例如,早期的课程理论借鉴工业科学管理的思想来进行研究,所以美国课程理论起初运用这样的隐喻:学生是"原料",是学校这架"机器"加工的对象,因此很多人把学校比喻为"学校工厂"。随后,博比特等课程专家又把企业成本会计原理应用于学校的教学科目中,让学校围绕"效率"开展教学。因此,教育目标的具体化和标准化成为20世纪20年代初课程科学化运动的重要标志之一。作业思想的发展也与课程思想密切相关。例如在作业功能上,就从原先关注技能训练,到逐步强调作业对课堂知识与技能的巩固、兴趣的培养和能力的发展等。

随着行为心理学和认知心理学的发展，作业设计也越来越科学和精细。原先作业设计只是关注教具、学具设计，自从赫尔巴特引入心理学的因素后，教师开始关注作业与兴趣的关系，到后来，对于作业目标的设计、作业的年段特点、作业的系统思考等方面都越来越趋于成熟。例如，通过比较赫尔巴特、凯洛夫、加涅等人对作业在教学环节中的位置的认识（见表2-5）就可以判断出来，不同的学者随着对教学研究的精细化，对作业的功能和设计也提出了更精细的要求。

表2-5 不同教育家对作业在教学环节中的位置的认识

| 代表 | 作业在教学或学习活动中的位置 |
| --- | --- |
| 赫尔巴特 | 明了—联想—系统—方法 |
| 凯洛夫 | 组织教学—复习旧课—讲解新课—巩固小结—布置作业 |
| 加涅 | 引起注意—告知目标—提示回忆原有知识—呈现教材—提供学习指导—引出作业—提供反馈—评估作业—促进保持与迁移 |

此外，在作业目标的表述上，心理学的发展提供了非常重要的参考，也使作业目标越来越可操作化。原先泰勒只是提出了目标筛选的基本原则和方法，而布卢姆则通过教育目标分类学，将目标研究推向了顶峰，而加涅则从"五成分"的角度，精确地提出了优秀目标的撰写方法，并且认为目标并不一定总是要先于内容。

## 六、本章小结

通过对历史上一些主要的教育家的作业思想的梳理，不难发现，作业在历史上被很多教育家提及，但对之系统充分展开论述的很少。基于不同的作业功能或者当时认知的局限，作业或者被作为一种教育活动，或者被作为教学环节之一，或者被作为实现课程目标的学习活动，或者被作为诊断学习情况的评价任务……。作业研究有着截然不同的发展流派，不同的教育学家、教育心理学家根据自己的教育思想，在论述有关教学、课程或者评价问题的时候，往往顺带对作业问题进行阐述。只是到了近代，才有一些学者对作业问题进行专门论述，比如库珀、瓦特洛特等。

1989年，库珀为美国的普通学区撰写了关于家庭作业设计的一般性原则。他认为，各学区需要进一步明确家庭作业的时间要求，教师也要规划出在课堂上对学生的具体要求。在关于家庭作业设计的一般性原则中，库珀针对不同学段提出要求：小学阶段的作业应该是"量少题易"，让学生从作业中得到快乐的体验。小学阶段作业的目的是培养学生良好的学习习惯。初中阶段的家庭作业，需要渗透一些强制性要求并与学生自身的自觉性结合在一起。家庭作业虽然在初中阶段能够影响学生的学业成绩，但是不能盲目追求和夸大家庭作业的功用，以免影响学生对学习动机、兴趣的培养。高中阶段的家庭作业对学生的学习成就有显著的提升作用，建议教师可以将家庭作业作为课堂学习的延续，例行作业应当包括练习和复习学习过的课程、预习后面将要学习的内容。(Cooper, 1989a) 整体而言，库珀还是从作业量、作业难度、作业兴趣等角度来提出作业设计的建议。

表面来看，作业思想并没有很明显的传承脉络。但是，梳理上述不同教育家（包括心理学家、课程论专家或教学论专家等）对作业的论述，发现其主要停留在五个基本问题上：

一是作业与课程、教学的关系究竟如何？

二是作业的时空究竟在什么范畴？

三是作业究竟应该发挥怎样的功能？

四是究竟应该基于什么目标来进行作业设计？

五是对作业设计中的内容、形式等应该如何进行整体思考？

如前所述，随着历史的发展、心理学的发展，作业设计的功能定位越来越多元、综合，作业越来越强调与校内学习的关系，作业设计的方法也越来越科学，作业的内容和形式也越来越丰富。但不可否认的是，从历史上来看，作业设计的思想或者依赖于个人的经验，或者依赖于课程论、教学论、心理学的发展，作业设计缺乏独立稳定的理论建构，这是导致作业设计研究与实践陷入"混沌""无序""附庸"状态的根源所在。

因此，在研究作业思想历史发展脉络的基础上，结合当下作业存在的种种问题与现象，建构和确定一种作业理论视角来指导作业的设计与实施，就显得至关重要。

# 第三章 作业文本分析与作业现状

正确做事，更要做正确的事。首先找出"正确的问题"，则是做正确的事的第一步。

——麦肯锡（Mckinsey）

要解决问题，首先要承认问题的存在。

在国际知名的麦肯锡公司的卓越工作方法中，有几条经验是值得借鉴的。一是强调正确做事，更要做正确的事，而找出"正确的问题"，则是做正确的事的第一步；二是强调做少数关键的事情，而不是做琐碎的多数事情；三是强调投入大量的人力、精力和财力去获取真实的、最新的、现场的一手资料，这样才能真正地针对时弊，给予有针对性的建议；四是更相信事实……

麦肯锡上述几条卓越工作方法是非常值得我们在研究作业设计时借鉴的。提升作业设计的质量，首先应该从运用科学正确的调研方法和工具、掌握客观真实的第一手学生作业资料、发现作业设计中存在的真实问题开始。在发现作业设计一系列真实问题的基础上，再根据作业现实存在的关键问题，选择并建构合适的作业理论基础，研究如何根据作业理论基础设计有针对性的策略，从而提升作业设计质量。

## 一、作业文本分析

随着信息技术的日益发达，信息搜集工作变得相对比较容易，而如何从海量的信息中获取和分析有价值的信息，是比较难但又至关重要的。世界上的很多信息是定性的、文字的、非结构性或半结构性的文本信息。这些信息如果仅仅采用个人解读式的定性分析方式，会受到人的"有限理性"的影响而出现偏差，出现"一千个读者就有一千个哈姆雷特"的现象，使得分析结果受到质疑。

对于定性的、非结构性的、以文字为主的学生作业文本，如何建立一定的分析框架与结构，确立相对客观的分析标准，综合定性分析与定量分析的优点，进行科学的解读？作业文本分析法是作业设计研究中不可或缺的关键方法之一，有助于我们把握和发现作业设计的核心问题和影响因素等。

（一）文本分析的内涵与特征

问卷法是常见的作业研究方法，即通过教师、学生、家长"自我陈述"选择答案的方式来获得有关作业时间、作业内容等方面的信息。这样的研究方法相对简便，而且获得有关作业研究数据的速度很快。但由于教师存在某种担忧，所以导致这些自我陈述的数据的真实性令人怀疑。如美国库珀等人在研究"作业与学生学业成就"之间的关系时，就发现："教师可能不是很情愿表达这样的观点，即作业对于小学生的学习没有帮助，因为很多人认为这是作业的一个主要功能。如果教师承认作业对学生的学习没有作用，无异于在承认他们自己的作业布置是不当的。"（Muhlenbruck et al., 2000）这就说明在问卷调查中，教师和学生可能会因为各种各样的原因，教师甚至为了逃避自己作业设计不当的错误，而没有真实地回答，导致数据的虚假和不真实，从而也可能会使得研究者做出错误的判断。

因此，我们对作业设计的研究不能仅仅依靠教师对作业情况的自我陈述来进行简单判断，而必须从了解"正确的问题"开始，从对学生每天真实的作业文本等一手资料进行分析开始，这样才能更加深入、有效地了解作业设计中的"少数的关键的真实问题"，形成作业设计研究的正确起点。

文本分析（text analysis，也叫内容分析）法，产生于20世纪初。文本分析是指"探索、调查和检验文本中出现的态度、思想、模式和观点的分析方法的集合"（Anderson et al., 2008）。文本分析通过将定性的半结构性的文本进行赋值或者编码，使得人们可以用定量的方法来分析定性的文本，从而大幅提高分析的可靠性。（曾忠禄 等，2011）文本分析法是介于定量分析和定性分析之间的一类分析方法，主要是根据一定的研究目的，设计一定的研究工具，对真实的文字、图形、符号等相关记录保存下来的原始资料进行的客观、系统和定量的统计分析，进而进行相关的说明、分析与解释。关于文本分析最有名的案例之一是20世纪30年代中期，英国作家雅各布发表了一本震动世界的小册子，将希特勒军队的各军区的概况、军队的组织机构、参谋部人员部署等都披露无遗。当雅各布被绑架到柏林接受审讯后，人们才知道这些重要军事秘密的泄露，原来全部来自德国的报刊。雅各布通过文本分析方法，分析德国报刊，进行系统梳理，就获得了这些准确的信息。可见，科学的文本分析是掌握真相的关键方法。

文本分析法与文献法两者都是对文字、图形、符号等内容加以研究，但是研究的目的、方法和程序是不一样的，具有一定的差异。文本分析法更加强调的是将非定量的文献材料转化为定量的数据，并依据这些数据对文献内容做出定量分析和关于事实的分析、判断、推论及解释。而文献法则是根据研究的需要，对一系列的文献进行比较、分析、综合，从中提炼出观点和结论，其主要工作步骤是文献查阅、鉴别评价和归类整理，最后做出评述性的说明。（李倩，2008）

相对而言，文本分析法是发现作业设计问题最为客观和深刻的方法。但是对于作业设计的整体性认识、实际操作层面的内容，依然可以通过问卷和访谈来获得证据，相互补充。（见表3-1）

表3-1 问卷法、访谈法和文本分析法在作业研究上的特点分析

| | 问卷法 | 访谈法 | 文本分析法 |
| --- | --- | --- | --- |
| 价值意义 | 广泛、全面获得大规模数据，侧重于定量数据 | 针对性了解有关作业的问题、经验，侧重于定性信息 | 深入掌握具体、细节的深刻原因，定性和定量相结合 |
| 研究内容 | 反映不同群体对作业的一些倾向性的基本观点、做法等，无法分析到个体 | 不同人群对作业设计与实施采取的策略、方法，遇到的困难及其实施案例等 | 学科专家对学科作业目标、难度、水平、内容的科学性、作业时间的深入分析诊断 |
| 调研对象 | 教师、学生、校长、家长等 | 教师、学生、校长、家长等 | 与作业相关的原始文本资料，包括家校联系册、各学科作业本、练习本、作业政策文件等 |
| 获取信息方法 | 以个人的自我陈述为主 | 以访谈者和受访者的互动对话为主 | 以专业的分析判断为主 |

概括而言，文本分析法具有以下优势。

1. 文本分析具有相对的真实性和准确性。文本分析工作一般是对分析对象在自然情境下形成的文本资料进行分析，并且完全可以做到在分析对象不知情的情况下进行，从而有助于避免对方因受到注意而改变行为和真实观点的可能性，避免各种数据与信息的失真，保证研究结果的可靠性、真实性。

2. 文本分析具有客观性、系统性。客观性主要是指文本分析的对象

客观,强调分析对象来自真实原始的一手资料;客观性还指不同的分析者都必须遵循相同的程序、规则、标准等,分析相同的资料。系统性主要是指研究者不能仅仅分析支持研究假设的资料,还需要寻找可能相佐的资料来证实或者证伪,并且根据原先预设的系统框架进行结构性分析。

3. 文本分析具有定量与定性相结合的优势。定量与定性相结合是指对指定的内容与分析条目通过编码的方式加以量化,以便于统计和分析,同时又要能够对定性的结果进行专业的解读分析。

4. 文本分析可以采用不同方法进行组合,做不同层次的分析,具有一定的弹性。文本分析不仅可以用于演绎分析,也可用于归纳分析。文本分析将定量分析和定性解读相结合,有助于发现问卷、访谈等研究方法发现不了的内涵与原因。在层次方面,文本分析有助于更深层次的分析,发现文本背后隐藏的内涵。文本分析还有助于深入挖掘个体或群体的价值观、主要观点、态度和认知模式等。

5. 文本分析不仅适用于现状研究,也可用于纵向研究或比较研究。利用同样的框架结构、分析标准和程序,将定性文字量化,有助于今后采用类似的框架结构进行纵向比较与分析。

6. 文本分析可以反复进行。文本分析可以将那些微妙的和难以量化的概念进行编码或者用同样的标准进行赋值,从而使这些概念变成可用计算机分析的数据。编码的可靠性可以反复核对,编码分类标准的信度和效度也可以反复检验。

总之,问卷法、访谈法和文本分析法三种方式各有优势和弊端。问卷法更加有助于了解群体作业观念等方面的整体概况;文本分析法则有助于深入细致地分析作业设计各方面问题的具体表现、表现程度和原因;访谈法则有助于深入了解背后的原因和观念,并形成典型案例。因此,最好的调研并不是绝对采用哪一种方法,而是根据不同的需求,采用不同的调研方法,相互结合,互为补充。

(二)作业文本分析方法

文本分析法的类型有解读式文本分析法、实验式文本分析法等。根据不同研究任务和分析目的,文本分析也要遵循不同的基本分析程序。

例如，解读式文本分析法，其基本的操作程序为"确定数据来源—收集资料—编码—资料分析"（曾忠禄 等，2011）四个基本步骤；又如，实验式文本分析法主要遵循"提出研究问题或假设—抽取样本—选择分析单元—建立分类类目—定量处理与计算—解释与校验"（孙瑞英，2005）六个基本环节。但是不管采用何种文本分析方法或程序，其关键在于发现作业设计中的真正问题。解读式文本分析法更适合于没有明确研究假设、以发现问题和分析问题为主的研究，其优点主要在于操作过程简单，但对文本的抽样要求偏低，这会在某种角度上影响结果的代表性和可信度。而实验式文本分析法的特点则在于已经具有一定的研究假设，主要以验证假设为目的。该分析方法对于抽取样本、选择分析单元具有比较严格的要求，是更加科学的研究方法。

　　作业文本分析既不是简单的解读性作业文本分析，也不是一种纯粹的验证性作业文本分析，而是在上述几种文本分析方法和程序的基础上进一步完善和优化。目前作业内容庞杂、种类繁多，对于作业设计的主要问题，虽然已经通过阅读各类文献资料以及搜集部分学科问卷调研有了大致了解，但缺乏学科针对性，无法了解作业设计中的关键问题、具体表现情况以及可能的原因，因此作业文本分析采用以解读式文本分析法为主，同时兼顾实验式文本分析法的抽样设计要求。（见图 3-1）需要说明的是，作业现状分析采用的是文本分析法，但是还要兼顾问卷法，以此了解一些关键的信息、背景、原因，以及整体倾向性的观点等，从而弥补文本分析的不足。

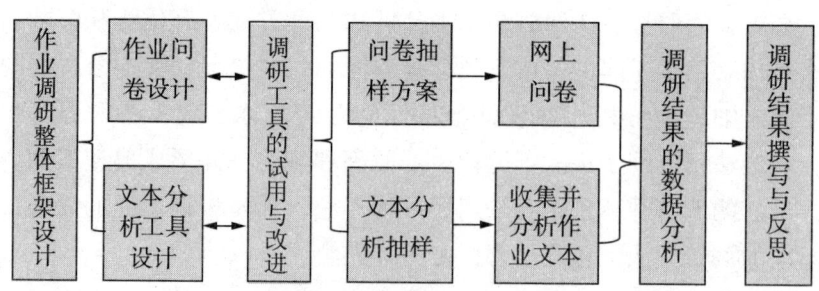

图 3-1　基于作业文本分析的作业调研基本过程

　　作业文本分析需要有科学、规范和细致的环节做保障，每个环节是否能够有效地落实，决定了作业文本分析最终的质量。作业文本分析的基本过程如图 3-2 所示。

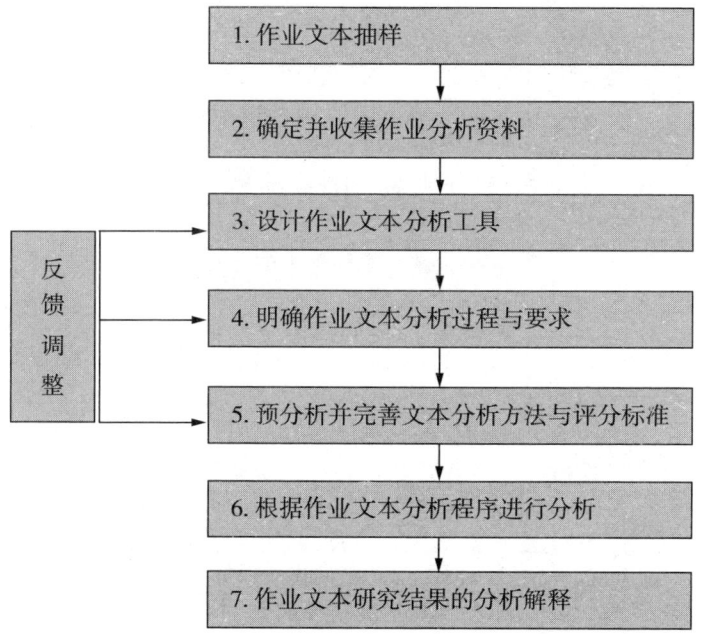

图 3-2 作业文本分析的基本过程

**1. 作业文本抽样**

学生作业文本的抽样对象建议尽可能与作业问卷的抽样对象吻合。这样的设计是为了保证作业文本分析的结果可以与问卷的结果进行配对分析。因此，作业文本分析的样本均来源于问卷调查样本。由于作业文本分析工作量巨大，抽样数量必须有所限制，以保证统计学上的意义。一般来说，作业文本的抽样对象每门学科至少要有 30 个样本，同时要考虑样本的代表性及年级状况。

**2. 确定并收集作业分析资料**

从目前所涉及的学校作业文本类型来看，作业资料来源和呈现方式千姿百态。具体内容可以包括学校各种类型的作业管理文件，学校校本作业，学生家校联系手册，各学科每天具体的作业内容，试卷，教师教学设计中有关作业设计的思考，教师有关作业的分析统计、反思，等等。这些资料都从某些角度和方面反映了学生作业的设计情况。不同类型的作业文本分析内容不尽相同，具体分析优劣势详见表3-2。

表3-2 学校作业文本类型及其分析特点

| 作业文本类型 | 来源 | 分析优势 | 分析弊端 |
| --- | --- | --- | --- |
| 学校作业管理文件 | 学校管理部门 | 分析学校整体的作业理念、功能导向、价值观、作业时间、作业量、作业日常管理方式和规定等 | 涉及内容相对较宏观，更新不频繁，内容滞后或不符合实际 |
| 学生家校联系手册 | 学生 | 全面了解各学科每天的作业情况，包括作业功能、数量、类型等。可做纵向和横向比较，也可做年级差异分析 | 比较中观，缺乏对每份作业具体内容的分析 |
| 部分学科教学设计中的作业设计部分 | 教师 | 分析作业与教学目标的一致性、数量的适当性、功能导向、内容等 | 比较微观，而且学科和学校普遍没能在教学设计时同步思考作业设计 |
| 学科作业练习册、配套练习、回家练习卷等 | 学生 | 深入分析学科书面作业目标、作业内容、作业科学性、作业类型、作业时间、作业难度、作业结构等，适用于对学科作业设计质量的专业分析 | 对分析者要求很高，需要分析者具有扎实的专业基本功 |
| 学科专题作业本 | 学生 | 了解学生某个学科某个专题的作业内容、数量、难度等，如作文本等 | 比较微观，更适合对某个学科某个专题类作业的分析 |
| 教师有关作业的统计分析资料 | 教师 | 了解教师的统计分析频率、统计分析方法和教学中跟进的措施等 | 由此可关注作业实施层面的策略，但是目前绝大部分教师普遍缺乏这类资料 |
| …… | …… | …… | …… |

因为作业文本分析涉及大量的人力、物力等，因此需要对作业文本进行精挑细选，选择具有权威性和代表性的作业资料。通过上述各种类型作业文本的分析，可以看出其有着各自的特点和分析优势，也有着各自的局限。研究者可以根据研究目的进行作业文本类型的选择。例如，如果要全面了解学校作业布置情况，并且进行横向和纵向比较，则建议

对学校作业管理文件、学生家校联系手册等进行分析；如果要对某个学科作业设计的整体质量进行深入分析，则需要具体分析每门学科的书面作业，并结合学生家校联系手册进行分析。

**3. 设计作业文本分析工具**

作业文本分析最大的难点在于分析工具的研制、评分标准的设计，以及分析人员专业素养的提升，否则就会导致研究结果的偏差。我们在确定作业文本分析工具时，要能够结合作业文本的特点进行选取，着重分析作业设计的情况，包括育人理念、作业目标、科学性、作业难度、选择性、多样性、作业时间和作业结构等方面，详见表3-3。

表3-3 作业文本分析的主要维度、内涵与分析内容

| 主要维度 | 内涵 | 分析内容 |
| --- | --- | --- |
| 育人理念 | 主要指作业在体现立德树人、"五育并举"方面的情况 | 1. 作业的功能导向是否指向全面育人？<br>2. 作业的思想性、政治性、教育性、地图科学性情况？ |
| 作业目标 | 主要指作业的目标针对性和适切性，包括符合学生情况、课程标准情况等 | 1. 作业目标是否符合学科课程标准？<br>2. 作业目标是否符合学生情况？<br>3. 作业目标与教学目标的关联情况？ |
| 科学性 | 着重关注作业内容、用语等方面的正确性、可理解性等 | 1. 作业内容、表述形式是否易于理解？<br>2. 作业要求是否明确？答案是否正确？用语是否精练？<br>3. 是否存在概念、文字、数据等方面的科学错误？ |
| 作业难度 | 是学生实际感受到的困难，与学生学习情况、能力水平等密切相关 | 1. 不同难度的作业题比例如何？<br>2. 简单作业的具体表现如何？<br>3. 高难度作业的具体表现如何？ |
| 选择性 | 着重强调作业内容、作业难度的可选择性 | 1. 是否为不同类型学生提供了可选择的作业？<br>2. 作业选择性的比例如何？ |

续表

| 主要维度 | 内涵 | 分析内容 |
|---|---|---|
| 多样性 | 着重强调作业类型的丰富多样，可以从呈现形式、功能等角度进行划分 | 1. 是否适当设计口头、合作、实践等类型的作业？<br>2. 是否适当设计预习、复习等不同功能的作业？<br>3. 不同类型的作业比例分配如何？ |
| 作业时间 | 是指学生实际完成作业所耗费的时间 | 1. 学生作业总时间是多少？<br>2. 不同时间段的作业时间分配是否合理？<br>3. 学校教师、家长、学生自主、校外培训机构布置的作业的时间分配是否合理？ |
| 作业结构 | 对作业在内容结构、类型、难度和目标分配等方面的整体分析 | 1. 作业内容和作业目标是否一致？<br>2. 课时作业、单元作业和学段作业的类型、难度比例分布是否合理？<br>3. 作业内容之间是否存在纵向的关联性？ |

**4. 根据作业文本分析程序进行分析**

作业文本分析一般需要经历以下几个基本程序：明确作业内容与教学进度，确定单元作业目标，划分作业题组，确定作业分析维度的评价标准，预评估分析，作业分析评价与记录，分析评价作业设计质量。(见图3-3)

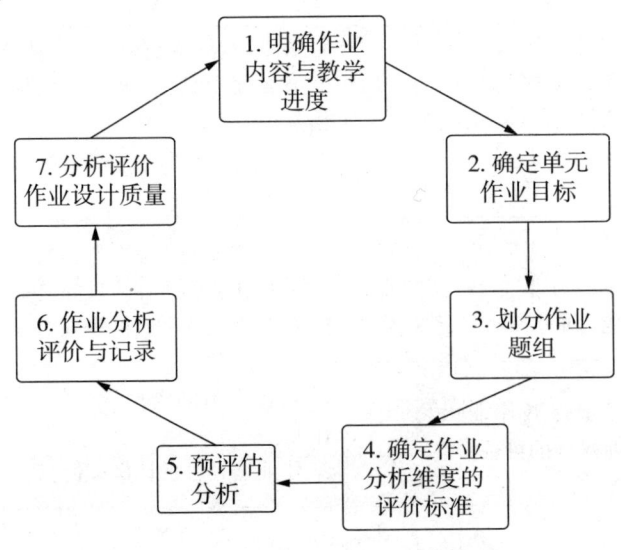

图3-3 作业文本分析的基本流程

- 明确作业内容与教学进度。与作业相关的学习主题要兼顾教学内容和课程标准内容，并且考虑到真实的教学进度，这是确定作业目标的基本依据，也是基于课程标准确定作业目标的基本要求。

- 确定单元作业目标。单元作业目标要依据学习内容来确定，兼顾知识、能力、品格、综合解决问题能力等方面的要求。不同的学科有不同的单元作业目标形成方式，比如数学、物理等理科由于模块主题比较清晰，一般能够直接根据教学主题确定作业目标，并最终汇总形成单元作业目标。

- 划分作业题组。划分作业题组是根据一定的规则将作业进行格式化的过程，避免出现作业题过大或者过小的现象。例如，抄写一个词语和做一篇阅读理解，如果都作为一份作业来进行分析，整个分析的精度是完全不同的，要视实际情况分别对待。比如，一个题干里有若干计算题，如果目标指向一样并且难度差异不大，可以作为一个题组；一篇语文阅读理解里，一道选择题和一道开放题则可以划分为两个题组。

- 确定作业分析维度的评价标准。评价标准的确定至关重要，包括如何判定作业的时间、作业的难度等，这是保证学科分析专家能够基于统一的标准进行判断的重要保障。评价标准要求具体明确、具有科学性、可理解、可操作。

- 预评估分析。预评估分析是为了保证同一组分析专家的分析标准一致，同时也可以起到调节评分标准的作用，避免分析过程中标准过松和过紧的现象，或者因为某些标准容易产生歧义，导致评分差异过大等。同时，通过预评估分析，还可以调整和完善作业目标、划分题组的标准以及评价标准等。比如，在作业时间、作业难度等方面的判断上，可以根据中等程度学生的完成时间来进行判断。

- 作业分析评价与记录。依据确定的标准和题组划分，运用好作业文本分析工具，做好作业时间、作业难度、作业目标等方面的分析。同时，为了结合质性分析的优点，在作业文本分析过程中，除了依据一定的标准进行评分，还应该随时做好过程性的质性记录与评价，以及典型案例的摘录，过程性的质性记录有助于增强分析的深度。

- 分析评价作业设计质量。根据每个作业样本分析的数据和过程性的质性描述，以及每一天作业的分析结果，对整个作业文本情况进行结构性分析与解释，比如每条作业目标是否都有题目对应？作业时间是否适切？作业难度是否分布合理？等等。

通过一系列的程序与方法，把原先定性的作业文本转变为可以用定量分析方法进行分析的数据。然后根据各组作业题分析的结果，进行汇总统计分析。这些统计数据可以用来进行不同因素的相关分析、频率比较、回归分析、不同群体的差异分析、中介变量分析等，挖掘出隐藏在各种作业文本资料背后的信息，发现教师或学校在作业中的基本理念、设计水平、存在问题等，尝试得出基本结论并进行原因解释。

作业文本分析的结果并不是孤立的数据分析，作业文本分析还可以结合问卷调研的结果进行匹配分析，寻找导致作业设计现状的原因，同时进行不同学科之间的比较研究。

值得一提的是，在作业文本分析的过程中，除了根据一定的科学规范和标准，将定性的作业转变为定量的数据外，还需要做好过程性的评价和记录，包括典型的作业案例摘录、关键的评价语言等，这有助于为一些结论提供证据。

有了这样的分析记录，作业相关问题的阐述就不会局限于一种"经验式的漫谈"，而是一种通过科学的数据统计分析进行基于证据的分析解释的有理有据的"科学的研究"。

## 二、作业现状分析

为了更好地了解作业设计和实施中存在的真实问题，寻找作业设计与实施问题背后的原因，积累作业设计和实施的基本经验，2013年上海市开展了义务教育阶段作业设计与实施现状的大型调研。[①]这次作业现状的大规模调研，为全面了解作业设计中存在的真实问题奠定了非常扎实的研究基础。

作业是一个系统，作业各因素之间相互影响，相互制约。作业设计与实施系统如图3-4所示。

---

[①] 此次作业调研项目负责人为上海市教委教研室原主任徐淀芳，主持人为王月芬，项目团队成员包括张新宇、汪茂华、薛峰、陈振、朱浦、姚剑强、曹刚、赵尚华、黄华等。该研究成果可参阅《透析作业——基于30000份数据的研究》，本书只简述部分相关调研结论。

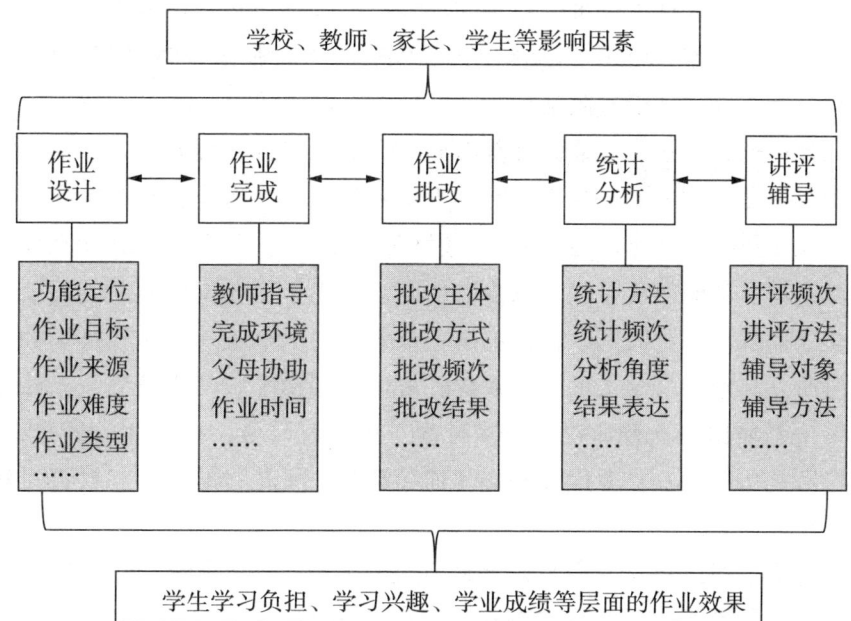

图 3-4 作业设计与实施系统

调研是一种基于科学抽样的判断。此次调研对象为小学三、四、五年级的语文、数学和英语，六、七、八年级的语文、数学、英语和物理。

现行作业设计质量究竟如何？存在什么问题？影响作业设计质量的因素有哪些？我们通过作业文本分析结果，兼顾教师、学生问卷调查结果进行分析，描述作业的基本现状与问题，以及影响作业设计质量的相关因素等。作业设计质量现状的基本特征与产生原因探究，既是选择合适的作业理论基础的前提条件，也是寻求解决作业设计质量问题的方法的前提。

（一）作业地位分析[①]

作业的各个环节包括作业设计、作业完成、作业批改、作业统计分析、作业讲评和辅导等。教师每天花费多少时间在作业上？作业各个环

---

[①] 本部分主要参考了王月芬、张新宇等人所著的《透析作业——基于30000份数据的研究》。该著作中有关作业设计现状分析的内容主要由王月芬撰写。本部分以该著作内容为基础，对有关作业设计方面的问题进行了重新整理，并且进行了精简与压缩。

节上的时间是如何分配的？相关统计结果可以反映教师在日常工作中对作业的重视程度，也可以通过比较不同环节中教师所花费时间的多少，间接反映当前作业设计的地位。

调研结果显示，作业是教师日常工作的重要组成部分，在只任教 1 个教学班级的情况下，各学科教师平均每天花费在作业各环节上的总时间为 2.5 小时。从作业各个环节的时间分配来看，所有学科教师在作业设计上花费的时间都是相对较少的，而教师用于作业批改的时间均要明显多于其他环节的时间，甚至高出一倍多的时间。进一步比较小学和初中教师在作业各环节上的时间差异，可以发现初中教师在任何一个作业环节上都要比小学教师花费更多时间。相比较而言，在作业各环节中，小学和初中教师在作业设计和作业辅导环节上所花费的时间相对都是较少的。

值得一提的是，不同教龄教师花费在作业上的时间没有显著差异。通过对不同教龄教师花费在作业上的时间进行单因素方差分析，结果发现小学阶段 $F=0.015$，$p=0.247>0.05$，初中阶段 $F=0.468$，$p=0.759>0.05$，不存在显著差异。进一步分析可以发现，在作业各个环节的时间分配上，不同教龄教师也没有显著差异。从经验判断的角度来看，我们往往认为教师随着教龄的增加，在作业方面的专业能力会不断发展，经验会更加丰富，作业设计质量会不断提升。但调研结果显示，教师并没有随着教龄的增长，增强对作业设计环节的重视，作业各个环节的时间分配也未发生改变。多数教师日复一日地遵循着亘古不变的作业布置与批改模式，教师的作业设计研究与分析似乎并没有因为教龄的增长发生实质性的改变。这说明学校日常缺乏对作业的关注，教师也缺乏对作业设计与实施的研究与实践，而往往满足于日复一日的重复劳动。

显然，作业设计与实施的确是中小学教师花费时间最多的工作，也说明了作业在中小学教师工作中具有较高的地位。

（二）作业观念分析

作业观念主要指教师、学生和家长对作业地位与功能情况的认识与判断。教师对作业的理念与功能定位，会直接影响教师对作业的目标、内容、类型、难度、时间的设计等，从而影响作业效果。

**1. 对作业整体功能的认识**

对作业功能的认可情况会影响人们对于作业的态度和行为，以及作业的设计质量、作业实施的水平，最终影响作业效果。2013 年上海市义务教育阶段作业设计与实施现状的调研结果显示，绝大多数教师、家长和学生认可作业对于学生的作用，但不同群体对于作业功能的认识存在差异。相对而言，教师要比家长和学生更认可作业对于学生学习的作用，尤其是初中阶段。当教师觉得作业很有用时，就有可能有意无意地增加作业量。

从学段差异来看，小学生比初中生更认可作业的作用，小学生要比初中生更为正面地看待作业。在认同"做作业对学生很有用"的比例上，小学生为 93.6%，初中生为 89.8%，存在比较明显的差异（$d = 0.36$），这说明学生对于作业功能的认同度随着学段的升高而下降。相比较学生群体，教师和家长群体在不同的学段上并未体现出明显差异。这也能够说明，教师和家长一直坚信作业的价值，所以会给学生布置越来越多的作业。

从学科差异来看，初中数学、物理教师更认可作业的作用。对不同学科教师的作业观念进行方差分析后显示，小学各学科之间 $F = 1.213$，$p = 0.298$，没有显著差异；初中各学科之间 $F = 6.236$，$p = 0.000$，存在显著差异。比较均值可知，初中数学、物理教师的看法要比初中语文、英语教师的看法更为正向。此结果与一般看法相近。如何优化学科作业功能，提升学科教师信心，是值得初中语文、英语学科探索与研究的方向。

不同教龄的教师是否存在差异？对这一问题的分析有助于在今后的作业研究与实践中，加强教师作业相关能力发展的针对性。通过对不同教龄教师的作业观念进行方差分析，我们发现一个颇为有趣的现象：小学和初中均是 6—10 年教龄的教师对作业功能的正向认识不如其他教龄的教师，而 11—15 年教龄的教师对于做作业有用的看法最为正向。在小学阶段，$p<0.01$，存在显著差异。在初中阶段，$p>0.05$，不存在显著差异。因此，教师作业相关能力发展要根据不同教龄教师的特征，在专业发展的重心上有所侧重。比如对 6—10 年教龄的教师，除了要培养他们设计和实施作业的能力外，还需要帮助他们树立正确的作业观念。

### 2. 对作业具体功能的认识

库珀认为作业有着积极的功能，也有着消极的作用。(见表 3-4)

表 3-4　库珀 (Cooper, 1989a) 对作业积极功能与消极功能的观点

| 积极功能 | 消极功能 |
| --- | --- |
| 1. 即时学习成绩<br>　提升智力<br>　增强理解力<br>　进行批判性思考、概念形成和信息加工<br>　有助于课程拓展<br>2. 长期学业技能<br>　改善对学校的态度<br>　养成良好的学习习惯<br>　获得良好的学习技巧<br>3. 非学业方面<br>　更强的自主性<br>　更强的自律性<br>　更好的时间管理<br>　富有好奇心<br>　增强独立解决问题的能力<br>4. 父母和家庭<br>　对学校教育有更多认可和参与<br>　增强父母对于学生学业的兴趣<br>　增强家长家校联系的意识 | 1. 厌学<br>　对学习材料失去兴趣<br>　生理和情绪上的疲劳<br>2. 对业余时间和社区活动的排斥<br>3. 父母干扰<br>　产生完成作业和表现好的压力<br>　教育方式的混乱<br>4. 欺骗<br>　抄袭其他人的作业<br>　辅导之外的"帮助"<br>5. 加大学业差距 |

既然绝大部分教师、学生和家长都认为作业有用，那么他们对于作业各个不同的具体功能的认识是否有差异？不同群体、不同学科和不同学段在作业具体功能的认同度上，又存在什么差异？

调研结果显示，首先，教师普遍最认可作业"巩固课堂学习内容"的功能，最不认同作业能够"保持或增强学生的学习兴趣"。当教师将作业的巩固功能放在首位时，必定会强调重复训练。这一分析结果表明，现今教师和学生对于作业功能定位的认识，可能会导致教师在进行作业设计时过于关注对知识与技能的巩固与练习，从而忽略了作业的趣味性。

从不同群体差异来看，教师要比学生更为认同"做作业能提高学业成绩"。在小学阶段，教师的认同度比较明显地高于学生（$d=0.21$）。在初中阶段，教师的认同度明显高于学生（$d=0.52$）；学生的认同度明显下降，要低于教师和家长。这可能是由于随着年级的升高，学生并没有明显感受到作业对自己学业成绩提高的作用。而对于家长来说，无论是在小学还是初中，对于"做作业能提高学业成绩"的认同度均在95%左右，差异并不明显。这充分说明无论在何时，家长群体总是坚定地相信作业对于提高自己孩子学业成绩的价值，这也可能会使得家长倾向于给孩子布置更多的作业。而家长比教师更认同"多做作业有助于学生更好地学习"。或许正是因为家长坚定地认为"多做作业有助于学生更好地学习"，他们会热衷于给孩子购买各类课外教辅资料，并且给孩子布置各类额外作业，从而加剧了学生的作业负担。

值得一提的是，父母的文化程度与对"多做作业有助于学生更好地学习"的认识呈现负相关，相关系数在0.10—0.30，关系较为明显。这说明父母文化程度越高，越不赞同"多做作业有助于学生更好地学习"的观点。但是总样本结果显示，文化程度高的父母在群体中所占的比例很低：小学阶段样本中父亲和母亲学历在硕士研究生及以上的分别约为6%和3.5%；初中阶段样本中父亲和母亲学历在硕士研究生及以上的分别约为5.8%和3%。

(三) 作业设计质量分析

作业设计质量，可以从作业的解释性、科学性、难度、多样性、选择性、结构性等多个维度进行分析。其中，作业的解释性主要是指目标针对性，即作业目标是否清晰、科学、有效等；多样性主要是指作业类型的丰富性，是否包括了除书面作业之外的其他类型的作业；选择性主要是指教师布置的作业，是否给不同学习水平的学生选择的余地；结构性主要是指作业整体的难度分布、目标分布的合理性等。综合考虑学生问卷、学科专家对学生作业文本的分析结果发现，各学科作业质量参差不齐，而且各个维度的水平差异显著。

无论是从学科专家对学生作业文本的分析结果来看，还是从学生问卷的结果来看，各学科作业设计存在一些普遍现象。一是除了解释性和作业时间存在一定的学科差异外,其他各维度评定结果差异不大。二是不同维度分值的相对位置基本固定。在所有学科作业设计中,最薄弱的环节都是作业的选择性问题、类型的多样性问题。三是专家评定结果的顺序和学生问卷判断的结果顺序基本相同,这也从另一个侧面说明两种评判结果的效度都很好。

### 1. 作业的解释性、多样性、选择性和结构性普遍不理想

调研结果显示,作业的选择性和多样性分值明显低于其他评价维度;作业时间、解释性和难度其次;作业的科学性满意度最高。结合"作业来源"部分的研究结果,可以推断作业科学性较高主要是因为教师普遍使用教辅资料。对于部分学科通过进一步对比发现,作业中出现的极少的科学性问题,主要来自教师自主设计的作业部分。相对而言,教辅资料一般经过了一定的把关程序。

作业类型上主要以书面作业为主。纸笔测验很难测出学生的实践能力与问题解决能力几乎是教育界的共识。同样,仅仅做纸笔作业,也无助于学生掌握科学方法,发展实践能力。作业缺乏多样性,会使得学生的发展局限于知识与技能层面,无益于提升学生的实践能力、创新能力等。

至于作业的选择性问题,可能对于学业成绩靠前的学生而言,迫切性并不那么明显,因为教师往往是依照他们的水平设计作业的。但对于学业成绩靠后的学生而言,这些作业已经超出了他们的能力,会让他们明显感到不适应。通过对不同学业成绩的学生与其对作业设计质量的评价进行相关分析发现,学生对作业题要求的理解情况、作业难度是否大、作业量是否大、作业类型是否丰富等方面的评价结果与学业成绩的相关系数均超过 0.1,存在较为显著的相关关系。其中,学业成绩靠后的学生普遍不易理解作业题要求,感觉到作业难度和作业量都比较大,认为作业类型不够丰富。可见,现行作业设计对于学业成绩靠后学生的适应性明显不够,教师比较缺乏对这方面的关注。这种作业现状,对于学业成绩靠后的学生来说,也导致了一种恶性循环。

### 2. 作业内容与作业目标的匹配情况不容乐观

作业内容是否与作业目标相匹配,反映了教师作业设计的科学性

和严密性,也反映了作业设计的目标针对性。作业内容与作业目标是否匹配,会影响作业的数量和质量,也会影响到作业实际实施的效果。作业内容和作业目标的匹配度,是判断作业设计质量的重要指标之一。

调研结果显示,教师几乎不写作业目标。各学科专家对学科作业文本的分析表明,各个学科在作业目标的匹配情况上,存在着一定的学科差异。整体来看,各个学科都存在着作业内容与作业目标不匹配的现象。其中,小学数学、初中语文和初中英语有一半左右的作业内容无法与作业目标完全匹配。作业内容与作业目标之间的不一致,存在以下几方面的显著特征。

(1) 从落实目标的数量分配来看,不同作业目标的落实情况很不均衡。通过对部分学科所有作业目标得到反映程度的分析发现,一些作业目标仅有1道对应的作业题,而有些作业目标则有超过50道对应的作业题。即使排除进度差异、目标的重要性、目标的实现难度等因素,这依然反映了各作业目标之间存在巨大落差。

作业目标反映程度情况差异较大,可能存在以下几方面的原因:第一,某些学科(如语文、英语)本来在作业目标制定上就比其他学科(如数学、物理)难度要大,导致在具体落实的时候含混不清,甚至理解错误。第二,教师对作业的功能定位不当,仅仅侧重知识与技能层面的目标。第三,过程与方法、情感态度与价值观目标落实难度要大于知识与技能目标,而且教师比较缺乏实现相关目标的作业设计能力,因而很少得到体现。

(2) 从落实目标层次来看,学习水平较高的目标未得到充分落实。对调研样本中每一条作业目标和落实情况进行分析后发现,作业题涉及的作业目标多数为记忆类的目标,如背诵、记忆。这类作业目标以抄默为主。即使在强调探究、实验、运用和创新的理科作业中,"知道"级别的目标比例也很高。而对于"运用""综合""评价""创新"等体现高阶思维水平的目标,相对应的作业题目比较少,这对于发展学生的创新思维、问题解决能力、高阶思维等都极其不利。

例如,初中语文学科对不同作业目标落实程度的统计结果显示,目标落实最多的都是指向背诵、抄写、默写等属于"知道"水平的作业目标。小学语文、小学数学、小学英语、初中语文、初中物理等学科都不同程度地反映了类似的问题。这样的作业设计容易让学生陷入一种疲于应付且毫无成就感的作业状态，或许会导致学生作业兴趣的逐步丧失。

（3）各学科作业存在较明显的应试导向，初中阶段尤甚。针对作业文本的分析表明，学校为迎接月考、期中考试打乱教学进程，专门布置准备迎考性质的作业的现象非常普遍，中学阶段尤为严重。在上海及其他地方的初中学科作业中，存在很多中考题下放的现象。例如，初中语文学科有些教师在讲授文言文时，要求学生做大量的现代文阅读；一些学校为迎接月考，忽然布置了其他年级的教学内容，导致作业与教学内容毫无关联。初中英语、初中物理和初中数学都体现了类似的明显现象。

（四）作业问题原因分析

作业问题纷繁复杂，作业本身是一个自我体系相对完整的系统。作业包括作业设计、作业完成、作业批改、作业讲评、统计分析等各个环节，这些要素相互支撑，循环发展。调研结果显示，目前作业各个环节都存在问题，尤其是作业设计环节。

作业设计是指依据一定的目的，选择重组、改编完善或者自主开发形成作业的过程。因此，对于教师来说，作业设计不是全部自主开发作业的过程，根据一定的目的有计划地选择重组、改编完善作业的过程，也是作业设计的重要方式。（见图3-5）

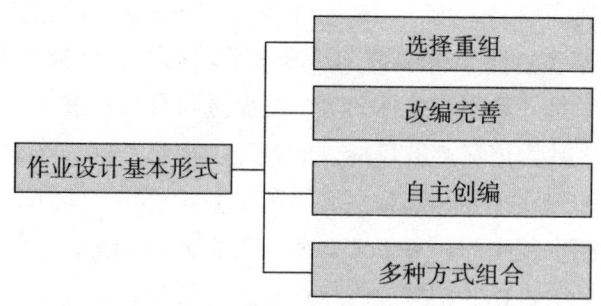

图3-5 作业设计基本形式

作业设计质量包括作业目标、作业内容、作业难度、作业类型、作业差异以及作业的结构性等方面的综合情况。作业设计情况反映了作自身的质量，也直接影响到作业效果。

作业设计质量会明显影响到作业效果。作业效果包括作业对学生作业兴趣、作业负担和学业成绩等方面的综合影响。通过整理作业设计质量对学业成绩、作业兴趣、作业负担的影响发现，在小学和初中阶段，各项标准回归系数均超过 0.3（见表 3-5），说明提高作业设计质量会在较大程度上提高学业成绩、保持作业兴趣、减轻作业负担。其中，作业设计质量对作业负担的影响最大。可见，提升作业设计质量是减轻作业负担、实现减负增效的关键条件。

表 3-5 作业设计质量对作业效果回归分析的结果整理

| 学段 | 学业成绩 | 作业兴趣 | 作业负担 |
| --- | --- | --- | --- |
| 小学 | 0.369 | 0.418 | -0.626 |
| 初中 | 0.450 | 0.526 | -0.616 |

当然，作业设计质量还会影响到教师的作业批改方式、统计分析和讲评效果等。比如如果一套作业缺乏明确的目标设计，教师就无法根据作业的完成情况，判断学生究竟在哪些方面存在主要问题，也无法判断作业错误背后反映的主要问题是什么。这样就会影响作业布置的效果，让作业成为对教学毫无诊断和改进价值的额外"负担"。

作业设计质量严重影响作业效果。那么作业设计问题为何如此严重？影响作业设计质量的因素很多，其中作业设计理论依据缺乏、教师作业观念落后、教师的作业设计能力欠缺、学校的作业管理水平不高等，都是影响作业设计质量的关键因素。

**1. 符合时代需求的作业设计理论严重欠缺**

20 世纪 50 年代，凯洛夫主编的《教育学》传入我国以后，他所倡导的"组织教学—复习旧课—讲解新课—巩固小结—布置作业"的课堂教学五步法，对我国课堂教学模式产生了深远的影响，直至今日。这种教学实施模式十分注重知识传授的文本性，缺乏活动性、实践性与综合性。凯洛夫指出，家庭作业是教学工作的有机组成部分。这种作业从根本上具有以独立作业来巩固学生的知识，并使学生的技能和技巧完善化的使命。这种功能假定，使原本属于学生个人的生活时空、伦理性的家庭空间，被无形地转化为学校教育的"课堂教学的延伸"。

我国中小学教师在实践过程中对凯洛夫的家庭作业观还有所发展，不仅强调以独立作业的方式来巩固学生的知识与技能，而且对学生知识与技能的训练一致通过大量增加学生家庭作业量的途径，认为家庭作业越多越好。而且家长也认同这样的观点，在教师布置大量作业的基础上，还额外增加更多的作业。可能正是基于这样的作业功能观，现今的教师几乎都更为关注作业巩固知识与技能的功能，几乎98%的家长都会给孩子购买教辅资料，绝大部分家长会给孩子额外布置作业。

国内作业观深受凯洛夫思想的影响，把作业仅仅作为巩固学生的知识并使学生的技能和技巧完善化的工具，强调独立作业，而且还有些专家把作业从凯洛夫的"教学工作的有机组成部分"进一步窄化为"课堂教学的延伸"或"上课的延续"。这就导致了家庭作业的内涵与功能的极大窄化。当然，这种作业观也导致了国内学生作业形式单一，大多是机械背诵、默写、做习题等形式。在课程教学改革日益强调学生能力发展的今天，这种传统的作业观也日益显示了其负面作用。

### 2. 对作业功能认识存在时代的局限性

调研结果显示，小学有90.8%的教师、初中有89.4%的教师认同"做作业有助于增强学生对学科的重视程度"。值得一提的是，教师在"做作业有助于增强学生对学科的重视程度"与"多做作业有助于学生更好地学习"的回答结果上呈显著相关。由此看来，有些教师倾向于多布置作业，增强学生对学科的重视程度是目的之一。教师可能认为，作业布置多了，学生就会重视学科，也就会投入更多的精力，从而有助于提高学生该学科的学业成绩。比如这位老师在访谈中这样说——

现在的学生都"精"得很，要让他们重视你的课，上课好好听，就要通过布置家庭作业的方式，否则他们上课根本不会好好听讲。一般来说，真的是你布置的家庭作业越多，学生越重视你的课……有些家长比我们还认真，上学期有个家长就找到我，要求我在周末的时候多给孩子布置一些家庭作业。（栾小芳，2007）

为何绝大部分教师认为作业有"巩固学科地位"的作用？因为在课

时固定且比较紧张的前提下，靠什么来提高成绩？教师们首先想到的是：“你不去抢占学生的课后时间，你的时间就会被其他学科所侵占。”因此，每门学科课后的作业大战，成了"没有硝烟的战场"，作业多少成为"学科时间抢夺战"的武器，而教师之间的这种时间抢夺，受害最深的则是学生。

当然，除了上述原因，教师缺乏正确的作业设计方法、家长和学生不断追求第一的竞争心态等，都是导致当今作业设计问题和课业负担过重问题的原因之一。由学生问卷调查结果得知，家长或学生自己布置额外作业的比例有80%左右。由此可见，学生的作业负担不仅仅来自学校，还来自家庭与学生自身。

为什么家长会在普遍认为教师布置的家庭作业比较多的同时，还给孩子布置额外的作业呢？通过访谈，研究者发现造成这种反常现象的首要原因，是许多家长认为自己应该确保孩子在家中有足够的时间坚持学习一定的知识，家长更多地认为教师布置的作业全班学生都要做，并且都会做，自己的孩子就似乎不存在明显的优势。家长这种"军备竞赛"的心态使得他们即使感到学校布置的作业过多，但为了保证自己的孩子能够在各种考试竞争中拥有"和其他学生不一样的知识储备"，便依然会想尽办法给自己的孩子布置额外的学习任务。

### 3. 教师普遍缺乏正确理论指导下的作业设计能力

调研显示，由于教辅资料的泛滥，绝大部分教师认为自己是不需要设计作业的。因此，照抄照搬教辅资料上的作业就变得比比皆是。这不仅让作业设计丝毫没有能够针对教师自己班级学生的特点，而且也让教师日益失去设计作业的能力。

根据2013年上海市义务教育阶段作业设计与实施现状的调查研究结论，通过对教师作业设计能力和作业设计质量进行回归分析，发现小学教师作业设计能力对作业设计质量影响的标准回归系数为0.175，关系比较明显。

那么，究竟是什么因素对教师的作业设计能力产生明显的影响？在不考虑教师自身条件差异等影响因素的情况下，教师对作业的基本观念、专业培训等，都有可能影响教师的作业设计能力。教师对作业的基本观点主要是指教师对作业功能等方面的认识。教师接受的专业培训包括教师自我反思、备课组讨论、阅读相关文章等。其中教师自我反思的频次越高，越有助于提高作业设计能力。备课组讨论、阅读相关文章对作业设计也有正向影响，小学、初中这两项的标准回归系数在0.1—0.3，关系较为明显。参与培训、同伴交流对作业设计似乎作用不大，小学、初中的标准回归系数均小于0.1，关系不明显。（见表3-6）

表3-6 教师专业发展各要素对作业设计能力影响的回归分析

| 学段 | 模型 | | 非标准化系数 | | 标准系数 | $t$ | Sig. |
|---|---|---|---|---|---|---|---|
| | | | B | 标准误差 | 试用版 | | |
| 小学 | 1 | （常量） | 2.161 | 0.042 | | 51.873 | 0.000 |
| | | 参与培训 | 0.011 | 0.006 | 0.021 | 1.725 | 0.085 |
| | | 阅读相关文章 | 0.082 | 0.008 | 0.132 | 10.723 | 0.000 |
| | | 备课组讨论 | 0.159 | 0.009 | 0.242 | 17.763 | 0.000 |
| | | 同伴交流 | 0.023 | 0.012 | 0.024 | 1.938 | 0.053 |
| | | 自我反思 | 0.247 | 0.011 | 0.303 | 23.404 | 0.000 |
| 初中 | 1 | （常量） | 2.238 | 0.035 | | 64.209 | 0.000 |
| | | 参与培训 | -0.009 | 0.006 | -0.019 | -1.548 | 0.122 |
| | | 阅读相关文章 | 0.069 | 0.007 | 0.128 | 10.413 | 0.000 |
| | | 备课组讨论 | 0.109 | 0.008 | 0.176 | 13.575 | 0.000 |
| | | 同伴交流 | 0.040 | 0.009 | 0.054 | 4.282 | 0.000 |
| | | 自我反思 | 0.264 | 0.009 | 0.351 | 30.017 | 0.000 |

参与培训难以产生明显影响，主要原因可能在于有关作业方面的培训频次普遍较低或者培训质量不高。同伴交流未能产生明显影响，则可能与同伴交流的主题不够聚焦有关，也可能和同伴作业设计水平差异不大，所以无法相互促进。可见，强化教研组或备课组交流以及自我反思，是提升教师作业设计能力的重要途径。

## 三、本章小结

正如爱因斯坦所讲，我们的学校常常扮演着要鸭子学爬树、兔子学游泳、松鼠学飞行的角色。我们用统一的标准来要求天赋各异、兴趣不同的孩子们，并且用统一的标准和要求来评价个性不同的学生。我们也用统一的教辅资料，设计质量很差的作业来面对学习能力各不相同的学生。现行作业虽然对于学生知识与技能的系统学习起到了积极作用，但多以行为主义心理学为其理论基础，形式刻板划一、机械重复、重数量轻质量、重竞争轻合作，过多占用了学生的课余时间，伤害了学生的学习积极性。这种作业设计，不仅内容枯燥单一，而且机械重复，"渐渐成了外在于学生的、远离了现实生活的、学生被迫完成的苦役和负担，成为教师延长课堂教学时间、进行教学管理和惩罚学生的手段，是'异化的家庭作业'"（王静娴，2006）。通过这些机械重复的家庭作业去巩固课堂学习知识，并使之技能与技巧完善化，达到熟练操作的境地，使得本来应该是生气勃勃的学生被改造成了听话的、顺从的、接受控制的机器。学生失去了本来应该是丰富多彩的、富有个性的课外生活，一个个的个性都被消解。各种作业训练中，程序化的解题思路也在不断地规训学生的思想，消解学生的灵活性、创造性，使学生的思维模式化、机械化。

综合上述，这些整体反映出作业"问题远远多于经验"的无奈现实。虽然作业设计和实施有一定的特色经验，但仅局限于少数学校。整体而言，学生作业时间长、睡眠时间少、作业负担重是不争的事实。即使在没有升学考试压力的小学阶段，作业负担并没有因此得到缓解。作业文本分析结果、作业问卷调研结果都显示，作业各方面的问题不容乐观，作业设计质量问题尤甚。（见图3-6）作业设计质量整体不够理想，具体表现如下：

①作业功能：功能单一，认为作业主要是用来巩固课堂教学内容。
②作业目标：缺乏目标意识，目标指向单一，且低水平目标多。
③作业难度：出现低难度和中等难度的作业题过多，难度较高的作业题难度又过高的两种极端现象。

④作业类型：以书面作业为主，类型单一，缺乏针对性和趣味性。

⑤作业结构：题目分布比例不合适，设计缺乏整体性、序列性。

⑥作业差异：有根据不同学生设计有针对性的作业的意识，但缺乏有效操作策略。

⑦作业时间：时间长。作业负担来自教师、家长、校外培训机构乃至学生自身，机械重复性作业过多。

⑧作业内容：实际布置的作业内容与教学进程脱节。

⑨设计作业能力：教师作业设计能力不强。

⑩家庭参与方式：家长认为学校对家长辅导作业的要求过高。

⑪作业批改方式：教师批改方式单一，以判定对错为主。

⑫作业统计分析：教师普遍对学生作业结果不进行统计分析。

⑬作业讲评辅导：讲评方式单一，辅导的态度与方式亟须改进。

⑭学生作业态度：后进生普遍缺乏关注，作业兴趣被忽视。

⑮学校作业管理：对作业设计、作业实施、作业检查、教师作业相关能力发展的保障等，形式有余，内涵不足。

……

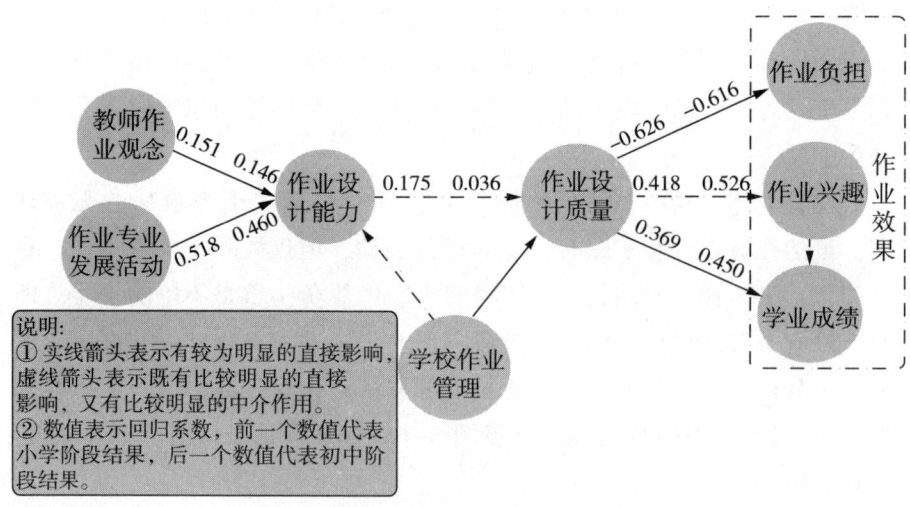

图 3-6　基于数据分析形成的作业关系模型

根据图 3-6 的作业关系模型可见，提高作业设计质量是解决整个作业问题的前提条件。作业设计是整个作业的起点与前提保障。只有高质量的作业，才有可能保障实施的水平。我国很多作业问题的出现，也跟不恰当的作业功能定位相关，比如过度强调作业对提高学生学业成绩的价值，强调作业的知识巩固和强化功能，所以导致作业的"题海战"、以量取胜等问题。由于教师缺乏相关的作业设计与实施能力，更加导致了作业的"高耗低效"。

相应地，提高作业设计质量的关键办法有如下几个：一是根据目前作业设计的问题确立合适的作业设计理论基础，形成正确的作业设计观念；二是在正确的作业设计理论指导下，明确作业设计特征与要求；三是在正确的作业设计理论指导下，通过科学的方法提高作业设计的质量；四是逐步提高教师的作业设计能力；五是加强学校的作业内涵管理。

因此，如何基于作业理论发展的历史分析，建构有助于解决目前作业问题的作业理论就显得迫在眉睫。这就需要我们站在巨人的肩膀上，从历史发展的视角分析作业设计思想的演变过程，洞悉作业设计理论的历史发展趋势。

# 第四章 课程视域作业观

在理论界存在着两批专业人员、两个研究领域,这就形成了课程论专家与课程研究领域、教学论专家与教学研究领域,并分别积累了大量研究成果。

——张华

纵观国内外作业研究的历史与现状,作业研究无论是在理论建构上,还是在研究方法上,以及研究结论的可操作性、有效性上还有完善和发展空间。因此,如何基于作业现状中存在的真实问题,如何站在作业思想历史发展的角度,反思和建构适应未来时代发展的作业观,就成为作业研究迫切需要解决的首要问题。

从历史发展的角度分析,可以发现不同的作业流派有关作业功能、作业形式等方面的观念差异归根结底源于教育价值取向、所依据的理论基础的不同。根据第二章有关作业思想发展历史的研究与分析,以及第三章当前作业存在的主要问题与原因分析,本书尝试建构课程视域作业观来作为理论基础。

建构课程视域作业观,并不意味着该理论的内涵都是全新创造的,也并不意味着全面否定其他作业思想的合理性,而是尝试用"课程视域"这一概念,综合历史上有关作业思想的精华,完善现有作业思想中的一些不足,从而解决当前的作业问题,尤其是作业设计问题,并期望能够有助于引领未来作业改革的方向。

## 一、课程视域作业观的内涵特征

何为课程视域?课程视域与教学视域有何联系与区别?课程视域作业观是如何逐步推演和建构的?课程视域作业观具有哪些基本内涵与特征?

课程视域,主要是相对于教学视域提出的。不同的研究视域对于作业的地位价值,以及作业目标确定、作业内容选择、作业结构设计、作业实施方式确定、作业结果反馈和运用等都会有所不同。

### (一) 课程与教学的关系分析

那么究竟什么是教学视域?什么是课程视域?这个问题首先牵涉到课程与教学的关系问题。

从发展历史上来看,"课程"与"教育"一直共生共存。直至1918年,美国著名教育学者博比特(F. Bobbitt)出版《课程》(*The Curriculum*)一书,一般认为,这是课程成为一个独立研究领域的标志。美国资深课程学者坦纳夫妇由此指出:"课程有一悠久的过去,但只有短暂的历史。"(Tanner et al.,1980)致力于课程研究的代表包括博比特、查特斯、布鲁纳、泰勒、施瓦布等。

课程是什么?博比特认为:"人们从事(成人)事务所需的能力、态度、习惯、鉴赏力和知识形式将会显现出来而成为课程目标。这些课程目标将是众多的、明确的、详尽的。因此课程是儿童及青年获得这些目标所必须具有的一系列经验。"(Bobbitt,1918)博比特的课程本质观以准备完美的成人生活为出发点,课程的内涵既包括儿童在社会生活中所获得的未经过指导的经验,也包括儿童在学校教育中所获得的受到指导的经验,这两方面紧密联系。但是博比特认为,学校教育的课程目标应该着眼于那些在社会生活中无法自然获得,而必须经由学校教育才能获得的经验,这就需要对这两种经验进行比较分析,才能获得课程目标。课程目标是课程开发的基本依据。

纵观整个教育发展史,课程的内涵有很多种说法。有些学者认为课程主要包括7种基本概念:

- 范围和序列:课程是针对不同年级的客观目标矩阵(即序列)或一个共同的主题的分类组(即范围)。
- 课程纲要:课程是整个课程的计划,一般包括原理、话题、资源和评价。
- 内容纲要:课程是以有组织的大纲的形式列出一系列的话题。
- 标准:课程是要求所有学生都完成的一系列的知识和技能。
- 教科书:课程是用来指导课堂教学的教学材料。
- 学程:课程是学生必须完成的一系列的学习经历。
- 有计划的经验:课程是学校所计划的所有学生的经验,不管是学术的、运动的、情感的还是社会的经验。(波斯纳,2007)

也有学者将课程的内涵归纳为6种典型的界定:(1)课程即教学科目;(2)课程即有计划的教学活动;(3)课程即预期的学习结果;(4)课程即学习经验;(5)课程即社会文化的再生产;(6)课程即社会改造。(施良方,1996)

纵观整个课程研究的历史进程,课程研究的价值取向由对"技术兴趣"的追求逐渐转向"实践兴趣",最终指向"兴趣解放"。张华教授认为课程理论的发展具有以下这些发展趋势:一是从强调学科内容到强调学习者的经验和体验;二是从强调目标、计划到强调过程本身的价值;三是从强调教材这一单因素到强调教师、学生、教材、环境、教学等各因素的结合;四是从只强调显性课程到强调显性课程与隐性课程并重;五是从强调"空无课程"到强调"实际课程"与"空无课程"并重;六是从只强调学校课程到强调学校课程与校外课程的整合。(张华,2000)[5]

相比较而言,教学作为一个独立的研究领域,早在17世纪就确立了。因此,教学领域的研究比课程领域早了约300年。在教育史上,第一个倡导教学论的是德国教育家拉特克(W. Ratke)(佐藤正夫,1996)。拉特克致力于探求"教授之术",他的"自然教学法"也直接影响了夸美纽斯。1632年,夸美纽斯的《大教学论》一书,强调教学是"把一切事物教给一切人类的全部艺术",这标志着理论化、系统化的教学论的确立;后来经过卢梭的"自然教学论"和"发现教学论"、裴斯泰洛奇的适应自然的原则和教育教学的心理学化、赫尔巴特的"四段教学法"等得到进一步发展。

那么什么是教学?教学是教师与学生以课堂为主渠道的交往过程,是教师的教与学生的学的统一活动。通过这个交往过程和活动,学生掌握一定的知识与技能,形成一定的能力态度,人格获得一定的发展。(张华,2000)[73]如果说17世纪是理论化、系统化的教学论确立的时期,那么20世纪则是科学化的教学论确立的时期,其研究的重心不再只是宏观的哲学问题,还包括了微观的"教学设计"(instructional design)问题。(张华,2000)[58]这种研究的典型标志就是运用各种心理学理论来指导教学,包括行为学习理论、认知学习理论等。因此,从某种角度来说,20世纪的教学论也就逐渐成为教育心理学的应用科学。典型的代表如斯金纳的"小步子、循序渐进、序列化、学习者参与、强化、自定步调"的六项教学设计原则,影响了加涅、格拉泽等人的教学论思想;此外还有赞可夫的"发展性教学论"、布鲁纳的"发现教学论",以及瓦根舍因和克拉夫基的"范例教学论"、加涅和布里格斯的"认知性教学设计理论"等。

从上述课程论、教学论研究的历史来看，显然课程、教学研究的范畴是不完全相同的。课程论研究更加侧重于从目标到内容的系统设计，而教学论研究则更加侧重于对有效的教学方法的研究与探索。

除了研究范畴的差异之外，课程与教学的关系也是一直困扰现代教育理论和实践的重大问题。20 世纪的教育是以课程、教学分离为特征的。国内的课程与教学思想发展也分别受到了美国课程理论和苏联教学理论的影响。正是由于受到这两种典型理论的影响，国内的理论界一直存在着课程、教学的关系之争。典型的主要有三种观点。（见图 4-1）

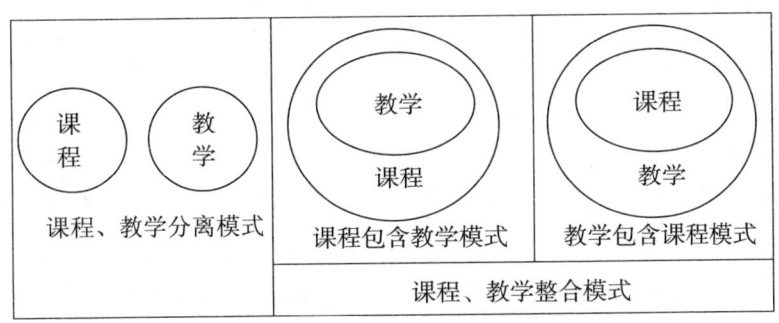

图 4-1　课程与教学的主要关系模式

第一种观点认为两者是相互分离的领域。这种观点将课程作为教学的方向或目标，是在教学过程之前和教学情境之外预先规定好的，教学的过程就是忠实而有效地传递课程的过程。简单地说课程决定"教什么"，教学决定"怎么教"。这种观点将课程与教学机械地、单向地、线性地割裂开来。

第二种观点认为课程涵盖教学。这种观点实际上将课程看作"动态的过程"，包括从课程目标、课程内容到课程实施等的整个过程。其中，教学主要是指课程实施的环节。

第三种观点认为教学涵盖课程。它强调的是教学范畴更广，而将课程只是作为教学过程中的内容部分。这种观念显然将课程的内涵仅仅窄化为"静态的教学内容"，将课程当作一种静态的存在。

之所以出现课程论、教学论这两种不同的研究流派，主要与不同的国家教育政策和教育历史传统的差异密切相关。

以泰勒为代表的美国传统课程理论具有一个典型的特点——强调

"可控性",即强调课程要有明确目标,并强调对实施效果的控制和评估。但是在泰勒原理中,教师如何在课堂中运作课程却被忽视,因为传统的课程理论相信,如果课程开发做得很好而教师也得到适当的培训,那么教师就可以忠实地实施课程。泰勒原理的提出,是在美国各级地方政府都有权决定教什么和怎么教,每个学校都有权开发自己的课程的社会背景下形成的。泰勒的课程原理就是根据这样的时代背景,给学校设计课程提出的一个工作框架,旨在为学校或教师开发新的课程提供有效的指引,讲求课程开发的科学性和有效性。

而以教学论为主的赫尔巴特、凯洛夫等,则更加关注教学方法。凯洛夫强调,教师需要在实践中重视并执行国家文件和教材所规定的强制性的课程,教学被视为传递课程内容与要求的"渠道"。与泰勒所处的时代不同,以凯洛夫为代表的教学论思想是建立在国家课程已经开发得比较完备,课程决策都由教育部来决定的基础上。实施课堂教学的核心任务就是,帮助学生系统而又严格地获取官方文件以及教科书上所规定的科学的学科知识和技能。(邓宗怡 等,2009)正如钟启泉和张华所认为的,由于课程是由中央政府所制定,无须他人来探讨它的价值取向和设计原则,所以凯洛夫教育思想就集中在如何忠实有效地执行国家课程的工具和途径上,教学就成为研究的重点,而课程如何开发则不是研究的重点。

基于上述分析,课程、教学作为教育领域中的主要内容之一,早就存在,但是课程作为独立的研究领域晚于教学。课程研究、教学研究都有各自独特的研究范畴,并且是在不同的时代和国家背景之下形成的,两者需要解决的问题也截然不同。课程更加侧重于解决从目标到内容的系统设计问题,而教学更加侧重于解决如何根据既定的课程内容,采用何种有效的教学方法会更加有效等实践问题。

那么课程、教学究竟是什么关系?如果说课程、教学分离模式是一种机械的割裂模式,不能够解释课程与教学的本质关系,那么究竟是用课程来统领教学,还是用教学统领课程?从未来发展的趋势来看,一些学者越来越倾向于课程教学整合的观念,这种观念强调两个基本的特征:一是将"教学作为课程开发的过程",二是将"课程作为教学事件"(张华,2000)[90-92]。这是课程与教学整合的两个基本论点。当课程与教学整合以后，教学就不仅仅是一个人际交往的过程，而是课程开发的过程。在课堂教学中，教师的主体性充分发挥的过程也是教师"创作"课程的过程。在这个意义上，教师像课程的其他作者一样在"创作"课程，只不过教师是现场"创作"，而其他作者的作品则是被阅读的。（Doyle，1992）当然，这种模式之下课程与教学已经融为一体，似乎很难再从内涵与外延上进行区分，显然这是一种理想的状态。

那么对于作业研究来说，究竟选择哪种模式呢？从上述分析来看，作业设计研究更适合选择课程包含教学模式，即课程视域。原因主要如下：

一是课程视域更有助于解决作业缺乏统一设计、缺乏个性化的问题。从上述泰勒和凯洛夫相关思想形成的背景分析来看，如果说教学包含课程模式（即教学视域）更加强调基于统一要求的执行与实施，那么课程包含教学的模式（即课程视域）则更加强调基于个性需求的自主设计与创造性实施。相对而言，由于作业具有针对性、个性化和生成性，没有国家统一的作业内容与要求，作业主要以基于学校和学生实际情况进行自主设计为主，这符合课程视域的特征。

二是课程视域更加符合作业需要从设计到实施一体化思考的需求。一方面，从作业现状调研结果来看，作业设计存在巨大问题，而解决当前作业问题需要从设计到实施的一体化思考。随着国内课程改革的持续深入发展，教师已经逐渐接受了"课程作为一种动态过程"的思想，并且形成了比较统一的话语体系，能够从课程设计、课程实施（包括教学等）、课程评价等方面去进行系统思考，绝大部分教师越来越倾向于将教学作为课程实施的重要组成部分。另一方面，课程视域也更加凸显了课程研究范式的优势，即强调从目标到内容到反思改进的系统设计思想，强调基于心理学、哲学、社会学等多重视角进行研究。

虽然给予课程一个确切的定义并不是一件容易的事情，而且有关的争辩也可能会一直进行下去，但随着课程改革的深入，对于课程的内涵和研究也正逐步深化。整体而言，相较于教学视域，课程视域更强调从目标、内容、实施、评价到管理等一系列环节的动态的、生成性的循环系统，更凸显个性化、针对性。

## (二)课程、教学与作业的关系分析

对于作业而言,它与课程、教学究竟是什么关系?如何科学定位课程、教学、作业三者之间的关系问题,同样会直接影响到作业设计的价值取向、目标、内容等方面的问题。结合作业思想的历史分析,可以发现不同的作业观在处理课程、教学和作业的关系上,也是不完全相同的。当然这背后对于课程、教学和作业的内涵与外延的理解也就有差异。

"作业即游戏活动"的思想中,由于当时还没有相对成熟的课程理论和教学理论,而且主要是针对幼儿教育,所以"作业即游戏活动"主要是把作业等同于一种幼儿教育活动,作业和课程、教学之间的界限并不是非常清晰,作业作为教育的一个重要环节而存在。

"作业即教学巩固"的思想中,主要是把作业作为教学的延伸,认为作业隶属于教学,作业是巩固教学中知识与技能的主要手段,是教学的重要环节与组成部分。

"作业即学习活动"的思想中,作业整体上是课程的一个主要环节。作业与教学有重复也有交叉,即作业既可以巩固教学中的知识与技能、能力与方法,也可以是弥补教学时空难以完成的其他校外学习活动,如必要的课外实践、阅读、劳动等,作业与教学共同作用来实现整体课程目标。

"作业即评价任务"的思想中,则是把作业作为是否达成教学目标或者课程目标的检验手段之一。作业可以属于教学范畴,也可以作为检验整个课程目标是否达成的手段。

基于对四种作业设计观的历史分析,以及课程、教学研究的特点与关系分析,作业与课程、教学的关系实际上有三种处理方式:一是把作业作为教育的一个环节,典型的如"作业即游戏活动";二是把作业作为教学的一个环节,典型的如"作业即教学巩固";三是把作业作为课程的一个环节,典型的如"作业即学习活动""作业即评价任务"。

从图4-2可以发现,正是因为对作业与课程、教学的关系有不同处理,所以相应地对作业的地位、内涵、价值和实施方式的理解也是不完全相同的。

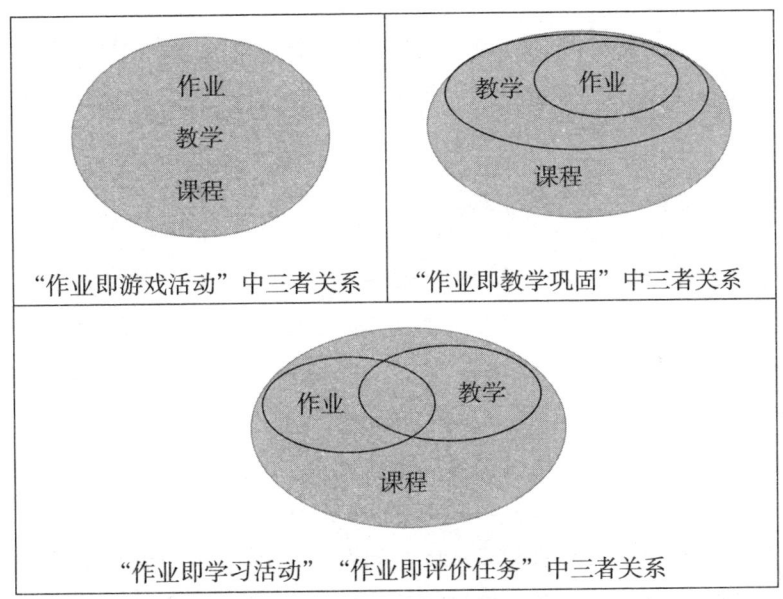

图 4-2　四种典型作业观中作业与教学、课程的关系

在"作业即学习活动""作业即评价任务"两种观念里,作业的地位与价值是比较相似的。如果说"作业即游戏活动"更多的是把作业与幼儿教育活动混为一谈,那么"作业即教学巩固"的思想更多的是把作业作为一种教学的附庸与延续,仅仅是为了实现教学的目标。

与此不同的是,"作业即学习活动"的观念,更加强调了作业不仅要发挥巩固教学的作用,而且要发挥弥补教学不足的功能,即作业要实现校内教学所不能达到的目标,从而实现通过作业与教学共同达成课程目标的互补作用;"作业即评价任务"的思想则更多地将作业本质的价值进行了准确的定位,即强调了作业在诊断学生学习情况、改进教学、反思和评价课程目标的达成度等方面的意义和价值,这两种作业观都不约而同地将作业放在"课程视域"的角度进行思考,将作业看作与教学同样重要的关键领域,强调作业对于实现课程整体目标的价值与意义。从研究范式来看,"作业即学习活动""作业即评价任务"更加强调基于心理学,强调科学的研究方法、目标导向、系统设计、诊断反馈等基本特征,这与课程论的研究范式本身也是不谋而合的。

结合作业观的发展历史,通过对作业和教学、课程三者关系的分析,本书倾向于在"课程范畴"内研究和思考作业设计问题,将作业作为课程的一个重要环节,强调在科学的研究范式下,建立具有"目标导向、系统设计、诊断反馈、动态生成、体现个性"等特征的课程视域作业观。

(三)课程视域与教学视域

综合上述分析,课程视域和教学视域,不仅仅代表对于课程、教学内涵和相互关系的认识不同,更加反映了教育价值取向、研究范式的不同,还代表了实施条件的不同。通过分析教育发展史,可以发现课程视域与教学视域存在一些本质上的差异。

课程视域更加强调从学习者的角度出发,关注"需要培养怎样的学习者?""通过学习什么来达到这样的学习目标?""如何判断学生学习到什么程度并进行反思调整?"等基本问题。课程视域的研究更加强调一种科学的研究范式,注重心理学、哲学、社会学等成果的应用,注重依据学生的表现和学习结果,对目标和内容进行反思与完善。因此,课程视域的主要特征表现为:目标设计、内容选择、系统思考与反思调控等。

相比较而言,教学视域更加强调基于已规定好的教学目标和教学内容,更加关注通过怎样的科学有效的方法去进行教学,从而达成这些已经规定好的目标和内容等问题。教学论的研究范式很少关注目标设计本身的正确性问题,也很少关注内容选择的科学性问题,更多强调的是执行已经规定好的教学目标和内容。因此,教学视域更多的是基于已有的课程目标和内容进行落实,强调在教学过程中的各种方法与技巧等问题。因此,教学视域的主要特征表现为:强调"目标落实""过程实践"与"方法技术"等。

正是因为教学视域更关注既定目标的落实,并且囿于教学时空,更多关注教师对目标的达成情况,所以从某种角度来说,与课程视域相比,教学视域似乎缺乏一种创新与灵动的色彩,少了体现个性化与针对性的特点。杜威因此批判说,教学就好像要钻进坚硬的岩石一般把教材钻进学生的脑子。方法就是为了提高这种"钻"的效率的策略,是具有普遍性的心理控制的工具。(张华,2000)[82]

## (四) 课程视域与教学视域作业观比较

作业定位于教学视域下进行设计，还是定位于课程视域下进行设计，会导致作业功能定位、设计思路、内容、形式等方面都有一定的差异，这与两种研究视域关注的内容、研究方法等都是紧密相关的。

当然需要解释的是，由于课程、教学在教育发展史上的内涵不完全一致，有狭义概念和广义概念之分。本书阐述课程视域和教学视域差异的时候，教学的内涵主要是指课堂教学，即40分钟或者45分钟的课堂教学时空；课程的内涵主要是指从目标到教学再到评价的完整系统，教学是其中的一个环节。

基于上述概念的内涵，课程视域与教学视域作业观存在如下基本差异，详见表4-1。

表4-1 课程视域与教学视域作业观比较

| | 课程视域作业观 | 教学视域作业观 |
| --- | --- | --- |
| 基本定位 | ●更多将作业作为课程的一个环节<br>●更强调功能上与教学是一致和互补关系<br>●更强调作业对于课程目标的诊断作用和改进教学的功能，强调系统思考"课程目标—作业—教学—评价"之间的关系 | ●更多将作业作为教学环节之一<br>●将作业作为教学课后延续方式与途径<br>●更强调教学目标的达成，更强调"教学—作业"之间的关系 |
| 作业功能 | ●不仅包括对课堂教学中知识与技能的巩固，而且关注教学无法达成、但是可能通过课外作业来完成的上位课程目标<br>●强调校内学习与校外学习一致性的同时，又具有适当互补作用 | ●主要用于巩固课堂教学的一些要求，以巩固课堂内学习的知识与技能为主<br>●强调校内学习与校外学习的一致性 |
| 作业目标 | ●综合考虑课程目标要求和学生的学习情况来进行设计和调整，关注作业目标的多维性和综合性，除了知识与技能外，还特别关注学习习惯、方法、能力以及实践创新、综合解决问题能力、道德等方面的目标 | ●主要根据教学的内容与要求，尤其是知识与技能要求的达成而定 |

续表

| | 课程视域作业观 | 教学视域作业观 |
|---|---|---|
| 作业内容 | ●作业内容不仅包括学科知识技能的巩固，而且包括一些实践类、操作类、合作类、长周期性、以综合解决问题能力发展等为主的学习任务与活动，强调内容与教学紧密相关、有机互补 | ●以学科识记性和理解性知识，以及部分技能的训练为主；作业主要是教学内容的巩固、延伸或拓展 |
| 作业形式 | ●更强调作业形式多样，包括巩固性和诊断性、发展性相结合；个体性作业与合作性作业相结合；短作业与长作业相结合；口头作业、书面作业、实验、制作、设计、调查、社会实践、劳动、体育运动等作业类型相结合 | ●作业形式相对单一。一般以书面作业为主，包括抄写、默写、计算、阅读分析、写作、订正等 |
| 完成方式 | ●有些独立完成，有些合作完成，并且要求教师给予适当的指导；鼓励学生坚持完成长周期性的任务；等等 | ●更强调独立完成，不强调合作；要求教师不辅导，学生自主完成 |
| 结构性 | ●强调科学的作业目标体系，注重横向联系和纵向衔接，统整思考作业与教学的关系，整体设计各个课时、各个单元、各个年级或学段的学科校本作业体系；作业与教学相辅相成，共同促进课程目标整体实现 | ●课时作业较多，作业的系统性、结构性往往依赖于教学是否具有系统性的设计 |
| 跨学科性 | ●不仅强调学科知识、能力发展，而且关注恰当合理的跨学科知识与能力的整合应用 | ●更强调以学科性为主 |
| 结果应用 | ●在强调作业结果对教学的诊断改进功能的同时，还强调其对课程目标和内容、作业目标和内容的诊断调节作用 | ●将作业作为教学延续的手段，以诊断教学效果为主 |

结合表4-1，课程视域作业观与教学视域作业观不仅反映了课程、教学和作业的表面关系的差异问题，而且反映了作业价值取向、功能目标与内容结构等设计要求方面的差异，更加重要的是反映了作业设计研究范式等方面的本质差异。

整体而言，课程视域作业观主要将作业作为课程的一个主要环节，而教学视域作业观主要将作业作为教学的一个主要环节；从教育价值取向上来说，课程视域作业观更加强调作业要实现多方面的功能和作用，尤其是能力、道德、实践等方面，而教学视域作业观主要强调作业对知识与技能的巩固；从实施方式上来说，教学视域作业观更加强调教师在课堂教学实践中如何服务于已经设计好的国家课程,强调忠实执行,而课程视域作业观更多强调的是根据课程目标、学生的学习情况自主设计并实施适切的作业目标、内容与评价任务等;从作业个性化和针对性的角度来看,教学视域作业观更加强调统一要求,强调已经确定的知识体系的传承,而课程视域作业观更加强调根据学校和学生的实际情况自主设计与灵活调整,强调学生在学习过程中的理解、综合运用与创新,强调个性化。

根据上述分析,课程视域作业观的很多特征——比如强调目标—内容—实施的系统设计实施,强调针对学生差异和个性进行设计实施,而不是被动执行,强调与教学的一致与互补等——不仅有利于解决现有作业设计与实施的问题,而且也非常契合作业个性化和差异性的本质特征。

(五) 课程视域作业观的意义

不可否认的是,无论是课程视域作业观,还是教学视域作业观,都是特定时代的产物。教学视域作业观更加有助于培养学生扎实系统的学科基础知识与技能;相比较而言,课程视域作业观更加科学与灵活,强调作业的目标性、整体性、系统性和动态性,有助于培养学生密切联系生活解决实际问题的综合能力,激发学生的学习兴趣等。这两者的优点完全可以在作业实践中达到完美的结合。其主要的差异在于价值取向、研究范式所导致的作业功能定位、设计内容和形式各有侧重。课程视域作业观不仅是教育专业化、个性化发展的必然趋势和作业问题的现实诉求,也更加强调将作业研究的视野从教师转向学生本身。

我国现有的作业研究受凯洛夫思想的影响更多,所以更倾向于将作业视为强化课堂教学的一个途径或工具。(王培峰 等,2003) 作业设计或者完全依附于课堂教学的情况,强调对课堂教学知识与技能的巩固;或者与课堂教学和课程标准毫无关系,成为"应试工具"。因此,作业在大多数情况下,要不成为游离于课程标准和教学的"独立存在",要不成为"教学附庸",要不沦为知识与技能的机械操练,教师更加倾向于设计书面的、巩固性的、知识性的、机械训练式的作业。作业现状调研结果发现,无论是从定义、功能,还是设计与实施方式看,国内现有的作业设计普遍缺乏课程视域。

与我国作业现状不同的是,美国等国家更加偏向于把作业作为达成课程目标的一个环节或组成部分,更倾向于扩展性与创造性的作业,即要求课外作业应有助于学生知识和技能的应用与迁移、问题解决等。正是基于这种观念上的不同,所以国外有些学校的学生作业内容、形式和国内的存在较大差异。

例如,美国教师经常设计一种贴近生活的课外作业(real-life homework),他们认为学以致用的作业要求,会让学生觉得课堂上学习的知识是有价值的,有助于促进学生认真学习的动机产生。又如,美国作业的形式和内容比较强调小课题研究、专题作业、课外计划等充分体现实践性、创新性、合作性、交往性和综合性的内容。其中,课外计划是美国克林顿政府为确保学生安全并帮助他们进行课外学习的"21世纪社区学习中心计划"的一部分,其所要完成的任务有:(1)课业辅导项目;(2)组织学生参加社区服务;(3)学习技术(网络);(4)职业发展:对不同职业的人士进行访谈,进行实地考察和短期的工作实习,进行兴趣和技能评价,参观大学校园等。这些任务都是以活动为主,课业为辅。

高钢在《我所看见的美国小学教育》中这样描述他儿子的作业:二年级的小学生研究"美国的昨天与今天",六年级的儿子的作业是"第二次世界大战",包括:你认为谁对这场战争负有责任?你认为纳粹德国失败的原因是什么?如果你是杜鲁门总统的高级顾问,你将对美国投放原子弹持什么样的意见?你是否认为当时只有投放原子弹一个办法去结束战争?你认为今天避免战争的最好办法是什么?……

同样是亚洲文化体系的日本,在作业要求上也与中国不同。在日本,中小学生的家庭作业非常关注学生生活的实际,如小学生的家庭作业有"自己设计自己的郊游""和三个以上的小朋友一起玩""听老人讲发生在过去的故事"等。(邹强,2007)

通过比较国内外作业内容和形式的差异,我们会发现国外因为更多地强调从课程视域来设计作业,所以作业更加体现了以下基本特点:一是强调以学生为中心,注重培养学生的兴趣、能力、方法和实践能力等,作业布置强调趣味性、实践性;二是作业类型多样灵活,重视问题解决，给学生思考的余地和空间，关注学生的实际生活，不唯课本，而是把社会当作学习的大课堂；三是注重学生作业完成的过程而不是完成了多少，看重的是学生是否掌握完成作业的方式与作业的实用性。学生在作业的完成过程中，充分体现了探究、合作和自主精神。

值得一提的是，纵观世界各国历史上有关作业研究的价值取向，发现有逐步趋同或者相互平衡的特点。例如，美国20世纪以泰勒、杜威和克伯屈等为代表的课程论专家，对作业无疑更多的是从课程视域出发进行思考的，杜威也试图用"有用的作业"来作为整合教学和课程的主要途径。而美国当代几位研究作业的学者，如瓦特洛特，她的作业观正逐步聚焦于促进学生学术进步的目标，更加强调作业的效率。她认为建立聚焦于学术进步的作业范式需广泛而系统的设计和实践，具有以下四个方面的主要特点。

**1. 学术目的**

她认为作业必须要有清晰的学术目的。学生不愿意做作业，往往是因为感受不到作业的价值，或者是作业给他们带来了烦躁感、枯燥感。例如抄写词语的解释，阅读的时候做摘抄笔记，给地图涂颜色等，这些作业看起来似乎很不错，但它们是否真的会帮助学生学习？显然，这些都属于机械记忆类的作业，并且需要学生花费很多的时间和精力。当然，对于需要机械记忆的知识需要辩证对待，也不能完全否定。未来信息化时代，很多需要死记硬背的知识可以通过网络查询随手获得，但是有些涉及学科核心观念的记忆类的内容还是必须记住的，所以我们需要在作业中有选择地设计一些记忆类的作业。

**2. 能力**

作业必须对促进学生能力提升有积极的作用。作业不仅仅是为了支持课堂教学和学习，更应该帮助学生逐步养成自学意识，提升自学能力。那些既不能给学生带来任何帮助又让学生无法完成的作业不是好作业。在作业中的表现会影响学生对自身能力的判断。如果学生不断在作业中体验失败，会让学生感觉自己"愚蠢"，而作业中的成功体验会带给学生"聪明"的感受。但也有专家持不同的观点，认为在作业中体验适当的挫折感，有助于激发学生更好地学习的动机。作业应保持怎样的难度，以及在学生完成作业后教师该如何分析诊断学生的学习情况，并且及时与学生沟通，对这些问题的深入思考都有助于发挥作业对学生能力培养的功能。

### 3. 归属感

作业必须与个人相关并激发学生主动学习。学生经常不愿意去做作业的原因就是无法感受到作业对自己个人的重要性。教师教学，教师布置作业，教师对学生进行测试，学生一直扮演的是一个被动的接受者。作业这件事似乎从始至终都是教师在扮演着主角。科尔诺（Corno）的研究表明，作业必须要激发学生自身的兴趣和动机。古柯和安德曼（Guskey & Anderman）认为，如果需要学生对自己的作业负责，那么就必须让学生知道他们学了什么，他们是如何学的，如何证明他们学得如何。学生必须有机会来进行自我评估，并反思自己的学习情况，同时为自己制定学习目标。学生更加乐意去完成一些能够表达自己观点的任务和作业，或者去解决一些他们认为很重要的问题。高质量的作业如何让学生具有归属感？瓦特洛特在 2007 年提出，具有归属感的作业应该具有以下几个基本特征：

- 允许选择；
- 给学生提供展示他们如何个性化完成任务的机会；
- 允许学生分享他们自己的信息或者他们自己的生活；
- 有助于开启和激发学生对学科的情感、态度和观点；
- 允许学生形成创造性的成果或者创造性地呈现。

同时，她列举了一些有助于激发学生归属感的作业案例，例如：

- 学生设计自己学习乘法表的方法，并且与其他的学生分享——制作卡片、书写、阅读、画图或者创作歌曲或者诗歌等；
- 学生用本周学习的 15 个词语写一个故事，或者写一篇报道，来展示自己对这些词语的理解；
- 学生创设一个困境，运用单元最后呈现的一些主要观点来进行困境游戏；
- 学生自己撰写一份双梁天平的说明书，使之能够指导其他学生如何使用；

● 合作创造一个棋盘游戏,这个游戏要能够反映中学阶段一些典型的事件。

**4. 美感**

作业必须让人觉得赏心悦目和具有令人感到开心的美感。虽然学生对于作业的反应各不相同,但无法否认有一部分学生对作业设计的美感非常敏感,这甚至会影响他们对于作业的兴趣和态度。作业的美感,包括所采用的纸张是柔软还是坚硬,作业的表达形式是生动有趣还是呆板沉闷,作业字体的间距是否合适,颜色、图表、配图等是否活泼生动等。从某种角度来说,这些都属于作业的呈现特征,这些和作业内在的质量实际上都一样重要。(Vatterott,2009)

从国内来看,近年来也逐渐涌现出一些学者和学校开始对"长作业""素质作业"等进行研究与实践,似乎正逐步贴近课程视域下作业的一些特点进行思考。例如21世纪初,上海师范大学的夏慧贤教授提出"长作业"的概念,并在上海市长宁区进行试验与实践。"长作业"是指与学生的学习和生活相联系,以学生的兴趣为中心,需要花较长时间才能完成的作业。(黄蔚艳,2011)

在回溯历史上不同的作业设计观,详细分析作业、课程与教学三者关系,比较课程视域作业观和教学视域作业观的基础上,选择课程视域作业观更加有助于解决目前存在的作业设计问题,回归作业本质属性,同时促进作业对于课程整体育人功能的发挥。当然,选择课程视域作业观,也需要整合教学视域作业观的一些优点,如必要的学科知识与技能的巩固与强化。上述瓦特洛特聚焦学术进步的作业设计思想,以及国内一些"长作业""素质作业"的设计,都呈现出对"作业即教学巩固""作业即学习活动""作业即评价任务"几大作业观逐步融合的趋势,而课程视域作业观综合了各种作业思想的优点并努力自成体系,更符合和顺应作业的时代需求与未来发展趋势。

## 二、课程视域作业观的基本理念

由于课程视域作业观强调要从学生的视角出发,强调基于不同学生的情况，运用"目标—设计—实施—诊断—改进"的科学研究范式，因此，课程视域作业观强调四大基本理念：一是关注学生差异；二是注重作业与教学协同；三是系统设计作业；四是注重反思改进。

## （一）关注学生差异

儿童是如何学习的？什么因素影响学习？不同的心理学流派给作业设计以不同的启示。比如行为主义心理学强调控制学生，认为学生行为的改变是通过学校日复一日对学生给予奖励与惩罚等方式来达到的。在这种观点指导下，教师认为可以通过各种措施来控制学生，如纪律、等级、荣誉、评价、作业，等等。再比如，社会心理学认为教育促进了社会分层，伯恩斯坦认为，教育传递了对阶级关系、阶级文化的再生产具有关键意义的阶级意识。学校是阶级再生的机构。现代社会由于阶级、地位、权力的差异而形成"阶层化"。在这种观念影响下，就会通过作业将家庭因素带入教育过程。比如不同家庭家长文化水平的差异、经济条件的差异、居住条件的差异，都会对学生的作业内容、作业环境、作业方式乃至作业效果等产生影响，因此这可能会导致更大的学生发展差异，因为家庭条件的差异，家庭作业有可能会促使更为严重的社会分层现象的发生。因此，有关脑科学、学习任务、学习时间、学习动机、坚持性以及学习者自身的差异等方面的研究成果，都可以成为支持作业设计的理论基础。

**首先，需要建立正确的学生观**。"以学生发展为本"的教育理念并不是意味着绝对的学生自由，也不是简单的形式上的快乐。学习并不具有与生俱来的快乐属性。学习往往是与"勤奋""努力""艰辛""持之以恒"等词语密切相关的。教师应该更加关注学生学习深层次的价值与意义，比如因为努力学习获得的成就感、价值感；同样应该尊重教师对学生必要的管理、规范和指导，比如作业的布置与要求，这也是对刻苦学习的体现。中国传统文化中的"头悬梁，锥刺股"等故事都是在不断激励学生要从小懂得刻苦学习。学生的快乐和自由不仅仅是一种权利，更是一种有待发展的能力。如果片面强调作为学生的一种权利的自由和快乐，那么就可能纵容他们不遵守规则、不学习或仅学习简单知识的自由。从短期来看，他们可能十分自由和快乐；但是从长期来看，他们将因为没有获得必要的知识、技能等基本素养而难以在现代社会立足，因而将更不自由，更不快乐。因此，学生的自由的真正实现必须通过有目的、有计划的学校教育，作业是培养学生课外主动学习的一种有效手段。当然，教师也不能从另一个极端认为学生是天生懒惰、闲散、不可信任，需要学校通过诸如作业等手段来监控学生课后的学习情况，这就会导致很多不必要的负担与矛盾。

**其次，科学理解每个学生的个体差异**。每个学生都是独特的，而且每个学生的学习风格、兴趣爱好、天赋秉性、学习动机、坚持性、承受力都不同。例如关于作业量的问题就是一个相对问题，因为很难找到适合每个孩子的作业量。可能同样是 2 小时的作业，对于喜爱学习、坚持性强的孩子来说正好合适，而对于一个不爱学习、没有坚持性的孩子来说就多了。美国库珀曾经建议作业设计量的原则为每个年级的年级数的 10 倍，即认为 3 年级学生每天做作业的时间以 30 分钟为宜。库珀同时补充，有些学生掌握比较慢则需要 60 分钟，有些学习能力强的学生甚至 1 分钟也不需要。

学生存在差异性毋庸赘述，但是如此大的差异性在教师设计作业时有时候会被忽略。例如，美国小学阶段的作业是一周设计一次。这个体现了作业设计的计划性、系统性，但是美国一所小学的校长就提出质疑，她拒绝让老师提前一周设计作业。老师们非常困惑，这位校长的理由如下：

> 好教师应该时刻判断他所教学生的掌握情况和学习需求。如果你提前一周设计好下一周的所有作业，你怎么能够知道下一周学生学习掌握的情况和存在的问题？你又怎么能保证哪些学生需要更多的时间和作业来学习，哪些学生做作业有困难，哪些学生需要额外的帮助？（Vatterott，2009）

从上述这位校长的阐述可知，作业的目标、内容和数量与不同学生在课堂教学中实际掌握的情况密切相关，而不是教师能够完全预设形成的。每个教师所面对的班级、学生、环境截然不同，教师需要在一定理论指导下，依赖个人教学经验，学会根据自己的学生情况来选择设计具有针对性的作业，并不断反思改进，来提高作业设计的质量和实施的水平。

## (二)注重作业与教学协同

课程视域作业观关注课程目标的整体达成问题。不可否认,教学情况和效果会对作业产生影响,这种影响主要表现为:一是课堂中学生掌握的情况会影响教师对课后作业目的、内容和难度等的设计;二是课堂教学情况会影响学生课后作业完成质量、时间和效果。因此,作业设计需要考虑教学实际效果,但是又不能仅仅用来巩固教学内容。教学由于受到场地、时间等的限制,往往对学生的实践能力、真实问题解决能力等方面的培养不足。所以作业作为一种课外学习任务,应该在适当巩固教学内容的基础上,更加发挥课外时空的优势。

例如,湖北省武汉市武昌实验小学在 2009 年秋季进行了一项作业改革,即根据素质教育的理念设计家庭作业(简称"素质作业")。两个实验班学生在小学一至六年级期间,没有任何书面家庭作业,而是劳动、阅读、锻炼等 6 项素质作业。

第一项是"劳动作业",包括放学后在教室里扫地、擦桌子,放学后在家洗碗、拖地等,培养孩子的动手能力和劳动能力;

第二项是"阅读作业",要求学生课外多读有益的书,看《新闻联播》《百家讲坛》等节目,教师在课堂教学的时候给学生提供演讲的机会,培养学生的阅读和表达能力;

第三项是"锻炼作业",学生每天早上都要提前 20 分钟到校,在教师的带领下锻炼身体,增强身体素质;

第四项是"思维作业",要求教师鼓励学生自主学习、自主探究,并要求家长培养学生独立思考的能力,让学生学会学习;

第五项是"组织作业",就是采用班干部轮换制,让每个学生都有当班干部的机会,同时教师还引导学生成立互助小组,培养学生的合作互助能力和组织协调能力;

第六项是"鉴赏作业",也就是要求学生课后从事一些艺术创造活动、艺术欣赏活动等。(任宝贵,2012)

同时,在课堂教学方面,艺术课也进行改革,要求每个学生都拥有一门艺术特长。这 6 项素质作业并不要求学生每天都做,教师会根据学生的年龄特点合理布置,学生可以根据自己的兴趣爱好和特长进行选择。素质作业实验结果表明，经过3年的实践，实验班88名学生参加武昌区期末统考，总体成绩中游偏上。实验班的学生每天都能在规定的时间内把事情做完，按时睡觉、吃饭、阅读和运动，这种良好的学习和生活习惯比书面知识的获得更加宝贵。更加难得的是，实验班的学生更加喜欢学习，更加喜欢上学了。因此，不仅无一名家长要求孩子从实验班退出，反而不断有家长希望孩子转入实验班。

因此，作业和教学在功能上不仅仅具有一致性，更具有互补性。比如进行课外阅读、帮助父母做家务劳动、收看《新闻联播》、整理笔记、参观、参加社会实践等，都需要孩子在课后利用比较广阔的时空来完成，而在教学过程中很难单独安排这样的时间来进行。作业和教学应该共同发挥各自的时空优势，在学习目标、内容和实施形式上强调相辅相成，既有重复交叉，也有各自的侧重点，实现优势互补，共同保障课程目标的实现。这也是课程视域作业观一个非常重要的观点。

(三) 系统设计作业

系统设计作业中，课程视域思想着重体现为以下基本特征：(1) 系统设计作业目标；(2) 体现作业目标与作业内容的一致性；(3) 能够基于对学生作业批改的结果，反思作业目标达成度，从而进行科学的讲评辅导。这体现了"目标—内容—批改—分析—讲评—辅导"的系统思考。其中"目标—内容"体现了设计，"批改"体现了实施，"分析—讲评—辅导"体现了基于作业结果对学生的"反思—改进"。在作业目标上要考虑不同类型的学生，同时也要考虑不同学科内容的特征，作业内容、形式和要求等要根据作业目标有所变化。

美国的瓦特洛特认为，高品质的作业设计是与学习类型紧密相关的。她所提及的学习类型，本质上反映的是学习内容的差异。她引用了汤姆林森 (Tomlinson) 在1999年的观点，即基本学习类型有五种：

1. 事实学习——零散的信息，并且确认是正确的，如鲸是哺乳动物；

2. 概念学习——对事物进行分类以便组织、记忆和使用信息，如光合作用的过程；

3. 原理学习——统领概念的原则,如物质能够改变形状;

4. 态度学习——对观念的信仰程度,以及对学习的广泛兴趣等,如我们必须关注环境;

5. 技能学习——能够将所获得的一切运用到对工作的理解中的能力,如从这些数据中得出结论。

实际上瓦特洛特认为,不同的学习类型本质上反映的依然是学习内容特点或者说学习目的。学习类型不仅会影响作业设计,而且也会影响作业目标。(见表 4-2)

表 4-2　作业设计与学习类型的关系（Vatterott,2009）[99]

| 学习类型 | 作业目标 | 内容示例 | 作业任务示例 |
| --- | --- | --- | --- |
| 事实和概念 | 预习 | 章节的主要观念 | 完成章节的先行组织者 |
| 事实和概念 | 预习 | 单词、定义等 | 给每个单词画图注释 |
| 技能 | 检查理解情况 | 阅读理解 | 创建章节的概念图 |
| 技能 | 检查理解情况 | 步骤的分解 | 解释每一个步骤,做 3 道题 |
| 技能 | 技能练习 | 步骤的分解 | 做 10 道练习题目,写 2 道题目让其他学生解决 |
| 事实 | 机械记忆训练 | 乘法表 | 写、背诵或创建一个乘法表的网格 |
| 概念 | 应用——为了测试的学习 | 章节 5——殖民时代 | 每一部分回答以下问题:对这节内容,我已经知道了什么?还有什么需要我继续学习? |
| 概念/原理 | 应用——分析和反思 | 波士顿倾茶事件 | 写一篇关于波士顿倾茶事件的评论,可以支持或者批判倾茶事件的参与者 |

表 4-2 所呈现的是一种相对原则性的示范,指导教师在设计一类作业的时候,基于学习类型设计相应的作业目标,并对作业内容和形式等进行系统思考。当然,具体到每一门学科、某个年级的作业目标,有时候是更加学科化、具体明确的。

系统设计作业主要包含了以下六个维度:

一是作业目标—内容—类型—难度—情境—时间等的系统思考；

二是学段—学年—学期—单元—课时的系统思考；

三是作业设计—作业完成—作业批改—统计分析—讲评辅导的系统思考；

四是同一年级不同学科间横向关系的系统思考；

五是不同年级的纵向要求的系统思考；

六是基于课程目标的要求，对作业与教学、评价等的系统思考。

这样的系统设计与思考，对于学校和教师的专业要求会很高。

## （四）注重反思改进

注重反思改进，课程视域的作业思想不仅强调作业的个性化、协同性、目标性、系统性，还基于学生作业结果进行反思和再设计，体现了"设计—实施—反思—再设计—再实施……"的循环往复、不断完善的思想，即作业设计并不是固化的、文本性的、静态的，而是和作业实施互动、不断完善的，是灵动的、实践的、动态的。这种观点不仅体现了作业设计、实施、结果分析、诊断改进之间密不可分的，强调了作业结果既有对学生学习情况、教师教学情况的诊断改进功能，也有对作业设计自身诊断和改进的功能。这一思想充分体现了作业设计不是静态的，而应该是不断动态调整的。

**首先，作业结果对于教学具有诊断与改进功能。**

教师在进行作业设计时，需要充分考虑教学的实际效果，同时又要把学生作业的结果作为设计新的教学任务的出发点。因此，不仅作业设计目标、内容和数量与教学效果相关，而且学生完成作业的情况也会影响新的教学设计和新的作业设计。

一些教师在进行作业设计时，会注重通过一定方式来获得学生的学习情况，例如：

琼斯小姐在给 2 年级小朋友布置作业的时候，会要求学生在作业纸的上面记录下每次的作业时间。同时，琼斯还会在作业纸上面画三个脸——笑脸、平脸和哭脸，让学生每次做完作业后在相应的脸上做记号，从而判断学生对作业的感受是太难、正常还是太容易。琼斯用这种方法来获取学生的反馈,判断学生的挫折感、作业的难度以及一些独特学生的需求。①

又如,当教师选择并确定作业目标的时候,首先需要思考作业目标和课堂教学目标有什么关联,应该选择什么样的作业内容来使作业既与教学内容相关,又有助于诊断和反馈学生的学习情况,作业数量是否合适并能保证学生完成?这些都受到课堂教学效果的影响,而且也会对作业发挥多大程度的评价与反馈功能产生影响。教师应该在布置作业时,对学生进行适当的解释和指导。教师如果能让学生感受到课后作业与课堂教学的关系,就会促进学生在课堂教学中更加积极认真,也会更加有助于作业发挥对教学的诊断和反馈功能。但是如果作业仅仅是对课堂教学内容的简单重复,又会让学生失去新鲜感和挑战性。所以,在保证作业设计内容与课堂教学在一定程度相关的基础上,有适当的发展和不同,对于激发学生的作业兴趣来说,或许是有益的。

同样,教师对作业的批改、评价和反馈方式也会影响学生的学习行为,以及下一次的作业态度。研究表明,如果教师不给予学生作业评价与反馈,会被学生理解为作业不重要或者与课堂教学毫无关系,导致学生上课不会认真听讲,或者导致学生下次作业不认真。瓦特洛特认为,无威胁性的作业反馈和没有等级的作业批改会对学生学习有积极的促进作用;细致的反馈也比仅仅是等级和对错的简单批改有效。这与她倡导的促进学术进步的作业设计观也是密切相关的。学生完成作业的时间相同,并不代表取得的效果相同。也可能学生完成作业时间不同,但是所取得的学业成就完全相同。因此,教师作业设计的量不在于多,而在于精。高质量的作业设计有助于教师发现学生存在的学习问题,发挥作业的评价诊断作用,提高教师对学生开展个别指导的效率;而教师通过分析评价学生的作业结果,改进教学行为,不断完善作业设计的方式,提高对学生指导的针对性,这种有效的互动也会促进师生关系的良好发展,提高学生学业成绩。

---

① 王月芬,2012 年 9—12 月参加第二届"上海-加州影子教师"项目,在美国加州胡桃谷学区 Maple Hill school 的所见所闻。

**其次，作业结果对作业设计本身具有诊断改进功能。**

比如，下面这个有关小学数学作业的结果分析案例，就反映了有时候学生在作业结果中出了问题，原因可能不仅仅在教学或学生学习本身，还可能是因为作业设计本身的问题，要对作业设计进行反思和改进。

**【第一次设计】**

下面的4个图形都是用相同的小棒拼成的。根据前4个图形的排列规律，第5个图形由（　　）根小棒拼成。

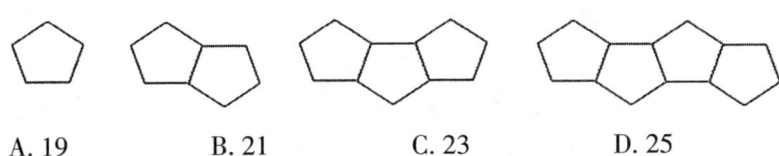

A. 19　　　　B. 21　　　　C. 23　　　　D. 25

第一次测试结果显示，选择正确答案的学生只有51.4%。

| 选项 | 百分比（%） |
|---|---|
| B | 51.4 |
| C | 5.4 |
| D | 43.2 |
| 总体 | 100.0 |

**【反思改进】**

从这个题目的难度来看，学科专家认为应该绝大部分孩子能正确作答。后来专家通过"出声思维"，即让学生说出自己思考这个问题的过程，发现一些孩子是对题目设计的图示方式产生误解，认为既然是小棒，共享一根小棒的那条线是因为上下重叠了，实际还是两根小棒，所以第五个图中小棒数应该是5×5＝25，D选项正确。

结合上述反思，学科专家马上对题目设计本身进行了改进，用前面有火柴头的火柴棒替代了没有任何标识的"小棒"。修改后的题目如下：

**【第二次设计】**

下面的 3 个图形都是用相同的小棒拼成的。根据前 3 个图形的规律排列，第 4 个图形由（　　　）根小棒拼成。

A. 15　　　　B. 17　　　　C. 19　　　　D. 21

第二次测试结果显示，选择正确答案 B 的学生达到了 76.4%。

上述案例充分说明了，有时候一项作业设计的质量，还需要通过学生作业结果来判断，甚至是通过学生"出声思维"来分析题目设计本身的问题。这里分析学生的作业结果，不仅有助于发现学生学习中存在的问题，并在后续的教学、个别化辅导中及时给予帮助和指导，而且还有助于教师反思作业设计自身存在的问题，改进作业设计本身。

## 三、课程视域与单元作业

单元作业，是体现课程视域作业观的具体操作载体。

什么是单元？单元一般是指同一主题下相对独立并且自成体系的学习内容。这个主题可以是一个观念、一个专题、一个关键能力或一个真实问题，还可以是一个综合性的项目任务等。教师在进行单元规划或者单元划分时，往往有两种做法：一种是自然单元，即以教材原先设计的自然章节作为一个单元；另一种是从某个专题或学科关键能力等角度重组单元，如小说写作单元、说明文写作单元、实验设计单元、数据分析单元等。对于教师而言，系统化地设计出某个学科从能力或项目任务角度进行重组的单元体系，难度是比较高的，所以教师以教材的自然章节作为单元是目前较为普遍并且也比较可行的做法。即使如此，这也比原先仅从课时角度思考进步多了。

课时，一般以某个点状的具体内容作为学习重点，具有一定的片段性、零散性、割裂性。相较于某个单独课时而言，单元具有一定的系统性、关联性、综合性、递进性和相对独立性。相对而言，以单元为基本单位，可以从中观角度降低教师宏观把握学科课程整体要求的困难，又可以避免从微观角度仅仅把握某个课时所产生的割裂问题，更有助于体现课程视域的思想。

建议每一门学科首先要对单元进行学段整体规划，明确单元名称、单元性质、形成方式、课时等。（见表4-3）

表4-3 单元整体规划示例

| 年级 | 序号 | 单元名称 | 单元性质 | 形成方式 | 建议总课时 |
|---|---|---|---|---|---|
| ×年级 | 1 | | | | |
| | 2 | | | | |
| | 3 | | | | |
| | 4 | | | | |
| | …… | | | | |

说明：

①单元性质建议根据学科特点进行整体设计，比如可以区分为概念、能力、项目任务、问题解决等；也可以根据学科内容模块划分，比如识字、写字、阅读、写作、综合实践、口语交际等。

②形成方式：可以分为自然单元、重构单元。

## （一）单元作业与课时作业

单元作业和课时作业之间是什么关系？单元作业是课时作业的简单累加吗？一般而言，单元作业和课时作业之间有几种关系：

**第一种，单元作业是课时作业的累加**。这种单元作业设计相比较而言很好理解，但同时要求不同课时之间的作业要体现一定的相关性、逻辑性和递进性。这是目前相对而言教师普遍能够理解，并且可操作的。较之原先全部从课时角度设计作业，这已经是一大进步。

比如，沪教版小学英语五年级上册第3单元 *My future* 的不同课时作业如图4-3所示，体现了围绕同一个主题单元，怎么体现不同课时作业内容的差异性与递进性。

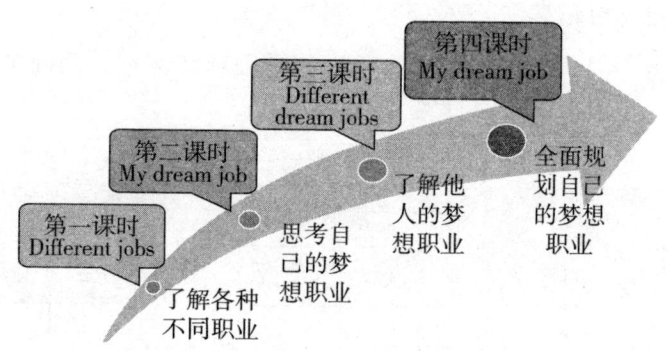

图 4-3　单元视野下不同课时作业要求的递进性案例①

**第二种，体现了单元整体要求的综合性作业。**这类单元作业不是课时作业的简单累加，而是需要学生学习完一个单元以后，综合运用该单元的核心知识和方法等完成的作业，比如整理一个单元的知识结构图，运用一个单元所有的知识解决一个真实的项目任务，等等。这样的作业往往需要掌握整个单元学习要求的全部内容后才能完成。这一类单元作业设计带有单元整体性、内容结构化、综合运用等性质，是单元作业设计所追求的一种更高境界。

所以综上所述，单元作业可以有以下几种主要形式：
- 所有课时作业的累加；
- 体现整个单元整体要求的综合性作业；
- 课时作业、跨课时作业、单元整体应用、跨学科作业等多种形式的组合；
- ……

## （二）单元作业的特征与价值

单元作业设计，是指教师以单元为基本单位，依据单元目标，以选择重组、改编完善或自主开发等多种形式形成作业的过程。

---

① 说明：该案例摘自上海市宝山区第二中心小学的吴旻烨、龚潇洁、王娟、樊晓燕、张丽妮、刘俐宏组成的教研团队设计的"My future"这一单元作业内容，图4-3表示了该单元课时作业和课时作业之间的递进关系。该案例获得"2018年上海市中小学优秀单元作业、试卷案例征集评选"小学英语组一等奖。

从时间或内容跨度来分，作业设计包括课时作业、单元作业、学期作业、学年作业、学段作业等。当然，作业设计还可能会在课堂教学快结束时临时生成，这就是课内临时生成作业。显然，这些作业在系统性、目的性、针对性等方面都会有差异。比如，课堂教学结束前临时生成的作业，理论上应该是根据学生课堂学习的实际掌握情况进行，针对性更强，但是很有可能因为过于机动，在科学性、结构性上有所欠缺；而在一个学年或一个学期开始时就预先设计的作业显然系统性、结构性更强，但是可能在学生实际情况的针对性上会有所欠缺。当前很多课外教辅资料就存在着缺乏针对性的问题。

从理论上来看，学段作业、学年作业、学期作业、单元作业、课时作业、课内临时生成作业在特征上是有一定差异的。(见表4-4)

表4-4 不同阶段性作业设计涉及因素的特征分析

|  | 目标性 | 结构性 | 针对性 | 科学性 | 多样性 | 纵向性① |
|---|---|---|---|---|---|---|
| 学段作业 | ● | ● | ○ | ● | ● | ● |
| 学年作业 | ● | ● | ○ | ● | ● | ● |
| 学期作业 | ● | ● | ○ | ● | ● | ● |
| 单元作业 | ● | ● | ◎ | ● | ● | ● |
| 课时作业 | ● | ◎ | ● | ● | ◎ | ○ |
| 课内临时生成作业 | ◎ | ○ | ● | ◎ | ○ | ○ |

说明：●表示能够充分体现；◎表示能够体现，但不充分；○表示难以体现。

通过表4-4对各种时间跨度的作业优劣势进行分析后发现，相较于学年作业的提前设计和课内临时生成作业的生成，单元作业是在作业的目标性、结构性、针对性、科学性、多样性和纵向性上都能相对较好地实现的。这不仅再次证明了单元作业设计的必要性，也同时体现了单元作业具有课程视域的基本特征。

同时，我们也可以看出学段作业、学年作业、学期作业、单元作业、课时作业、课内临时生成作业，实际上是一个优劣势互补的整体，缺一不可，密不可分。它们思考的因素基本相似，只是体现程度会有所

---

① 纵向性，是指同一主题在不同年级要求的差异，比如阅读、预习、复习等作业在不同年级有所不同。

差异。比如纵向性上，学段作业设计可能比课时作业更加有优势。正是因为不同周期性的作业设计各有利弊，所以作业设计不是一劳永逸或者随意而为的，科学系统且有针对性地进行作业设计应该成为教师的专业自觉。

教师不仅要具备有计划、有目的地设计好单元作业的能力，而且还要具备根据本班级学生课堂学习的实际情况，临时补充、删减、调整部分作业，以满足不同学生的差异的调整和完善能力。这样不仅能够保证作业设计的系统性和针对性，还体现了作业设计的预设性与生成性的辩证统一，这两方面的结合情况反映了教师作业设计能力的高低。

### (三) 核心素养与单元作业

如同单元相较于课时的意义一样，以单元为基本单位进行作业整体设计，而且无论哪一种形式的单元作业，都会更加有利于实现以下几方面的独特价值：

一是有助于增强同一单元不同课时作业之间的结构性和递进性。通过对一个单元不同课时作业内容、要求的统筹思考，可以加强不同课时作业内容与要求之间的关联，减少一些仅仅针对低水平目标、反复操练性质的作业在不同课时的简单机械性重复，留出时空增加发展高阶思维的作业比例，减轻学生不必要的作业负担。对单元作业的整体思考，还可以增强不同课时作业内容之间的衔接性、递进性。

二是加强同一单元下各个课时作业目标、作业内容、作业类型、作业时间、作业难度等的整体设计与统筹分配。例如，单元作业目标不仅要考虑到知识与技能，还要考虑对学生能力、态度等方面的培养，同时还要考虑学生不同的认知水平，这些目标很难在一个课时作业中实现，而要在各个课时作业中合理分布与统筹分配。再如，一个单元内随着课时的不断推进，不同课时作业的难度也应该发生一定的变化，一般而言一个单元最后一课时的作业应该具有一定的综合应用性、统整性，难度也应该相对较高。

三是有助于从单元整体视角，将单元整体培养目标、教学、评价、作业、资源等进行系统思考。从单元角度设计作业，势必要思考作业和教学、评价等的相互关系，共同发挥作业与教学、评价等的协同作用，而不是将作业、教学和评价等割裂地设计与实施，这也是目前教师们普遍缺乏的意识之一。

四是以单元为基本单位设计作业，在提升作业设计整体质量的同时，更加培养了教师对学科课程的整体把握和系统设计能力，从而更好地发挥作业对学生的发展作用，这也是单元作业设计更为重要的终极价值。

核心素养是学生在接受相应学段教育过程中，逐步形成的适应个人终身发展和社会发展需要的必备品格和关键能力，是学生能否灵活完成真实任务、应对真实情境的综合能力，强调真实的、复杂情境中的问题解决能力。体现核心素养的作业强调情境性、综合性、开放性、结构性、长周期性等基本特征，而这些与单元作业的基本特征是吻合的。

总之，单元作业设计不仅符合课程视域目标性、系统性等理念追求，而且可以解决目前"作业缺乏目标意识，随意化""教学、作业、评价割裂化""课时与课时内容碎片化"等问题。以单元作为作业设计的基本单位，是和课程视域强调针对性、系统性、目标性和动态调整等特征相一致的，也符合教师对日常教育教学的理解与操作，而且有助于发展学生的学科核心素养。

## 四、本章小结

本章主要基于作业设计思想的历史分析，结合作业设计现状中的真实问题，通过逻辑推演，尝试建构课程视域作业观，并比较分析了教学视域和课程视域作业观的差异，阐述了课程视域下的作业设计应该遵循的基本理念。

1989年，库珀在大量研究的基础上，对作业设计和实施提出了如下基本的原理：(1)精心确定作业设计和实施需要考虑的基本因素。(2)留出充足的时间让老师和学生完成作业。(3)收集学生完成的作业。(4)评价学生的表现并及时给予学生反馈。(5)评价教学成绩。(6)尽快把完成评价的作业分发给学生。(Cooper, 1989b) 当然，基于课程视域作业观的要求，显然是高于库珀提出的基本要求的，比如强调系统设计，强调反思改进，强调教学作业系统等。

作业作为一种以学生自主学习为主的学习过程，课程视域作业观更加聚焦于学生学习本身，更加强调科学的研究范式，强调教师要像学科课程专家一样系统思考作业目标、作业内容、作业布置、作业批改、作业分析、作业讲评以及反思改进等各个环节的关联性，更加强调作业设计的针对性、目标性、系统性，强调对作业、课程与教学关系的系统思考等。

整体而言，课程视域作业观强调的是共性要求与个性要求的统一，确定性与灵活性的统一，过程性与结果性的统一，静态化与动态化的统一，局部性与整体性的统一。课程视域作业观是对作业的历史发展趋势、现实的作业问题解决与未来作业改革追求的综合反映。单元作业，不仅落实、体现了核心素养的追求，也是课程视域作业观的具体操作载体。

# 第五章 课程视域下单元作业设计与实施策略

> 世界上没有才能的人是没有的。问题在于教育者要去发现每一位学生的禀赋、兴趣、爱好和特长,为他们的表现和发展提供充分的条件和正确引导。
>
> —— 苏霍姆林斯基

如果说"教学"从某种角度上着重体现了教师"教"的科学与艺术，那么作业则充分体现了学生"学"的需求，尤其是学生个性化的需求。

通过梳理国内外相关专家研究作业所涉及的一些基本要素，发现作业涉及的因素主要包括：（1）作业整体观念方面，如作业功能等；（2）作业设计方面，如作业目标、作业量、作业水平、作业难度、作业时间、作业内容、作业类型、作业来源、作业题型、作业差异等；（3）作业实施方面，如作业布置、作业批改、作业辅导、作业讲评、作业统计、作业完成环境、家长参与方式等；（4）作业管理方面，如作业信息化、作业政策、作业检查等；（5）作业效果方面，如作业兴趣、作业负担、学业成绩等。库珀2006年通过梳理1987年到2003年有关作业的相关研究，提出影响家庭作业效果的因素暂定模式（见表5-1），认为影响作业效果的因素包括以下几个方面。

表5-1 影响家庭作业效果的因素暂定模式（Cooper et al.，2006）

| 外部因素 | 作业设计 | 课堂因素 | 家庭-社团因素 | 课堂跟进 | 结果或效果 |
|---|---|---|---|---|---|
| 学生特点 | 数量 | 材料提供 | 学生时间的抢占者 | 反馈 | 作业完成 |
| 能力 | 目的 | 便利条件 | 家庭环境 | 书面评论 | 作业成绩 |
| 动机 | 技能领域 | 建议方法 | 空间 | 评分 | 正面影响 |
| 学习习惯 | 个性化程度 | 课程联系 | 光线 | 激励 | 即时学习 |
| 作业主题 | 学生选择度 | 其他原因 | 安静程度 | 相关内容测试 | 长期学习 |
| 年级水平 | 完成期限 | | 素材 | 用于课堂讨论 | 非学习性 |
| 社会背景 | | 他人介入 | | | |
| 父母 | | | | 父母与家庭 | |
| 同胞 | | 负面影响 | | | |
| 同学 | | | | | |
| 家长干涉 | | 厌烦 | | | |
| 作弊 | | | | | |
| 个体差异 | | 休闲和社团活动受限 | | | |

库珀的影响家庭作业效果的因素暂定模式，提出了可能会影响家庭作业效果的诸多因素，提出学生的能力、动机，以及年级水平、个体差异（如性别、经济背景）等都会影响家庭作业效果。该模式中每一列都包含了影响家庭作业效果的潜在因素，努力体现以家庭作业为结果的潜在因果关联。当然，该模式也反映了作业设计的关键因素，包括：（1）作业量；（2）技能领域；（3）作业目的；（4）个性化程度；（5）可供学生选择的程度；（6）完成期限。

2014年，上海市教委教研室在大规模作业调研中，通过回归分析发现，作业设计中有一些关键因素对作业效果产生了较为明显的影响，但是不同的因素对作业兴趣、作业负担、学业成绩的影响略有差异，因此需要综合考虑作业设计的各个因素。具体分析结果如表5-2所示。

表5-2 作业设计各要素对作业效果影响的回归分析（王月芬 等，2014）[251-252]

| | 学业成绩 | 作业兴趣 | 作业负担 |
| --- | --- | --- | --- |
| 小学关键影响因素 | 可理解性<br>与学习内容的联系程度<br>必要性<br>作业类型 | 可理解性<br>与学习内容的联系程度<br>作业难度 | 作业量<br>作业难度<br>作业类型<br>必要性 |
| 初中关键影响因素 | 可理解性<br>必要性<br>作业类型<br>与学习内容的联系程度 | 可理解性<br>作业类型<br>必要性<br>作业量<br>与学习内容的联系程度 | 作业量<br>作业难度<br>作业类型<br>必要性 |

分析上述研究结果，影响作业效果的因素主要涉及必要性、与学习内容的联系程度、可理解性、作业类型、作业难度、作业量等因素。

**一是必要性**。必要性反映的是作业对不同学生的针对性和适切性问题，也从另外一个角度反映了作业是否为不同学业水平学生提供了选择。研究表明，学业成绩靠后的学生认为有些作业没有必要，主要是因为教师没有为他们进行有针对性的作业设计。同样，对于学业成绩靠前的学生，一些简单重复的作业会让他们觉得枯燥乏味、毫无成就感从而降低兴趣。可见，提高作业的针对性和选择性，有助于增加学生对作业必要性的认可度。因此,必要性本质上反映的是作业如何满足不同学生的差异需求问题。

**二是与学习内容的联系程度**。与学习内容的联系程度本质上反映的是作业内容不能偏离学习内容,这一要素对提高学业成绩和激发作业兴趣均产生了较为明显的影响。当学生感到作业与学习内容联系紧密时,就会感觉更有意义,从而投入更多的精力去完成。但现实学校教育中,作业与教学相脱节的现象比较严重,甚至有一些学校在七年级就开始训练有关中考题的作业,这无疑让学生不仅觉得难度极高,而且会觉得距离很远,效果往往适得其反。作业是否与学习内容紧密关联,与作业的目标设计非常有关。

**三是可理解性**。可理解性背后实际反映的是作业的科学性、难度等问题。可理解性对提高学业成绩和激发作业兴趣都产生了较为明显的影响。在设计作业时,要尽量使用学生易懂的语言,并且指向明确,以确保学生能够理解题意与要求,避免给学生制造额外的障碍。作业的可理解性还和作业所使用的语言是否贴近儿童的认知特点有紧密关系。

**四是作业类型**。作业类型不仅会影响学生的负担感,而且也会影响学业成绩,因为不同类型的作业对学生的能力发展作用是不一样的。丰富的作业类型,可以减少学生在作业完成过程中的乏味感,从而减轻学生的负担。从学生问卷调查和"你对作业还有哪些建议"这一开放性题目的调查结果中可以发现,有相当比例的学生期望减少抄写等机械训练作业,增加更有挑战性的其他类型的作业。所以,相比较低难度的机械枯燥的作业,学生可能更愿意接受具有适当挑战性的作业,由此更能在作业过程中体会到成就感。

**五是作业难度**。作业难度主要影响学生的作业负担和作业兴趣。实践中作业难度存在过易和过难两种极端现象。过易的作业设计会让学生觉得枯燥乏味,而过难的作业设计会让学生在不断经受挫折后,失去对作业的兴趣,甚至产生恐惧。因此,如何根据学生的差异性确定符合学生认知情况的作业难度,就成为作业设计中的关键问题之一。

**六是作业量**。作业量可通过完成作业的时间来反映,主要影响学生的作业负担和作业兴趣。学生问卷调查和作业文本分析结果都表明,当下学生的作业量偏大,完成作业的时间明显超出规定要求,对学习困难学生来说,这方面表现得更为明显。

通过上述分析,实际上"与学习内容的联系程度"更多体现的是"作业目标";"必要性"更多反映的是如何满足学生的差异需求,后续将之表述为"作业差异性";"作业可理解性"更多反映的是作业表述的科学、规范情况,后续用"作业科学性"表示;"作业量"更多反映的是作业时间是否符合学生身心发展特点,所以后续用"作业时间"表示。因此,无论是在中学阶段还是小学阶段,对作业效果影响最为明显的要素主要包括:作业目标、作业科学性、作业时间、作业类型、作业难度、作业差异性等关键要素。通过对作业设计各相关要素与作业设计质量进行回归分析,发现回归系数均小于0.1,说明这些因素并不是单独对作业设计质量产生影响,而是通过协同作用从而对作业设计质量产生影响。因此,教师在设计作业的时候,要像学科课程专家一样系统地思考作业的各个相关要素,系统地从作业目标、作业科学性、作业难度、作业时间、作业差异性等方面全方位思考作业设计,实现作业效果的整体提升,而不能仅仅考虑其中的某一方面。

结合影响作业效果关键因素的实证分析,课程视域下的作业设计与实施策略需要关注以下八个方面的基本策略与方法。(见图5-1)。

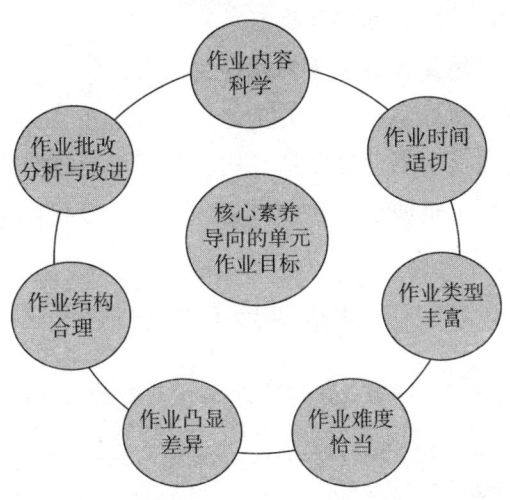

图 5-1 课程视域下的作业设计与实施基本策略

根据图 5-1 所示，课程视域下的作业设计与实施策略基本反映了作业各关键要素，各个策略之间也是紧密相关的。比如，以单元为基本单位进行设计是前提，也符合教师教学实际，符合课程视域与核心素养追求；科学的作业目标，才有可能保证作业内容的科学性和有效性，也有助于保障作业结构的有效性；通过作业结果才可以反思和完善作业目标、作业内容等；另外，关注作业的差异性，体现了对学生差异的关注，这不仅体现了具有中国特色的因材施教理念，也体现了课程视域下作业设计的核心价值追求。因此，课程视域下作业设计的基本策略不是简单的线性关系，而是体现了一个自我循环改进、相互关联的系统。

## 一、单元作业目标

课程视域下的作业设计强调目标导向[①]。作业目标主要反映作业需要实现的功能和作用，包括学科学段作业目标、单元作业目标、课时作业目标等。作业目标科学与否决定了作业设计的起点是否正确。

### （一）课程目标、作业目标与教学目标的关系

课程视域作业观强调大课程，教学、作业都是课程的主要环节，作业与教学相辅相成，共同促进课程整体目标的实现。那么，课程目标、作业目标和教学目标的关系是什么？

**第一，正确理解课程视域下的课程目标。**

课程视域下的课程目标反映的是课程标准的整体目标与要求。课程标准是引领学科课程的纲领性文件，代表一门学科课程的方向与整体要求。课程标准的要求是通过教学、作业、评价、校外活动等多种渠道来共同实现。

由于课程标准是一门学科对群体学生的共性要求，对个体学生的

---

① 说明：目标导向并不否定斯腾豪斯等人提出的过程模式。强调目标导向主要基于两方面原因，一是目前作业设计普遍存在目标单一或者没有目标意识的问题；二是更加有利于当下教师的理解和操作。因此，这是一个时代的选择。随着教师在作业设计中普遍具有了科学的目标意识后，过程模式也会随之具有实践的生命力。需要说明的是，本书中的作业目标也强调教师在实践中根据学生的实际表现进行适当调整。

差异性、针对性方面的考虑就会有所欠缺。同样，在班级授课制的大背景下，当下的教学更多也是体现了共性要求。在同样的课程标准要求下，不同的学校、班级和学生的掌握情况是有差异的。作业作为课程的关键环节，应该成为弥补个性要求的重要载体。这就需要教师充分关注教学效果问题，即不同学生的学习掌握情况。对于课程视域下的作业目标，教师应该综合课程目标、教学目标达成情况和学生差异等情况进行整体设计，即作业目标的设计不仅仅是一个依据课程标准预设的过程，还应该是依据学生的差异、课堂学习情况、作业结果、评价结果等进行调整的过程，体现了课程视域下作业目标的动态性和过程性。

**第二，科学处理好单元作业目标与单元教学目标的关系。**

教学的情况和效果会对作业设计产生巨大影响，这种影响主要表现为：一是课堂中学生的掌握情况会影响教师对课后作业目标与内容的设计；二是课堂教学质量会影响学生课后作业的完成质量、完成时间和完成效果。因此，作业设计需要考虑教学实际效果，但是又不能仅仅作为教学内容的巩固。

作业目标与教学目标相一致，有助于保证作业内容的可理解性，避免因为作业内容的陌生，导致作业难度加大，从而加重学生负担，也有助于潜在地促进学生在课堂上认真学习。从这个角度来说，作业目标应该强调巩固教学目标，比如字词句的记忆默写、文章的记忆背诵、相关技能的训练等。这也符合艾宾浩斯（H. Ebbinghaus）的遗忘曲线，符合学生学习的心理规律。

当然在作业目标与教学目标关系的处理上，还需要反思一些问题：

● 如果作业目标仅仅依据教学目标制定，若课堂中所有的教学目标都实现了，是否依然有必要在作业设计时仅仅体现教学目标？

● 对于教学过程中没有实现的教学目标和已经实现的教学目标，体现在作业目标的设计中有何差异？

● 如果作业仅仅强调巩固和强化课堂教学目标与内容，是否会让教师更加依赖于课后作业对教学的补救功能，甚至会降低教师的教学效率？

……

课堂教学由于受到场地、时间等的限制，往往对学生综合能力、实践能力等方面的培养不足。所以，作业作为一种课外学习任务，应该在适当巩固教学内容的基础上，更加发挥课外时空的学习优势。比如，课后可以让学生整理笔记内化学习内容，可以带学生进行社会实践拓宽视野，可以让学生进行家务劳动增强家庭责任感等，这些都是课堂教学较难实现的育人目标。因此，作业和教学不是简单的从属关系，作业和教学应该发挥各自的时空优势，在学习目标、内容和实施形式上相辅相成，既有重复交叉，也有各自的侧重点，实现优势互补，共同保障课程目标的实现。

因此，课程视域下的作业目标与教学目标不是一种简单的从属关系，而是应更加强调相互促进和补充的关系。作业目标需要适当考虑如何弥补课堂教学的不足，要在课程视域下思考作业目标的整体性和导向性。作业与课堂教学的一致性和互补性主要表现为以下方面。

一是与当天教学紧密相关，学生已经掌握但有必要进一步巩固和强化的，有针对性设计强化和巩固作业，比如某个公式的应用、某个句型的掌握等。

二是对课堂教学中学生没有掌握的教学目标，需要通过课后作业来弥补。由于不同的学校、班级、教师、学生群体存在差异，所以对于同样的教学目标他们的掌握情况可能会不一样。这就需要教师在课堂教学中通过提问、课堂练习和观察等诊断本班学生的掌握情况，从而保障作业目标的针对性。这也充分说明作业目标具有很强的生成性、针对性、过程性与条件性。

三是针对与教学目标没有明显关系，但又是课程标准中规定的目标与要求的，作业需要对课堂教学中一些无法开展的活动及无法培养的素养进行弥补，与教学共同实现课程目标，比如社会实践、外出参观考察、专题调查、进行时间管理等。从这一点来说，作业目标可以和教学目标完全不一致，而主要服从学科课程标准的目标，与教学目标具有互补性。

四是作业与教学目标关系不紧密，体现"五育并举"全面育人思想。爱泼斯坦（Epstein）等学者也都曾经将家庭作业的目标分为教学性目标和非教学性目标。有一些作业目标还应该反映德智体美劳全面发展的"五育并举"的整体育人思想，体现跨学科的特征与要求，即将作业过程作为全面育人的过程。比如每天做阅读笔记、进行体育锻炼、帮助父母干家务活、欣赏音乐、看新闻等。

作业目标的确定过程可以参考图 5-2。

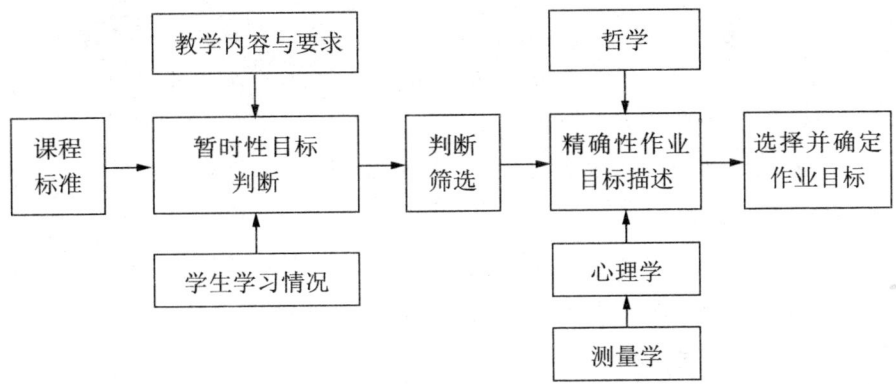

图 5-2　作业目标确定过程的基本模式

如果说基于课程标准进行作业设计更多体现了预设性、统一性和整体性，那么依据教学中学生的实际掌握情况进行设计，则更多体现了过程性、生成性和差异性。课程视域下的单元作业目标更强调整体性、系统性，而不是零散的、孤立的目标设计；更加强调根据学生实际的掌握情况、学生的差异性进行个性化的适当调整与完善，而不仅仅是对既定目标的机械执行与落实。因此，课程视域下的作业目标所基于的课程目标是共性要求与个性要求的统一、预设性与生成性的统一、过程性与结果性的统一。

（二）单元作业目标如何设计和表述

一个好的作业目标如何表述才能科学清晰、可理解？如前文所述，加涅认为精确化的作业目标描述应该体现五个方面——具有行为发生的情境，习得的性能，对象，行动动词，以及与作业有关的工具、限制特殊条件等，即"五成分"表述方法。

由于教师在实际撰写目标的过程中，往往很难区分"发生的情境"与"限制和特殊条件"，因此一般情况下作业目标的描述建议体现以下四个基本要素：行为主体、行为表现、行为条件以及表现程度。

行为主体一般默认为学生。

以小学语文"汉语拼音作业"为案例，我们可以比较不同表述的差异。

(1) 只描述行为表现：能拼读（行为表现）汉语拼音（对象）。

(2) 行为条件+行为表现：能在教师的帮助下（行为条件）拼读（行为表现）汉语拼音（对象）。

(3) 表现程度+行为表现：能正确并熟练地（表现程度）拼读（行为表现）汉语拼音（对象）。

(4) 行为条件+表现程度+行为表现：能在教师的帮助下（行为条件）正确并熟练地（表现程度）拼读（行为表现）汉语拼音（对象）。（王月芬，2014）

上述表述目标的四种方式中，显然第四种最清晰。作业目标清晰明确，有助于实现作业效果，包括交流和学习评价的作用。如果目标表达含糊，会导致交流和评价的效果打折扣。因此，只有通过对目标进行技术性的清晰界定，才可以发挥作业目标的真正价值，以帮助教师、家长和学生达成共同可理解的观念，保证交流、诊断、评价等具有共同的意义。比如，美国的瓦特洛特也认为，不能忽略作业的价值和目标本身而不加选择地设计。她认为美国的家庭作业在学术性要求上是不明显的，甚至是欠缺的。她建议教师要很清晰地对学生阐述每次作业的目标，包括口头的或者书面的形式。

总之，作业目标设计需要注意以下一些基本问题。

一是注意作业目标的传递性原则。作业目标与课程标准的内容要求、教学目标之间应有较高的相关度。课时作业目标应考虑与单元作业目标之间的一致性。每条作业的目标要与整体的作业目标具有内在的一致性。

二是作业目标的递进性。作业目标应该满足不同学习风格学生的学习差异需求，注重基础性，体现一定的选择性。

三是作业目标的诊断性和可检测性。作业目标应具有可检测性，以了解、诊断学生整体的学习现状与共性问题，同时对教师的教学进行及时反馈。

四是作业目标的全面与重点的关系。作业目标要既能体现知识、能力、习惯、态度、综合运用等方面的要求,也要根据学生差异、学段差异和学科差异而各有侧重。

五是作业目标描述具体与概括的把握问题。作业目标越清晰,作业设计的方向就越清晰,评价作业设计质量高低也就有了依据。慕琳布鲁克(L. Muhlenbruck)、库珀、奈(B. Nye)和林赛(J. J. Lindsay)等人在2000年就提出类似的观点,即研究者应该根据教师所期望作业达到的目的来评价作业质量本身。但每次的作业目标是否都要描写得很复杂,也是要视情况而定的。实践中具体细致的作业目标和概括性的作业目标都存在,关键在于要适合相应的教师水平。单元作业目标表述不要过于抽象,也不要过于琐碎。

(三) 单元作业目标如何变为课时作业目标

作业目标描述有四个主要功能:一是为确定作业是否符合课程标准要求提供一种手段,有助于诊断作业目标和课程标准、教学目标、学生情况之间的关系;二是有助于让作业聚焦关键的目标、内容和要求;三是为判断学生作业结果、学生学习情况提供依据;四是帮助学生明确作业的目标和要求。

可见,作业目标的设计从某种角度是建立了作业、教学、课程和评价四者之间的密切关系,保证了四者的整体性与协调性。

在作业目标设计中,教师往往仅思考作业目标,但是不书写出作业目标,原因是教师存在一个误区,认为"思考过了作业目标就代表设计了作业目标"。事实上,思考过作业目标和真正写出作业目标之间还是有差距的。有些教师并不能清晰准确地写出作业目标,这和教师没有真正想清楚是密切相关的。一般来说,教师只有准确地书写出作业目标,才说明教师是真正想清楚了作业真正的目的所在。

在作业目标的表述上,有两种典型的做法。

**第一种做法是描述某一种主题或年级作业的共性目标。**

这种目标表述有助于明确某一类型作业总的要求,但是整体而言比较抽象、上位,难以和具体的内容相结合。这种作业目标如表5-3所述。

表 5-3　初中英语不同主题类型的作业目标①

| 作业类型 | 作业目标要求 |
| --- | --- |
| 听、读、背、抄作业 | 语言积累、语感形成、习惯养成等 |
| 语法操练作业 | 理解知识点、巩固操练、情景运用等 |
| 阅读理解作业 | 积累词汇、获取信息、提高阅读技能、培养文化意识等 |

**第二种做法是明确每个单元的作业目标。**

单元作业目标设计有助于教师理解和操作，是体现课程视域思想的作业目标设计方式。以下是小学语文单元作业目标设计的一个案例。（见表5-4）

表 5-4　小学语文单元作业目标设计案例②

| 单元目标序号 | 单元目标描述 | 学习水平 |
| --- | --- | --- |
| 1 | 抄默本单元指定字词 | A 知道 |
| 2 | 解释词语在语境中的意思 | B 理解 |
| 3 | 背诵或默写古诗和名言 | A 知道 |
| 4 | 解释句子在语境中的意思 | B 理解 |
| 5 | 说明句子在文中的作用 | C 应用 |
| 6 | 概括文中人物的品质特点 | C 应用 |
| 7 | 围绕一个意思写几句话 | C 应用 |
| 8 | 归纳课文主要内容 | B 理解 |
| 9 | 以"名人风采"为主题，在实践活动中收集、筛选、整理材料，完成资料卡 | D 综合 |
| 10 | 回顾生活中最让自己感动的一个人，围绕中心，选择具体的事例完成作文 | D 综合 |

说明：目标1、3为常规作业目标；目标8为单元作业目标；目标2、4、5、6、7、9、10为学期作业目标。

---

① 选自2013年上海市教委教研室"提升中小学作业设计与实施品质"项目阶段研究报告（内部过程性资料），作者为中学英语组赵尚华等。

② 选自2017年"上海市中小学优秀单元作业、试卷案例征集评选"一等奖案例。该单元作业试卷设计案例由上海市宝山区何虹、毛霞、朱薇薇、雷桂珍、张敏贤、徐莹完成。需要说明的是，该案例虽然有试卷（即反映单元评价）的目标，但是整体上也能说明单元作业目标的设计要求。

该单元作业目标案例"说明"部分指出序号 8 "归纳课文主要内容"是该单元的独特目标;1、3 是语文学科的常规目标,每天都需要做和积累;而其他的目标是该学科的学期作业目标,即在本学期每个单元都要落实的目标,比如目标 9 "以'名人风采'为主题,在实践活动中收集、筛选、整理材料,完成资料卡"这样一个作业目标,体现了综合性、实践性、长周期性和跨学科性等特征,也是只有利用作业的时空才能有效完成的,而这样的目标就不适合作为课堂教学目标。

上述小学语文单元作业目标设计的案例,充分体现了以下几个特征:

- 单元作业目标指向明确,凸显重点,体现不同水平;
- 单元作业目标数量合理,既不过于宏大,也不过于琐碎繁杂;
- 单元作业目标结构清晰,注重内在的逻辑性,前后具有关联性;
- 科学处理单元作业目标、学期作业目标和学科常规作业目标间的关系;
- 体现了单元作业目标与单元教学目标之间的异同。

这样的单元作业目标设计,要求教师能够站在单元的中观层面,上要有对学科课程目标的整体理解与把握,下要关注到每个课时的作业目标,全面系统把握学科整体要求,体现了基础与综合相结合、短期作业与长期作业相结合、独立作业与合作类作业相结合、学科与跨学科相结合、学期共性要求与单元个性要求相结合等多种特征。

单元作业目标设计好后,就可以将其分配或分解到课时作业目标中。由于单元作业目标再进行下位分解往往需要教师具有很专业的目标分解技术,同时还要保证分解在同一水平上,因此这对大部分教师来说是极富挑战性的专业要求。鉴于此,建议单元作业目标和课时作业目标形成分配关系(见表 5-5),以便于教师理解和操作。

从表 5-5 来看,单元作业目标分配到各个课时并不是简单机械的,有些单元作业目标可以分配到几个课时甚至所有课时,这也说明有些目标的达成是需要不断巩固强化的。另外,新授课和复习课、讲评课所分配的作业目标也应该有所差异,比如复习课要相对全面,而讲评课应该着重关注学生学习有困难的目标等。

表 5-5　单元作业目标与课时作业目标分配关系举例

| 单元作业目标 | 课时1 | 课时2 | 课时3 | 课时4 | 课时5 | 课时6 | …… | 单元复习课 | 单元讲评课 |
|---|---|---|---|---|---|---|---|---|---|
| 1 | ♦ |  | ♦ |  |  | ♦ |  | ♦ |  |
| 2 | ♦ | ♦ |  | ♦ |  |  |  | ♦ | ♦ |
| 3 |  | ♦ | ♦ |  |  |  |  | ♦ |  |
| 4 |  |  | ♦ | ♦ | ♦ |  |  |  |  |
| 5 |  |  |  | ♦ | ♦ | ♦ |  | ♦ |  |
| …… |  |  |  |  | ♦ | ♦ |  | ♦ | ♦ |
| n |  |  |  |  | ♦ |  |  | ♦ | ♦ |

## 二、作业内容

作业内容包括了作业任务与答案，作业内容的科学性决定了学生的可理解性，也体现了作业的基本质量。

为保证作业内容的科学性，教师在设计作业内容时需要做到基于目标、保证本体性知识准确、表述清晰无歧义，以及符合学生身心特点等基本要求。

### （一）作业内容与作业目标一致

在保证科学设计单元作业目标的前提下，如何依据单元作业目标设计作业内容就成为关键步骤。作业内容依据作业目标进行设计，有助于解决作业设计中二者相互脱离的问题，将作业作为实现课程目标的途径。

例如，在美国等一些国家的作业设计中，作业目标直接来自相关的标准，所以在表述作业目标的时候就可仿照学科课程标准中的相关要求。例如，在美国匹兹堡大学研制的语文、英语、数学和科学的能力表现标准中，作业实例及评注本身也构成了实现能力表现标准的一个基本要素，作业实例都是学生真实的作业展现，包括不同地区、不同学生完成的作业，具有一定的广泛性。这种作业实例可以判断学生可能达到的能力表现，也决定了设置什么样的评分标准能体现不同层次学生的水平。此外，该能力表现标准中的作业设计的每个作业目标都涉及两个及以上的具体课程标准要求，有些还包括其他学科的目标。例如，"计划宿营旅行所需生活用品和设备，并说明其用途"，就涉及数学、科学等多个学科标准。此外，绝大部分的作业设计也和日常生活紧密联系，例如"研究为什么不同的植物生长在学校周围不同区域的路边缝隙中"，"和同伴一起选择本区域的一种濒危植物或动物，从参考书、杂志、影视图像中收集有关信息，辩论是否应保存或消灭这种植物或动物，以及为什么"，等等。（见表5-6）

表5-6 美国小学科学作业/活动与标准的对应（节选）
（美国国家教育和经济中心 等，2004）①

| 标准 | 具体内容 | 作业/活动表述与对应标准 |
| --- | --- | --- |
| S2 生命科学的概念 | S2a 生物的特性，如生存与环境的支持、结构和功能的关系、行为的变异 | ▲预测种植在靠窗密闭玻璃罐中的植物能活多久，并说明为了提高预测的准确性，还需要有关植物及周围环境的哪些信息。2a, 1a, 3a, 3b |
| | S2b 生物的生命周期，如遗传和环境如何决定生物的特性、所有动植物都有生命周期 | ▲完成一个4-H照料动物的作业，写报告说明此动物的生长和发展，并把它带到县级集市上。2a, 2b, 2c, 7a, 8b<br>▲制作观察图，说明一种动物或植物的生命周期。2b<br>▲说明个体遗传特征和环境特性的差别，如花朵的颜色或骑自行车的能力，并描述可能影响这些特性的环境的物理特点。2a, 2b, 2c, 2d, 1a, 4a |
| | S2c 生物和环境，如在生态系统中动植物的相互依存、五种群体及对环境的影响 | ▲计划宿营旅行所需生活用品和设备，并说明其用途。2a, 2c, 4b, 4d, M8d, A1c<br>▲运用一种以上的媒介，如模型、课文、图画或口头讲解，来说明各种有机体怎样随时间流逝而发生变化，从而适应各种生物环境。2c, 2d, 4a |
| | S2d 生物随时间的变化，如进化、描述地质历史发展中生物多样化的化石证据 | ▲描述化石和现代生物有机体之间的异同，并说明环境因素是怎样造成这些异同的。2a, 2c, 3d, 1a, 3a, 3c, 4a |

---

① 2a、1a、3a、3b等符号，代表的是不同标准的代码，意味着每一项作业都对应好几条标准。

续表

| 标准 | 具体内容 | 作业/活动表述与对应标准 |
|---|---|---|
| …… | …… | …… |
| S8 科学的调查研究 | S8a 一项实验，如做一个市场实验。<br>S8b 系统观察，如现场研究。<br>S8c 一项设计，如做一个模型或科学的仪器。<br>S8d 利用出版物和电子信息，如杂志、影视图像或计算机，进行非实验研究 | ▲设计、制作并放飞风筝，对风筝进行改造使之飞得更高、操作更容易，或达到其他的目的。8a, 8c<br>▲研究为什么不同的植物生长在学校周围不同区域的路边缝隙中。8b, 2a<br>▲设计并制作一尊鲁宾小金像奖装置，并说明如何改变设计的某些方面以产生更好的效果。8c, 4b<br>▲研究一种特定的疾病，比较当地及全国的危险因素，并制作一个信息小册子交流疾病的特点及危险性。8d, 4c<br>▲制作一系列图画，说明学校附近某一区域植物随季节的变化。8d, 2b<br>▲和同伴一起选择本区域的一种濒危植物或动物，从参考书、杂志、影视图像中收集有关信息，辩论是否应保存或消灭这种植物或动物，以及为什么。8d, 2c, 6c |

分析表 5-6，可以发现美国科学课程标准中这些作业或活动的设计具有以下一些基本特点：

一是作业或活动目标严格根据课程标准中的标准进行设计；

二是课程标准的很多要求无法仅仅通过课堂教学实现，需要发挥课堂教学和课外作业的联合作用；

三是作业活动基本都是长周期的，更加关注对学生综合能力的培养。

先设计好作业目标，再确定作业内容，这符合"逆向设计"思想。但在实践中，我们会发现很多教师习惯先选择题目，再反推形成作业目标。那么，究竟应如何处理作业内容和作业目标的关系呢？

作业目标的确立包括两个方面，一是思考作业目标，二是写出作业目标。我们认为，写出作业目标比思考作业目标更难。对于这一问题，迪克和凯里认为，作业目标是在任务分析之后书写完成的；加涅在此基础上认为，作业目标是写于任务分析的过程之中的（加涅 等，1999）[147]。由此可见，有时候很难做到在所有作业设计开始之前，对作业目标就非常明确和清晰，或者就能够清楚地书写出来。教师可以在对作业内容深入把握和了解的作业设计过程中使作业目标变得更加清晰，所以作业目标的书写可以在作业设计之中完成，也可以在作业设计完成后对原先书写的作业目标有所调整和完善。

那么，是否意味着作业目标可以随意更改，或者没有一个清晰的作业目标就可以开始设计作业？显然不是。这里强调的是明确地书写出作业目标可以在作业设计之中完成，但并没有否认在作业设计之前教师心中要有一个大致的作业目标和要求。因为思考作业目标和清晰准确地书写出作业目标之间还是有一定差异的。当然，一定要避免因为已有的作业内容或暂时无法设计出体现相应目标要求的作业而随意更改作业目标的情况，这会导致作业的随意性，难以发挥作业系统的累积效应。

作业内容与作业目标是否要一致？这是课程视域下作业设计需要回答的另一个重要问题。这需要通过学科的专业分析和判断才可以实现。一般来说，作业内容与作业目标并不是简单的一一对应关系，有些作业内容可能会达成多个作业目标，极少的作业只是实现单一的目标。也有些作业内容部分与作业目标相一致，部分与作业目标不吻合。作业内容与作业目标的对应性可以借助类似表5-7这样的框架来进行分析。

教师既可以在确立好作业目标后，依据目标来逐条设计作业内容，也可以在确立好作业目标、设计完作业内容后运用表5-7进行整体的反思分析。通过类似表格的设计，不仅有助于分析作业内容与作业目标的对应情况，而且也可以做一些数据的统计和分析，整体分析各个作业目标的落实情况，从而根据统计分析结果对相关作业内容分布比例的合理性及作业目标达成度进行调整完善。虽然课程视域下的作业内容和作业目标之间不是机械的线性执行过程，允许根据确定后的作业内容书写作业目标，但是这并不意味着课程视域下的作业目标是随意的，是可以根据作业内容来任意确定的，我们强调作业目标的确定是科学的、具有计划性的、适切的、严谨的。作业目标和作业内容调整的根本依据，应该是学生的实际情况和课程目标。

表5-7 作业内容与作业目标一致性分析示例表

| 单元作业目标（建议写目标代码） | 单元作业内容 | | 判断 | | | |
|---|---|---|---|---|---|---|
| | | | 作业内容与作业目标完全一致 | | 作业内容与作业目标部分一致 | |
| | 题号（或总量） | 占单元作业总量的比例 | 题号（或总量） | 占单元作业总量的比例 | 题号（或总量） | 占单元作业总量的比例 |
| | | | | | | |
| | | | | | | |
| | | | | | | |
| | | | | | | |
| 无对应单元作业目标 | | | | | | |
| 总计 | | | | | | |

说明：

（1）作业内容与作业目标部分一致，主要针对那些可能涉及两个及两个要求以上的作业目标。如果没有相应的情况，可以填写0。

（2）比例都按照占单元作业总量的比例进行计算。由于有些作业内容可能对应多条目标，所以最终的百分比累加可能不是100%，但建议每道题目对应一条最核心的目标。

（3）"无对应单元作业目标"，主要是在分析中可能会发现有些作业内容和原先确定的单元作业目标毫不相关。这时候就要判断这些内容是继续保留下来并增加对应的单元作业目标，还是删除这些作业内容。

（4）统计分析好之后，根据每条作业目标对应作业内容的比例，调整确定内容和要求。

目前的作业设计中,作业内容往往呼应一些低层次、机械记忆背诵性质的作业目标,而对应于高阶思维性的目标和综合应用性、跨学科类的作业目标的内容设计极少,甚至没有。因此,如何针对一些高水平的作业目标设计作业内容,成为各个学科作业设计关注的重点和难点问题。这也和目前作业设计过度关注知识技能巩固,强调书面作业等观念有关。课程视域下的作业设计更为关注课堂教学中不能够实现的实践能力、高阶思维、综合运用能力等的培养,因此在作业内容的设计上也会更加关注实践类、合作类的作业,有助于课程目标的整体实现。

## (二) 作业内容科学明确

教师首先要保证作业没有学科本体性知识错误,这对于学生形成对作业的尊重感和敬畏感是很重要的。假如一个教师在作业设计中经常犯科学性错误,不仅会浪费学生的学习时间,而且会让教师形象大打折扣,也会影响学生对作业的态度。

此外,作业表述要清晰明确。这是最基础的要求,但事实上教师在日常作业设计中,除了会犯一些低级和明显的科学性错误,比如数字错误、答案错误外,还会出现表达不清晰、要求不明确、要求有歧义等问题,尤其在一些综合开放的作业内容中。

【案例】 中学语文作业[①]

### 课文《老王》的课后作业

推荐阅读杨绛散文随笔《我们仨》、小说《洗澡》、译作《唐·吉诃德》,组成杨绛作品网络共读小组,定期交流阅读感受,最终合作完成读书报告。

上述《老王》的课后作业,从追求核心素养的角度,反映了高中语文整本书阅读、学科核心素养培养的要求,而且从作业的综合性、实践

---

[①] 本案例借鉴了上海市教委教研室高中语文教研员范飚老师所描述的一个作业案例(内部交流资料,2017年)。

性、合作性等方面都体现了很好的设计。但是，如果仔细分析，从科学性角度就会发现有值得完善的问题：

比如，多久完成这三本书的阅读？"网络共读小组"几人一个小组？定期交流是指多久交流一次？合作完成读书报告要怎么合作？读书报告字数和具体要求是什么？……

由于教师在要求上不清晰、不明确，就会导致很多学生在完成作业的时候流于形式和过程，如果教师再缺乏必要的过程指导和诊断反馈，那么这样的作业实施效果就会大打折扣。

而从下面这个小学语文阅读作业案例中，就会明显发现教师的指导与要求是非常清晰明确的。

**【案例】小学语文阅读作业**

<table>
<tr><td colspan="7" align="center">我的阅读"足迹"<br>班级____ 姓名____ 学号____</td></tr>
<tr><td rowspan="2">阅读篇目</td><td colspan="4" align="center">必读篇目</td><td colspan="2" align="center">选读篇目</td></tr>
<tr><td colspan="4">《邯郸学步》《滥竽充数》《掩耳盗铃》<br>《自相矛盾》《刻舟求剑》《画蛇添足》<br>《杞人忧天》《井底之蛙》《杯弓蛇影》<br>《南辕北辙》《北风与太阳》</td><td colspan="2">《农夫与蛇》《狼和小羊》《狐狸和乌鸦》这几则寓言你们读过吗？《伊索寓言》《克雷洛夫寓言》《中国古代寓言》这些书中还有许多有趣的寓言故事呢！读完后一定也会大有收获，快去书中找宝藏吧！</td></tr>
<tr><td rowspan="2">阅读日期</td><td rowspan="2">阅读时间</td><td rowspan="2">阅读篇目</td><td rowspan="2">明白的道理</td><td colspan="3" align="center">评价项目<br>● 能主动阅读寓言故事。<br>● 能主动与家长交流阅读收获。<br>● 能把喜欢的寓言故事讲给他人听。<br>● 完成阅读记录单；书写端正。<br>评价说明：四项评价每做到一项，可得一颗星。</td></tr>
<tr></tr>
<tr><td>_月_日</td><td>分钟</td><td>《　》</td><td>我明白了：</td><td colspan="3"></td></tr>
<tr><td colspan="4"></td><td colspan="2" align="center">自评</td><td align="center">家长评</td></tr>
<tr><td colspan="4"></td><td colspan="2" align="center">☆☆☆</td><td align="center">☆☆☆</td></tr>
<tr><td colspan="4"></td><td colspan="3" align="center">我的阅读"足迹"总星数：____颗</td></tr>
</table>

以上案例体现了以下基本特点：

一是凸显了明确性、差异性。该作业不仅规定了学生必须阅读的篇目，而且给予了学生可选读的篇目，体现了作业的差异性。

二是注重了习惯与方法的指导。比如要求学生在阅读的时候记录、写感受。此外，还通过四个评价项目进行引导，其实这也是在教学生阅读的习惯与方法。

此外，作业答案科学也是基本要求。针对客观题，做到作业答案科学并没有太大的困难，但是对于开放性作业，如何体现不同学习水平学生的差异，则相对复杂得多。

如何提供开放性作业的答案？传统的做法往往是提供一个标准答案，教师通过答案关键点判断学生的实际水平。但是这种给予答案的方式，实际上也很难让学生理解自己真正的问题所在。比如一篇作文，两个学生同样是 C 档的评价，但是所反映的问题可能是完全不同的，一个学生可能是因为整篇文章的结构和立意有问题，另一个学生可能是因为语法错误、错别字特别多。好的开放性作业答案应该能够反映不同的水平表现、存在的问题及改进建议。

对教师来说，也要能够根据学生的表现判断作业的质量。

**【案例】科学作业（美国国家教育和经济中心 等，2004）**

**【作业内容】**
　　调整一个物体的质量（或）体积，使之不漂浮在水上，也不沉下去，而是"浮沉平衡"。

**【完成本作业的条件】**
　　独立完成（　　）；小组完成（　　）；课堂作业（　　）；家庭作业（　　）；有教师反馈（　　）；有同学反馈（　　）；有时间限制（　　分钟）；有修改机会（　　）。

**【本作业对应学科标准的要求】**
　　S1a 物质科学的概念：物体和物质的性质。

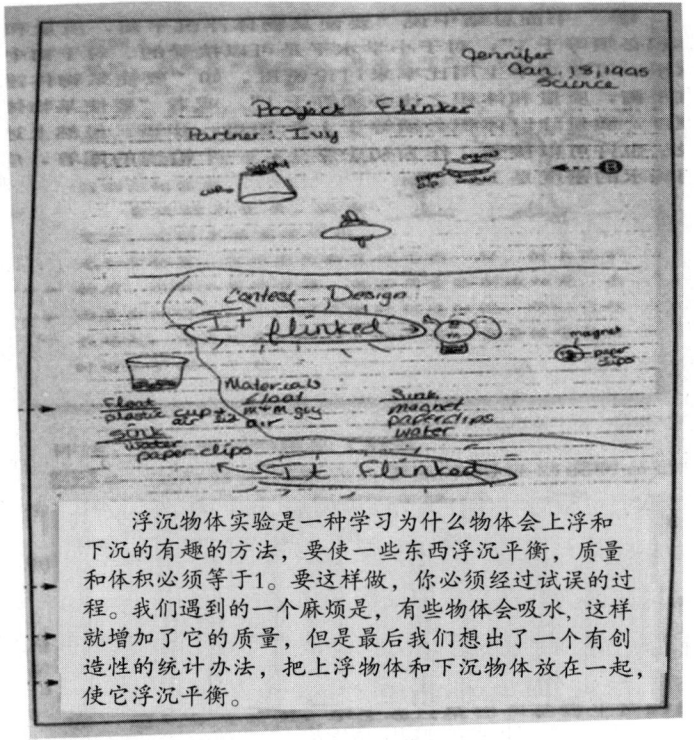

该作业中，教师根据学生的表达做出如下基本判断：

学生能够根据可观察的特性把物体进行分类，并描述结果。

    A. 学生能把常见物体分为可上浮和可下沉的物体，并记录结果。

    B. 通过试误发现"浮沉平衡"组合，并得出结论。

    C. 书面总结中说"要使一些东西浮沉平衡，质量和体积必须等于1"，对小学水平是可以接受的。对初中水平，可要求学生用比率来讨论密度，如要表达成"要使某物体浮沉平衡，质量和体积之比必须等于1"——作为初中生，一个更恰当的回答还应该明确水的密度是1。

    D. 对于密度这一概念理解的附加证据可以通过这句话反映出来——增加质量会改变物体浮力。

    E. 最后一句话指出了物体可观察的性质，完成了总结。

上述作业案例中，教师能够根据学生完成情况做出相应的判断，并标明判断的依据，同时也指出不足。这样的作业批改方式是值得借鉴的。

此外作业内容的科学性还要求与学生的身心特征相符合，包括作业表述方式、作业内容等，这是作业科学性中最难的，也和作业难度相关。这需要教师在了解不同年龄段学生的身心特征的基础上，把握自己所教学生的基本情况。

比如，对于杠杆原理这一内容的作业设计，可以根据不同年级做如下设计：

- 小学低年段学生可以通过和爸爸妈妈一起玩跷跷板直接体验杠杆原理；
- 小学中高年级学生可以通过画图或者简单的算术理解杠杆原理；
- 初中生可以通过一些实验和简单公式来实证和运用杠杆原理；
- 高中生可以运用一些代数方程证明杠杆原理，并用原理解决实际问题；
- 大学生可以通过微分方程来论证杠杆原理。

作业设计符合学生的认知能力和身心特征是至关重要的，也需要各个学段的教师把握好不同阶段的要求。如果教师不能把握好学生的身心特征，就会出现作业难度过高或者过于简单的情况，引发学生一系列问题，学生因为作业过难产生抄袭作业现象等。

## 三、作业时间

从国际研究情况和普遍认可的经验角度来看，由于很难确切地用一个度量单位来表示作业量的多少，所以多数情况下研究者用作业时间的长短来间接反映作业量的多少，因为单纯的用作业条数、字数、页数等来表达作业量都是有失科学性的。虽然作业时间与作业难度和学生作业习惯、学生的学习能力等密切相关，但国际上依然习惯用作业时间来间接地反映作业量。如果说作业量是日常用语，那么作业时间则是一个有利于作业研究的专业用语。

学生完成作业的时间可以拆分为完成学校作业的时间、完成额外作业的时间。完成学校作业的时间可以拆分为两个时间段，即在校完成作业的时间、在家完成作业的时间。完成额外作业的时间又可分为完成家长布置作业的时间、完成自主作业的时间和完成校外培训机构作业的时间等。(见图 5-3)

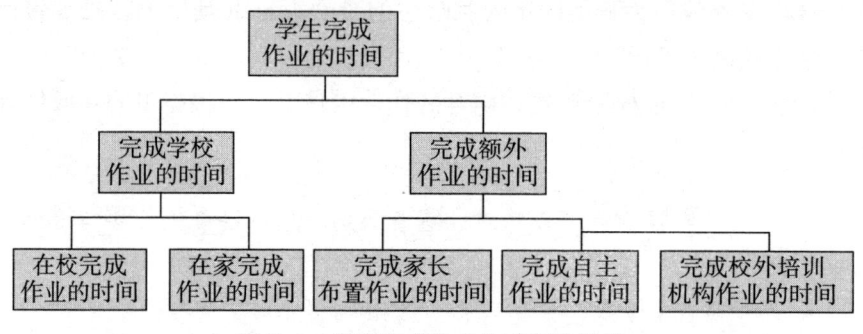

图 5-3 学生完成作业的时间的组成

作业时间究竟如何确定？这是作业设计中非常重要的问题。因为作业时间直接影响学生的负担感、作业兴趣，对作业效果具有重要影响。

(一) 国内外研究中关于作业时间的建议

学生完成作业的时间呈现出总量控制的特征，当学生在家完成学校作业的时间较长时，完成家长布置作业和自主作业的时间就较短，反之则较长。家长往往会同时布置各学科作业，学生自主作业时倾向于自己喜欢的学科。

学生作业时间过长带来了不良后果。一是导致睡眠时间明显减少，二是影响了学生身心的健康发展，三是对提高学业成绩起负面作用，四是弱化了学生的作业兴趣，五是阻碍了作业育人功能的发挥。在任何一个方面，初中生受到的负面影响都比小学生大，学业成绩靠后学生受到的负面影响均要比学业成绩靠前学生大。

导致作业时间长、作业负担重、作业效果不佳的原因很多，比如教师仅仅以优秀学生的作业时间来预估作业时间，用最优秀学生的水平来要求全体学生，没有关注到学生差异，这反映的是教师对作业时间预估的意识与能力较弱。除此之外，教师和家长的作业观念，作业设计的质量，教师的作业设计能力和作业实施水平，学生的作业环境、作业习惯、家长参与作业的方式、作业管理的水平等，都有可能影响学生的作业时间以及作业效果。比如，如果教师倾向于认同作业对巩固学习内容、增强对学科的重视程度等功能，认为多做作业有助于学生更好地学习，就会导致学校作业时间明显增加。此外，教育评价机制、考试文化、社会竞争等都是导致学生负担日益加重的主要原因。

库珀曾经在20世纪90年代对美国学生家庭作业量的问题开展了大规模调查研究，认为一至四年级的学生每周需有一至三项家庭作业，时间在45分钟左右；四至六年级的学生每周需有二至四项家庭作业，时间在60—180分钟；七至九年级（相当于我国的初中）的学生每周需有三至五项家庭作业，时间在225—375分钟；十至十二年级（相当于我国的高中）的学生每周需有四至五项家庭作业，时间在375—600分钟。（邹强，2007）另一种研究建议的作业时间计算方式是10分钟乘学生的年级数，如一年级10分钟，二年级20分钟，三年级30分钟，四年级40分钟，以此类推，到了十二年级就应该是120分钟。杰森（Jenson）等人在1994年提出，学习障碍学生完成作业所用时间是健全学生的2倍。温特劳布和格雷厄姆1998年指出，仅在书写上，学习障碍学生要花50分钟，而健全学生只要30分钟就能写完。因此，库珀2001年建议减少学习障碍学生的作业量，作业内容应是强化课堂所学知识的练习，而不是技能的延伸扩展（如在新条件下应用所学技能）或概括迁移（如应用各项技能、知识点完成某作品，包括科学实验或论文等）。

那么作业时间究竟多少为宜？其实不同的研究者对作业时间的建议不完全一致。通过梳理不同研究者、国家或地区所推荐的作业量或作业时间，归纳如表5-8所示。

当然，由于资料的局限，上述作业建议时间或者实际花费时间绝大部分是20世纪末的研究结果，有些甚至无法查证具体的时间。不过从中可以看出这些作业时间的建议有一个典型的特征：距离现在越远，作业时间相对来说越短；距离现在越近，作业时间相对越长。典型的如1985年，蒂默（Timmer）、埃克尔斯（Eccles）和奥布莱恩（Obrien）等人建议，一至二年级的学生每周最多做作业45分钟，平均每天做作业时间不到10分钟；而到2001年，库珀建议一二年级学生每周作业时间在1—3.5个小时。从作业时间建议上来看，似乎都远远低于现在学生

表 5-8 不同研究者、国家或地区建议每天作业时间梳理（单位：分钟）

| 研究者/国家/地区 | 一年级 | 二年级 | 三年级 | 四年级 | 五年级 | 六年级 | 七年级 | 八年级 | 九年级 | 十年级 | 十一年级 | 十二年级 |
|---|---|---|---|---|---|---|---|---|---|---|---|---|
| 库珀 | 10—30 | | | | 40 | | 70—90 | | | 100—120 | | |
| 美国宾夕法尼亚州 | 30 | | | | 45—90 | | 90—120 | | | 120—180 | | |
| 里昂(Leone)、理查德(Richard) | | | | | | | | 50 | | | | |
| 蒂姆斯(Tymms)等 | | | | | | | | | | | 60 | |
| 邦德(Bond)(刘辉,2012)① | 20—29 | | | 30—40 | | | 50 | | | | | |
| 斯特朗(Strang) | 10 | | | 约40 | | | 约60 | | | 120 | | |
| PTA(美国家长教师协会)/NEA(美国全国教育协会)(Van Voorhis，2004) | 20—30 | | | 30—60 | | | | | | | | |
| 蒂默奥布莱恩和埃克尔斯(Linver et al.，2005) | 45（一周） | | | 170（一周） | | | | | | | | |
| 霍夫特(Hofferth)、桑德伯格(Sandberg)(Linver et al.，2005) | 120（一周） | | | 220分/周 | | | | | | | | |

---

① 本部分参考了：刘辉. 课后书面作业：来自国外研究者的解读；关于课后书面作业的研究综述 [J]. 中小学管理，2012（3）：4-7. 笔者根据其他的文献资料进行了添加。

实际做作业的时间。

为什么越是到了近代，作业的时间会越来越长？一是随着人们的经济水平和父母受教育水平的提高，孩子学习有提前趋势，这也导致教育在自觉或不自觉地"水涨船高"；二是日益成熟的考试技术和高利害选拔机制以及国际竞争现状，让家长和学校越来越不敢轻易放弃对学生的一切教育机会；三是随着课堂教学水平和教师素质的普遍提高，各种学习方法的掌握、学校之间的竞争不仅体现在学校内，而且演变为在课堂外抢占时空。当然，家长也会对学校、学生提出越来越多和越来越高的要求。研究还表明，父母经济水平越高、时间越充裕，其孩子做作业的时间也会越长；单亲家庭的孩子做作业的时间远远少于双亲家庭。

(二) 科学预估作业时间

2013年，根据"教师、学生和家长三者相配对"的基本原则，对三方汇报的作业时间数据进行比较后发现：专家、教师、学生和家长对作业时间的报告有差异。整体来看，家长对在家作业时间的估计要长于学生，学生对作业时间的估计要长于教师，而教师估计的作业时间又短于学科专家。也就是说，教师对作业时间的判断在群体中是最短的（王月芬 等，2014）。

究竟是什么原因导致教师对作业时间的估计是最短的？通过比较不同学业成绩学生报告的结果与教师报告的结果，发现无论是小学还是初中，教师报告的作业时间与学业成绩很靠前的学生报告的作业时间较为接近，差异不足3分钟。对此现象，存在三种可能的解释：

一是教师倾向于以对学业成绩最好的学生的要求为标准来要求全体学生；

二是教师对学生的认识存在偏差，误将学业成绩最好的学生能达到的要求作为中等水平学生能达到的要求；

三是教师将作业等同于小测验，忽视了学生在遇到困难时查阅资料、向他人求助所花费的时间。

实际上，三种倾向可能同时存在。无论是何种原因，都会导致学生作业时间变长、作业负担增加。

教师能否精确地估计作业时间，决定了教师布置作业的质与量，也直接影响学生的负担问题。上述通过对不同学生群体的差异分析，教师预估作业的时间基本按照学业成绩优秀的学生来进行判断，说明教师对学业成绩中等和学业成绩较靠后的学生关注不够，缺乏对学生差异性的关注。另一方面，教师对作业时间预估普遍偏短，也可能与教师对作业的功能认识有关。在认为作业越多越好、多做作业有助于提高学科地位等潜在观念的影响下，教师会在无意识的状态下增加作业量。无论是哪种情况，都会导致作业负担的明显加重。所以，教师科学准确预估作业时间是有效控制作业时间的方式，也是教师需要加强的方面。一些学校通过让教师试做一遍作业的方式，保证作业的质量和科学性，同时可以更加科学地预估学生完成作业所需的时间。

### (三) 学生自主作业时间

学校和教师要高度关注学生自主作业时间。

严格确定一个合理的作业时间往往对于不同的学生来说是比较困难的。综合国内外有关作业时间和学业成绩的关系研究，一个重要的启示在于：每个学段的学生在作业时间上应该存在一个相对的合适时间，但是不同的学生不完全相同。除了寻找学生共性的合适作业时间外，还需要关注学生自主作业的时间，也就是学生自愿进行作业或者自己安排自己想做的作业的时间。

通过对完成学校作业的时间、完成家长布置作业的时间以及完成自主作业的时间与提高学业成绩的效果进行回归分析可知，完成学校作业的时间越长，提高学业成绩的效果越不明显。小学回归系数为-0.186，初中回归系数为-0.126，关系较为明显。而学生完成自主作业的时间越长，提高学业成绩的效果越明显。小学回归系数为0.186，初中回归系数为0.255，关系较为明显。（王月芬 等，2014）[243]

可见，教师在作业设计和布置中，不应一味地用自己预设的作业内容来填充学生全部的课外作业时间，而是应该有意识地引导学生自主安排自己的作业时间，引导学生根据自己的学习特点，补充适合自己的课外学习任务，从而间接达到提高作业针对性和选择性的目的。更加重要的是，在这个过程中，学生还学会了学习的方法，学会了自我评价与反思，学会了管理自己的学习时间等。因此，在作业时间设计中，教师应该学会指导学生根据自己的实际情况进行自主作业,并给予学生一定的自主作业的时间,这对提高作业的效果是大有好处的。这也是满足学生差异性、个性的重要手段之一,符合课程视域作业设计思想中对学生差异性的关注要求。

(四) 作业时间的协调

学生回家作业时间的安排,不应该是学科教师的抢夺战,而应该是一种有效的协调,否则就会导致学生作业时间的增加和作业压力感,从而影响学生的作业兴趣。其实作业时间的协调可以通过一定的学校机制或者策略来保障。例如:

通过学校作业管理机制来协调,规定每门学科作业的合适时间,让学科教师进行控制。但是这种做法容易陷入过于绝对的困境,因为每门学科每天学习的内容有差异,如语文学科留有作文作业的时候学生需要更多的作业时间。

每个学科教师在教室黑板上写下当天作业内容,这不仅方便学生记录作业内容,而且更有助于各个学科协调作业内容和作业量。如果后面布置作业的教师发现前面学科的教师布置的作业量已经较多的时候,就应该主动减少作业量。这是一种便捷而有效的协调作业总时间的策略,当然这也取决于各个学科教师的自觉性。

此外,作业时间还要统筹好书面作业时间和非书面作业时间。一个值得关注的问题是:书面作业是否一定比非书面作业差?非书面作业是否一定代表着负担轻?不可否认,非书面作业更加能够弥补书面作业的不足,有助于培养儿童动手、动脑、创新等能力,但实践表明,不恰当的非书面作业布置或许成为学生作业中巨大的"隐形负担"。有些非书面作业花费的时间更长,而且往往在统计中被忽略。

总之,作业时间是作业的一个敏感而重要的指标。作业时间问题实际是作业价值观、作业设计质量、作业难度等问题的折射,而不是简单地控制作业时间就能解决的。教师要形成正确的教育价值观,科学合理地预估作业时间,关注学校作业和学生自主作业时间的关系,做好整体协同。

## 四、作业难度

作业难度是判断作业负担的指标之一，其分布情况也是体现作业设计质量的标志之一。学科作业文本的分析结果显示，多数学科作业是以难度较低和中等难度的作业题为主，难度较高的作业题虽然相对较少，但是难度偏高，学生难以完成。这种极难和极易的作业难度设计方式，让作业难度走向两个极端。比如，各学科低难度作业比例存在普遍过高现象，这种低难度作业主要集中表现为简单的抄写、背诵、默写、机械的解题技巧训练等。2013 年上海市义务教育阶段作业设计与实施现状的调研结果显示，有些学科这样的作业题数量超过 50%，小学数学约为 51.46%，初中语文约为 63.2%，这与绝大部分作业目标停留在"知道"层级的认知水平是有关的。难度过低的作业太多，会导致机械重复性的操练，对学生高阶思维培养不足，可能会影响学生的作业成就感，最终让学生产生枯燥乏味感。但如果作业难度过高，远远超出了学生的能力范围，那么作业和任务本身就必然成为一种压力和负担。

从心理学角度来看，影响作业难度的因素主要有三个：一是解决问题所需的知识量（包括解决问题的策略知识），二是解决问题的搜索空间（这种空间随问题的复杂度或长度的增加而呈指数性增大），三是问题表征与问题难度的关系。

教师在作业设计难度的把控上，应注意以下几点。

### （一）难度与学情分析

由于难度具有相对性，所以对于同样的题目，不同学生的感受也不完全一样。精准的学情分析是保证作业难度适宜的重要手段，也是开展差异化教学、作业和个性化辅导的前提。科学整体判断作业难度是每个教师应该具备的一项基本功。

目前很多学生的作业负担除了作业量大之外，还与教师不能很好地评估学生实际能力有关。比如有些学生学业水平整体较弱的学校，选用了学生学业水平整体较强学校的作业体系布置，这种难度不适切的作业会让大部分学生处于失落、无助、灰心状态。

学情分析，可以有三种主要的方式。

第一种是了解群体学生对作业整体难度的感受，教师依据相关的情况对内容与要求进行调整，但这种调整往往会偏于主观，未必准确。

第二种是在每个单元都进行相关群体学生的学情分析，就学生对相关知识和能力掌握情况等进行测试分析，将学生掌握得不够好但又是课标要求必须掌握的内容，作为作业的重点。

第三种是针对个体的学情分析，教师长期坚持记录、分析班级学生在不同学习内容上存在的困难，在作业设计中做到有的放矢，逐步实现作业预估难度与实际难度相一致，并且让作业的针对性更强。对于一些开放性作业，教师应该有意识地记录不同水平学生完成的作业案例和达成比例，并逐步调整后续开放性作业的难度和要求。这些记录不仅可以成为教师备课的依据，还可以成为下一次作业、考试评价的依据。

此外，教师可以针对每次作业、考试评价的客观题预估一个难度系数，然后待学生实际完成后，记录下学生作业的实际正确率。教师要对一些预估难度和实际难度差异很大的题目予以重视，从而对本班学生的实际情况有更加精准的把握。当然，这样的记录分析方式同样适用于日常的测试评价。教师可以通过对比自己的预估难度系数和实际难度系数，检验自己是否了解本班学生。记录、分析作业的难度系数，也有助于教师养成研究、记录和分析的习惯，真正成为一个研究型、反思型的教师。从学校作业管理的角度看，这也应该成为学校必须关注的一项内容，记录下每道题目对于本校学生的难度系数，并且进行动态的适度调整。这对于学校整体了解本校学生实际水平，形成校本作业体系，是一个很重要的基础研究。

(二) 难度与最近发展区

维果茨基认为，儿童有两种发展水平：一是儿童的现有水平，即由一定的已经完成的发展系统所形成的儿童心理机能的发展水平；二是即将达到的发展水平。这两种水平之间的差异就是最近发展区。维果茨基认为，"教学应当走在发展的前面"，即教学应该着眼于学生的最近发展区，把潜在的发展水平变成现实的发展水平，并创造新的最近发展区。

因此，教师在设计作业时应该遵循最近发展区理论，一方面考虑儿童发展的水平和速度等，另一方面也可以考虑创造最近发展区。只有充分了解学生的最近发展区，才可以避免因作业难度过低或过高对学生产生的消极影响。

整体来看，作业难度过低或者作业过于机械，都会使学生产生枯燥乏味感；作业难度过高会让学生失去自信心，也容易降低学生对作业的兴趣与热情。如何设计符合维果茨基最近发展区的作业，是目前中小学作业设计的难点。

比如，很多语文教师会布置抄写背诵类的作业，有些教师只是简单要求学生抄写几遍，学生做这类作业的时候往往是以简单的机械体力劳动为主。但是有些优秀教师会思考如何在简单机械的抄写背诵作业中，设计一些体现思维含量的要求，让学生真正进行理解性记忆，提高做作业的兴趣和成就感。

**【案例】如何布置抄写生字词的作业**

> 1. 认真读一读第二单元的生字。
> 2. 按照结构的不同进行抄写，把相同部首的字写在一起。
>    左右结构＿＿＿＿＿＿＿＿＿＿
>    上下结构＿＿＿＿＿＿＿＿＿＿
>    包围结构＿＿＿＿＿＿＿＿＿＿
>    单一结构＿＿＿＿＿＿＿＿＿＿
>    其他结构＿＿＿＿＿＿＿＿＿＿
> 3. 把容易写错的字用红色的笔描一描。

显然，同样是抄写背诵类作业，上面案例中的教师却在设计中巧妙地让学生判断字的结构，把不同结构的字进行归类，让学生在抄写过程中潜移默化地掌握字的结构特点。这一要求不仅会让学生自己辨别、比较不同的字，增加了思维的含量，而且有助于激发学生的兴趣，让学生更好地形成各种字词的理解性记忆。从作业时间来看，同样的作业内容，这种思维难度的介入，不仅没有明显增加作业时间，而且要求更加丰富，作业更加有效，学习过程更加有趣味。事实上，这种作业设计，也是在引导学生学会记忆字词的一些方法,本质上还是一种学习方法的指导。

此外,教师在日常教学和作业过程中,也要不断记录本班学生在作业完成中常见的问题,并作为后续作业、评价、教学设计的依据,这也有助于教师找到学生的最近发展区,而不是盲目地拔高或者降低难度。

(三) 难度与学生品德发展

此外,教师还要考虑作业难度过高可能给学生道德品质、学习习惯和方法等方面带来的不良影响。

调研中发现,作业存在着过难的极端现象。从作业文本分析结果来看,虽然各学科高难度作业比例都控制在20%以内,但是高难度作业存在远超过学生认知能力的情况,尤其是一些考试学科的作业设计存在将中考模拟题下放到七八年级的情况。这些难度过高的作业题不仅会让学生完成作业的时间变得很长,还会导致学生因无法完成作业而丧失信心,产生巨大的心理压力。更为严重的是,这种日常作业难度与教学进度要求严重脱节的现象,也是导致家长焦虑并寻求校外培训机构进行超前辅导的重要原因之一。学校如何通过作业管理,加强单元视角下单元学习目标、教学、作业和评价的系统设计,是迫在眉睫的重要问题,也是未来学校教育教学改革的重要方向之一。

除了在书面作业设计上存在这种过难和过易的极端现象之外,教师们还存在一个认识误区:不布置书面作业就是在降低难度,减轻学生负担。那么非书面作业就一定比书面作业好吗?一定比书面作业难度低吗?

不少学校在一、二年级给学生布置的非书面作业超越了儿童的认知能力,比如要求学生设计板报、制作飞机等,这样的作业是需要一定的知识与技能积淀作为基础的,难度远高于一些书面作业。这样超越学生能力的非书面作业不仅会耗费学生和家长大量的时间和精力,而且会让学生产生挫折感。一些家长为了让自己的孩子得到老师的表扬和奖励,就完全包办代替,比如有些家长会用成人方式替代一年级的孩子绘制出图文并茂、文字优美甚至全英文的板报,用电脑进行编辑排版,通过打印机打印出来,写上学生的姓名交给孩子,孩子则拿着这样完全不是自己完成的作业上交给老师,而老师则将它张贴到教室墙上作为表扬和鼓励。其实认真思考这样的操作方式，我们就会发现这样不科学的作业设计、评价和反馈方式，很有可能会让学生从小就形成通过"欺骗""作弊""窃取别人的劳动成果"等手段也能获得表扬的印象，这必将影响学生的诚信、尊重知识产权等品质的形成。长此以往，也会使学生养成依赖父母的习惯，认为父母帮助自己是理所当然的，对学生的自主学习能力、克服困难的意志力、解决复杂问题的能力的形成都是极其不利的。

其实这类高难度非书面作业产生的问题，和教师对作业科学性的认识不足有关。一是教师没有能够根据低年段学生的认知能力，设计清晰明确的作业条件和表述要求，比如教师在布置设计板报类非书面作业的时候，就可以明确写清楚小学低年段学生的板报可以用画图和汉语拼音来表达，但必须要学生亲手设计；二是缺乏对学生作业完成结果的科学评价、指导和反馈，从而导致这样高难度的非书面作业流于形式，毫无效果；三是没有意识到完全超越学生认知能力的高难度作业会给学生的道德品质发展带来问题。在作业调研中发现，尤其是在初中阶段，由于作业难度高和容量大，近20%的学生出现过抄袭作业的现象。高难度、不切实际的作业设计，尤其是后续评价方式的欠妥，对学生诚信品质带来的不良影响应该引起广大教师的高度重视。

## 五、作业类型

作业类型会影响学生的作业兴趣，从而间接影响学生作业的负担感和作业效果。目前，很多学校的作业改革往往也习惯于从类型上进行改进。

作业分类并不是一件简单的事情。因为作业类型划分的依据比较多样，假如严格按照逻辑体系，可以分为书面作业和非书面作业、合作类作业和独立作业、开放性作业和聚敛性作业、短周期作业和长周期作业等。但如果这样区分，则内涵就相对抽象，无法体现出很多作业的实质。实际上有些作业类型是同时具备书面、合作等维度特征的。

(一) 作业类型的多维界定

作业有很多种分类方式，如果在同一个逻辑维度做完全区分，往往很难反映出一种作业的各项特征，因此建议采用多维界定的方式，从是否为书面作业、操作方式两个维度进行综合分类。

书面作业既有每个学科共同的类型，也有体现学科个性化的类型，比如很多学科都有选择题，但是英语还有完形填空，数学还有作图题等。此外，书面作业就一定代表作业是用文字来进行记述表达吗？比如英语听力题，虽然是书面选择题，但是在操作方式上还要配合多媒体播放和学生听力理解等要求。因此，从可操作和统计的角度来看，从是否为书面作业和操作方式两个角度来界定一道作业题的真正类型，能基本覆盖各类作业类型。

从是否为书面作业的角度，可将作业分为选择题、填空题、简答题、应用题、证明题、完形填空、判断题、书面开放题、跨学科类、整理类、书面其他类和非书面类等。

● 选择题、填空题、简答题、应用题、证明题、完形填空、判断题等，都是各学科常见的书面作业题型，往往具有客观的唯一正确答案。

● 书面开放题主要指没有唯一标准答案的各类题，比如作文、设计方案、研究报告等。

● 整理类作业包括日常积累类作业、单元复习整理类作业、思维导图、错题集等。整理类作业往往具有阶段性、归纳性，对学生的整理归纳能力和查漏补缺是大有裨益的。比如单元学习结束后可以进行单元知识结构图的梳理，又如一个月进行一次日常作业和单元测试错题集的整理分析等。一些学校将学生的错题作为校本作业的重要来源，这种做法是值得借鉴的。

● 书面其他类作业主要是指前面没有纳入、带有学科特点的一些书面作业类型。

从作业操作方式的角度可将作业分为听说类、动手操作类、社会实践类、合作类、综合应用类、非书面其他类、书面类等。

● 听说类主要指听力、朗读、背诵、表演、观看新闻、观看电影等作业。

- 动手操作类主要是指课后让学生进行实验、制作、种植、养殖、长期观察记录、家务劳动等方面的作业，这些作业往往具有长周期性。
- 社会实践类主要是指让学生到校外参观各类博物馆、进行社会实践和社区服务等。
- 合作类则强调完成任务过程中的个体分工与团队合作，可以是书面的，也可以是非书面的。
- 综合应用类作业主要强调需要综合运用不同学科的知识、能力、思维方式完成某些问题的解决，可以是书面的，也可以是非书面的。

从上述分析来看，结合表5-9，有些作业可以从一个维度界定，有些作业则可以从好几个维度来进行确定。比如简答题也可以是开放题，社会实践类作业也可以是合作类作业，跨学科类可以是开放题，但是在操作类型上可能是动手操作类，也可以是纯书面跨学科类等。因此，有纯书面的，也有纯非书面的，也可以是书面和非书面结合起来开展的。

表5-9 作业类型多维分析表

| 是否为书面作业 | | 操作类型 | |
| --- | --- | --- | --- |
| A1 | 选择题 | B1 | 听力类 |
| A2 | 填空题 | B2 | 朗读类 |
| A3 | 简答题 | B3 | 背诵类 |
| A4 | 判断题 | B4 | 观赏类 |
| A5 | 开放题 | B5 | 动手操作类 |
| A6 | 跨学科类 | B6 | 社会考察实践类 |
| A7 | 整理类 | B7 | 合作类 |
| A8 | 写作类 | B8 | 长周期类 |
| …… | | …… | |

比如：

- 写一篇关于植物的作文，属于A8类作业；
- 种植一棵植物，给予照看，属于B5类作业；

● 种植一棵植物，给予照看，并进行观察记录，写植物生长的观察日记，就属于 A8—B5—B8 多维组合类作业。

相比较而言，A8—B5—B8 这种组合类型的作业对学生的知识理解、动手能力、观察能力、情感、写作能力、持之以恒的意志力等有综合的作用。所以，判断一项作业的类型往往与内容、操作方式以及具体要求有关。到底采用哪种形式的作业，取决于作业的功能与目标定位。

### （二）跨学科作业的设计

一般而言，跨学科作业与学科作业是相对的。跨学科作业主要是指个人和群体将两个或两个以上学科或已确立的领域中的观点和思维方式整合起来解决问题的过程，旨在促进学生对一个主题（subject）的基础性和实践性理解，该理解超越了单一学科的范围。跨学科作业要求学生能够将信息、资料、技术、工具、观点、概念和源自不同学科的理论加以整合，以创造产品、解释现象或解决问题等为主，在完成作业相关任务的过程中，运用的方式一般是单一学科的手段不可能做到的。

跨学科作业以产生跨学科理解为目的，但是又植根于学科思维，并产生了独特的学习价值，比如让学生学会学习等。相比较传统的书面作业，如抄写、背诵、书面练习等，跨学科作业更加强调学生在实践中逐渐形成正确的价值观、问题解决能力、元认知能力、批判性思维能力、坚持性、责任心和人际交往能力等，以弥补传统基础性作业的不足。跨学科作业更加有助于发挥作业的课程育人功能，拓宽学习时空，这也是课程视域下作业观所必须考虑的一种关键的作业类型。跨学科作业更加强调情境性、主题性、开放性、合作性、长周期性、分水平评分标准等。

跨学科作业主要是从学科逻辑走向生活逻辑，即一项作业的问题或任务往往起源于生活中的一个真实问题，而未必是对一门学科的概念公式的简单记忆或解题运用。借鉴美国巴克教育研究所的"黄金准则"，跨学科作业具有以下一些基本特征。（见图 5-4）

● **作业问题/任务具有挑战性、驱动性**。跨学科作业具有一定的挑战性和驱动性，问题和任务往往与社会、生活紧密关联。即作业任务符合最近发展区,能够让学生在充分探索后产生成就感、价值感;驱动性更加强调作业任务本身的吸引力,即这样的问题与任务让学生乐于去完成,而不是觉得枯燥乏味。设计这种挑战性/驱动性的任务时,往往可以选择一些有争议的话题,或者采取角色导向的方式来提出。比如,假如你是一个记者,你怎么去设计一个关于环境污染的报道?

- **有助于学生持续探究**。真实有意义的问题/任务往往是会让学生持续探究下去的,而不是简单验证一个实验假设。只有在这样持续的问题解决、真实探究的过程中,学生学会学习、解决问题的能力才有可能真正获得。

- **真实性**。跨学科作业的完成过程是发生在真实的生活与人际交往中的,而不是虚拟的、抽象的世界中的。这有助于培养学生的人际交往等能力。如让学生给电视台写一封信的作业,有助于培养学生的交往能力、合作能力、沟通交流能力等。

- **学生具有发言权和选择权**。为了让学生更好地完成跨学科作业,需要给予学生充分的选择权和发言权,即更加强调让学生按照自己的思维和解决问题的逻辑进行,而不是简单地执行教师的要求。学生在自主选择、不断交流表达中,会逐步将很多知识内化,并提高自己的学习能力与高阶思维等。

- **持续性评价**。持续性评价是更好地实现核心素养要求的重要手段,主要是指教师根据单元作业目标,在学生做作业的过程中或者完成作业后,通过作业批改、评价量表、个别化辅导等多种方式,对学生在跨学科作业中的表现及学科核心素养的达成情况等进行有针对性的分析、诊断与改进的过程。

- **利于学生反思改进**。跨学科作业的时空相对比较宽松,学生可以不断尝试错误乃至经历失败,从中反思总结,促进元认知能力和素养的发展。这也体现了课程视域下反思完善的基本原则,也是学生学习素养的重要表现。

- **注重成果的展示交流**。成果的展示交流,有助于让学生在作业中体会价值感和成就感。

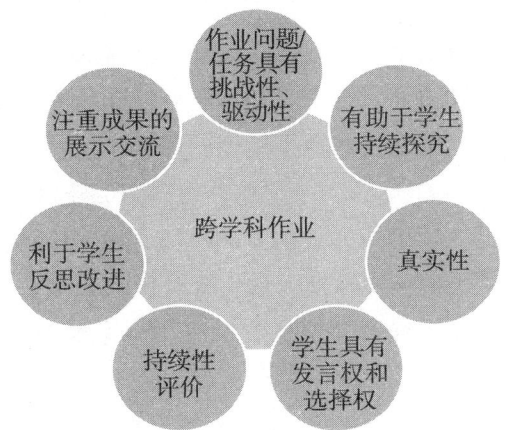

图 5-4 跨学科作业的基本特征

## 【案例】 跨学科作业

电视台要制作一台让小学生感兴趣的电视节目,希望听取小学生的建议,请小学生推荐一些新的电视节目。请你们每 4 人组成一个小组,给电视台的叔叔阿姨写一封信,告诉他们你们组的小朋友喜欢什么样的电视节目,并阐明理由。

为完成这封信你们需要完成以下几方面的任务:

1. 设计一份调查小学生喜欢的电视节目的问卷。

2. 用图表总结出问卷的结果。

3. 分析你从调查中获得的信息。你们小组的同学能代表小学生的意见吗,为什么?

4. 根据问卷得出的结论,请小组合作完成一封信,并推荐给电视节目制作人。

5. 这封信要求小组同学合作完成,你们要有明确的分工,并且每一个小朋友都要先根据问卷数据分别完成自己的信,然后小组讨论,形成一封小组合作的信,每个小朋友都能够修改一遍,直至大家都满意。这封信要求 200 字左右,观点明确,证据合理,语言通顺,可以图文并茂。

学生在完成跨学科作业的过程中,需要数学、语文、信息技术、道德与法治等多个学科的素养,教师在设计与实施跨学科作业的时候也需要由多学科教师共同协商,否则就有可能会使学生在完成作业的过程中遭遇很多学科知识、信息技术操作技能的障碍,无法发挥跨学科作业应有的价值。

值得注意的是,学生在完成跨学科作业过程中也会遭遇一些失败,那么如何理解这些失败?实际上,学生有时候在完成作业过程中遭遇一些失败是有意义的,这样可能更加有助于学生总结反思与成长。反之,如果学生轻易取得成功,那就一定意味着最后会成功吗?首先需要反思的是,学生能够轻易取得成功的任务是不是一定是有价值的任务?其次,如果学生能够不经历任何失败就不断成功,实际上是不符合真实的问题解决过程的,也不符合真实的社会生活,学生也可能在没有经过努力就不断达到成功中逐渐失去挑战困难的勇气和能力。图5-5列出了跨学科作业的失败与成功二维象限。

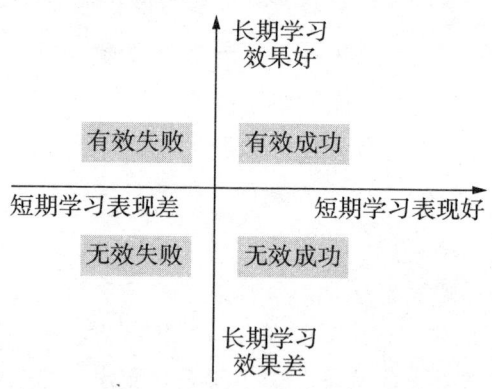

图5-5 跨学科作业的失败与成功

假如说跨学科作业是指不同学科之间的整合应用类作业,那么在学科内部也可以设计一些综合实践类作业。这些学科内的综合实践类作业除了学生运用的绝大部分知识、能力、思维等是本学科的,其他的特征与跨学科作业在本质上是一致的。

**【案例】** 初中英语综合实践类作业①

**【作业目标】**

1. 能运用特殊疑问句询问信息，获取并记录关键信息。
2. 能与同学合作解决问题，提出可操作的解决建议。
3. 能分析数据，综合运用语言知识编写剧本，并通过合作进行排演。

**【相关学习内容】**

八年级下册 Unit 4 Why don't you talk to your parents?

**【作业内容】**

学校英语电视台要征集一组反映初中生生活或学习问题的短剧，要求班级每个学生都要参与短剧的编演，请根据下列要求完成任务：

1. 自由组成4人小组，用英语设计问卷，调查初中生生活或学习中的问题。
2. 开展问卷调查，统计数据，挑选小组觉得最典型的一个问题。
3. 小组内讨论解决该问题的具体方法，编写英文短剧。
4. 排演英文短剧，并拍摄成5分钟左右的视频。
5. 提交问卷、数据统计结果、英文剧本和视频光盘，并签上小组成员姓名。

**【建议时间】**

4周左右。

**【设计思路】**

首先，该综合实践类作业体现了单元设计的思路。作业内容呼应教材单元学习内容，作业目标呼应语言能力、思维品质、学习能力等单元教学目标。考虑到教学时空的局限，教师设计该作业，旨在让学生充分利用课余时间，给予学生充足的思考、合作和探究的时间。所以该作业与教学形成互补，共同实现英语学科课程的整体育人要求。

---

① 参考了上海市教委教研室初中英语教研员赵尚华提供的英语作业案例（内部案例，2018年）。本书在引用时进行了一定的修改完善。

> 其次，该作业体现了学科融合。该作业不仅体现了英语学科的要求，还需要学生综合运用信息技术、写作、数学等学科方面的知识、技能与方法。

值得强调的是，无论是跨学科作业还是学科内的综合实践类作业，都需要考虑科学性、可行性和必要性。跨学科作业要根据需要而跨，不能"为跨而跨"；跨学科作业要真正有价值，不能流于形式和走过场。更加重要的是，作业也不能全部是跨学科作业、综合实践类作业，而要与学科作业形成合理的比例，这样才能形成有机的整体。

### （三）学科作业类型的整体设计

一门学科的作业类型是需要整体思考设计的。各个学科可以结合学科特点，从是否为书面、操作类型、学科内容角度进行作业类型的整体设计，当然也可以采用多个维度组合的方式确定作业类型。一门学科作业类型的相对稳定，有助于今后单元作业、学年作业、学段作业、学校校本作业体系整体结构的设计与完善。

下述是上海市义务教育阶段部分学科对作业类型的整体设计。（见表5-10）

表5-10 不同学科作业类型的设计（上海市教育委员会教学研究室，2019）

| 学科学段 | 作业类型 |
| --- | --- |
| 小学语文 | 识字写字、阅读、习作、口语交际、综合性学习等 |
| 小学英语 | 语音、词汇、词法、句法、语篇等 |
| 小学数学 | 书面习题、口头交流、动手操作、数学阅读、综合实践等 |
| 初中语文 | 阅读、写作、口语交际、综合性学习等 |
| 初中英语 | 语音、词汇、语法、语篇等 |
| 初中数学 | 基础巩固型、能力发展型、项目实践型等 |
| 初中物理 | 书面作业、实验制作类、实践研究类等 |

作业类型的完善是作业改革的一个方面，因为作业类型折射出一定的作业价值观，但作业的改革不能仅局限于作业类型的变化，因为有时

候换了一种作业类型，可能背后对学生的本质要求并没有改变。比如一种作业是让孩子独自一人抄写字词，另一种作业是父母和孩子一起背诵字词，虽然前者是书面的，后者是非书面的，体现了亲子关系，但本质上还是以知识技能为主的作业。

一方面，我们不能全部否定传统基础性的作业，比如必要的记忆背诵类、运算类书面作业，这些作业依然有它们的价值。另一方面，跨学科类、综合实践类、长周期类等非传统作业类型也有其独特的价值，可以弥补传统作业的不足，对培养学生的问题解决能力、创新能力、时间管理能力、合作能力、元认知能力等都存在独特的作用。总之，作业改革不是颠覆式的，不是完全用非传统作业全部替代传统作业，而应该是传统作业与非传统作业的有机结合，两者保持合适的比例。作业类型本质上只是一种形式，背后所蕴含的价值追求、目标定位才是更加重要的！

## 六、作业差异性

加涅认为，虽然学生常常组成团体，但是学习应该发生在每个个体身上。作业属于针对性特别强的学习任务，也是一种学习方法，更加应该强调"帮助个体的学习"。因材施教理念也要求教育者根据受教育者的个体差异对其进行适切的教育，促使受教育者获得最佳发展。对于同样一个学习要求，不同的孩子付出的时间、努力是不一样的。个体差异包括生理、心理、文化、认知、能力、智能倾向差异等，适切的教育即个性化、差异化教育，包括教育目标、内容、方法、评价等方面的适切。

教师没有做到根据个体差异来布置作业是对现行作业批判最多的问题之一。差异性作业（differentiating homework）是实现作业个性化的重要途径，差异性作业要求教师在作业设计、批改、讲评与辅导时，要充分关注学生在已有知识技能基础、兴趣爱好、学习动机、学习能力、认知风格、性别差异、智能倾向、意志力等方面的差异，从而更好地实现因材施教。

为了满足不同学习者的需要，教师在设计作业时应如何体现差异性？差异具有两个维度的含义：一是同一时间段不同学生的差异，二是同一学生在不同阶段的差异。本书中的作业差异性主要解决第一种差异问题，对于第二种差异着重解决同一学生学习基础的差异。因为涉及认知发展、心理发展等纵向变化的因素，第二种差异更加复杂。针对第一种差异问题，教师可以通过下述四种方式来解决。

一是通过作业的不同难度或者数量来体现差异；

二是通过不同作业类型来体现学生学习风格或兴趣的差异；

三是通过给学生提供不同的结构性材料或者脚手架来体现差异；

四是根据学生前一次作业诊断出的问题，布置跟进性作业，体现不同阶段学生的发展差异。

## （一）体现难度和数量的差异性作业

如何判断适合每个学生的作业难度和数量？教师可以通过课堂教学中学生的表现、学生日常测试和练习的结果，或者通过学生前几次作业表现的结果来进行综合判断。许多教师发现，并不是不布置作业或者只布置低难度的作业就好，适当难度的适量作业反而有助于学生获得成就感。通常，教师希望学习进度缓慢的学生花费更多的时间来完成作业，以达到巩固所学的目的，但事实上学习进度缓慢的学生往往缺乏毅力，很容易疲惫，而且缺少完成学习任务的能力。因此，他们有时候不仅仅是需要减少作业的数量，可能还需要适当降低作业的难度，同时还要有意识地培养这类学生的学习能力和做事的毅力。

苏联教育家沙塔洛夫曾提出"推荐"作业的主张，他认为要布置两类作业：第一类是所有学生都要完成并且也能够完成的，相对比较容易；第二类是难度稍微增强，以满足对学科有兴趣并且学有余力的学生的好奇心和求知欲。沙塔洛夫认为，求知欲和力求实现自己的理想的愿望是每个人所特有的天性。如果教师让每个学生都感到完成作业不是应付差事，而是内在需要时，作业就成为学生的自觉行为，就会变成兴趣，反之就会变成负担。（沈瑜，2010）对于作业时间方面的差异，除了需要关注各个年段最佳的作业时间外，还需要思考如何给予不同学业成绩的学生不同的自主作业的时间，这也是非常关键的策略之一。

但是，给予不同学习基础的孩子不同时间和难度的作业，是需要慎重而辩证地对待的，尤其在义务教育阶段。比如有些区域和学校在体现作业差异的时候，往往采用分层的思想，比如开展分层作业，即以学生的学业成绩的高低作为分层的主要依据，从而给予不同学业成绩的学生不同难度、不同数量的作业。那么分层作业的效果究竟如何呢？截至目前虽然有一些学校和教育工作者竭力倡导这样去做，但却没有非常权威的数据对分层作业的效果进行过实证。

虽然对分层作业没有权威的实证数据证明其效果，但是20世纪七八十年代美国曾经进行过"分层教学"（ability grouping）效果的广泛调查和研究。从调查结果看，"分层教学"的有效性是值得怀疑的。加利福尼亚大学的奥克斯（J. Oakes）在《守护竞争——学校是如何维护不平等的》中认为，大量调查结果表明，基于"分层教学"的学生之间的学力落差被加剧了。其实，学力落差的加剧并不是由"能力"差异造成的，而是由"上位""中位""下位"各组的教学内容与学习的质的差异所导致的。奥克斯报告说，在"上位"组的教学中，"科学推理与逻辑""研究方法""批判性思维""分析、解释与评价""创造性思维""自我思考的自信""多样见解的交流""问题解决的思考""资料与经验的运用"等，使得这些学生拥有深刻理解教育内容的丰富的学习经验；而在"下位"组的教学中，重点放在了"学习纪律""自尊感""基本技能的训练""学习态度的训练""学习习惯的形成"等方面，教学内容限定在低水准的基本技能的熟练上。可以说，这就导致"上位"组的学习经验与"下位"组的学习经验不仅在内容上，而且在性质上有着决定性的差别。同时奥克斯对"上位"组与"下位"组教学中的"学习机会"与"学习环境"也做了比较，指出在"对学生提问的应答时间""学习活动时间""作业时间"等任何一个项目中，"上位"组都得到了优越的教育。（佐藤学，2010）

此外，从心理学角度来看，被分到"下位"组的学生被贴上了诸如"差生"的心理标签，这从学习动机、学习兴趣的角度来看都是不利于学生发展，不符合"罗森塔尔效应"。因此，这也是"分层教学"导致更大差距、没有整体提升教育质量的另一个重要的原因。

总之，奥克斯缜密的调查研究表明，"分层教学"对"上位"组的一部分学生是能发挥有效功能的，但对"上位"组的部分学生、"中位"

组学生而言是无益的,对"下位"组学生是有害的。显然,这种"分层教学"对"上位"组学生可能相对有益,而把"中位"组、"下位"组的学习压低了一个层次,扩大了学力的落差,因而抑制了整个学校的学力提升——这就是奥克斯等人的一系列调查研究的结论。正因为如此,英国等欧美国家在20世纪六七十年代推进了以废除分层教育为中心的教育改革。尽管后来一部分对抗奥克斯结论的研究证实了"英才教育"计划的有效性,然而,即便是"上位"组的一部分学生受益,但因此牺牲了大多数的学生,则未必是一件好事。

综上所述,简单通过学生学业成绩来判断学生的差异是不妥当也不全面的,因为书面测试主要反映的还是学生在认知方面的差异,这种简单粗暴的分层方式,不仅会给一些学业成绩暂时落后的学生打上"差生"的烙印,导致后续学习机会的不公平,甚至还会影响其一生;此外,如果仅仅通过难度、数量、时间等来体现作业的差异性,也会导致不同学生教育机会的不公平,从而导致更加严重的两极分化,并不利于整体教育质量的提升。所以学校在使用这个策略的时候要特别慎重,尤其是在义务教育阶段。

(二)基于学习风格的差异性作业

如果说作业时间、作业难度更多的是从学习内容和作业本身来进行的思考,而且如果操作不好还容易导致学生的两极分化,那么基于兴趣和学习风格的差异来设计的作业,则更多的是从学生自身来进行的思考。如果作业的设计符合学生的兴趣和学习风格,就能够激励学生努力完成作业。

学习风格是学生偏爱的学习模式,比如有的学生喜欢通过聆听和记笔记来学习,有的学生善于在讨论对话中进行学习,有的学生喜欢视觉化的学习方式,有的喜欢在动手操作的活动中学习等。比如,不同学生记忆单词的方式可能并不相同,一些学生需要抄写几遍才能记住,一些学生只需要看看即可,一些学生需要引入相关的情境、场景才能记忆深刻。美国圣约翰大学的邓恩夫妇(Dunn. R & Dunn. K.)提出了学习风格的五种分类:听觉型、视觉型、触觉型、动觉型和触觉/动觉型。教师可以通过学习风格量表或问卷调查来评价学生的学习风格,也可通过学生在日常课堂中的表现、作业表现和评价结果等来进行判断。要满足学生不同学习风格的需要，教师可以通过不同的作业类型来实现，也可以通过允许学生用不同形式呈现同一主题作业的结果来实现。

此外，多元智能理论的发展对不同学习风格学生的作业设计也具有重要的启示作用。哈佛大学加德纳认为人的智能结构是多方面的，包括语言智能、数理逻辑智能、视觉空间智能、音乐智能、身体动觉智能、人际交往智能、自我认知智能和自然观察智能等。

1. 语言智能：指人对语言的掌握和灵活运用的能力，表现为对用语的思考，用语言和词语的多种不同方式来表达复杂意义。

2. 数理逻辑智能：指人对逻辑结果关系的理解推理能力，突出特征为用逻辑方法解决问题，有对数字和抽象模式的理解力。

3. 视觉空间智能：指人对色彩、形状、空间位置的正确感受和表达能力，突出特征为对视觉世界有准确的感知，能产生思维图像，有三维空间的思维能力，能辨别、感知空间物体之间的联系。

4. 音乐智能：指人感受、辨别、记忆、表达音乐的能力，突出特征为对环境中的非言语声音，包括韵律和曲调、节奏、音高音质比较敏感。

5. 身体动觉智能：指人的身体的协调、平衡能力和运动的力量、速度、灵活性等，突出特征为能够利用身体交流和解决问题，能够熟练地进行物体操作以及开展需要良好动作技能的活动。

6. 人际交往智能：指对他人的表情、说话、手势动作的敏感程度以及对此做出有效反应的能力，表现为个人能觉察体验他人的情绪情感并做出适当的反应。

7. 自我认知智能：指个体认识、洞察和反省自身的能力，突出特征为对自己的感觉和情绪敏感，了解自己的优缺点，用自己的知识来引导决策，设定目标。

8. 自然观察智能：指的是观察自然的各种形态，对物体进行辨认和分类，能够洞察自然或人造系统的能力。

加德纳认为，实践证明每一种智能在人类认识和改造世界的过程中都发挥着巨大的作用，都具有同等的重要性。多元没有一个固定的数字，而是开放性的。每个个体可能都有自己擅长的智能。加德纳提出的

8种智能，可能只是一个初步的分类，随着心理学、生理学等相关学科的进一步发展，多元智能的种类可能得到进一步完善与发展。

多元智能理论，揭示的不仅是人在智能发展上的差异，而且也说明不同的人在完成任务的表达形式上具有差异。因此，多元智能理论对差异性作业设计无疑具有很好的指导作用。

多元智能理论再次反映了现有各类学科对于人的发展的互补性，不同学科的作业要求其实也具有一定的智能倾向，比如语言智能主要通过语文、英语等学科体现；数理逻辑智能主要通过数学、科学、物理等学科体现；视觉空间智能主要通过数学、设计、技术、美术等学科体现；音乐智能主要通过音乐、艺术等学科体现；身体动觉智能主要通过体育等学科体现；人际交往智能主要通过道德与法治、政治、社会类学科获得；自然观察智能、自我认知智能则各个学科都可以培养。当然这并不意味着这些学科只强化这些方面，而应该思考如何在同一学科里融合多元智能。

如何在同一学科的作业中体现多元智能理论？一门学科可以通过多样化的作业形式与要求，来满足不同兴趣和学习风格的学生，并且符合不同学生的智能倾向。例如，语文、英语、数学、科学等各个学科在作业设计时都可以借鉴表5-11列举的形式。

表5-11 多元智能理念下差异性作业设计目标与形式

| 重点训练的智能 | 作业形式举例 |
| --- | --- |
| 语言智能 | 描述概念、收集、整理与汇报信息、辩论、写作等 |
| 数理逻辑智能 | 比较、测量、计算、排序、实验数据分析、推论、画概念图等 |
| 视觉空间智能 | 画概念图、画思维导图、画结构图、制作幻灯片、设计方案、研究线路、绘制图表等 |
| 身体动觉智能 | 动手实验、角色扮演、制作作品、实地考察等 |
| 人际交往智能 | 小组合作、访谈、交流、介绍等 |
| 音乐智能 | 换歌词演唱、表演给朗诵配乐等 |
| 自我认识智能 | 反思、发表感言、作业自评等 |
| 自然观察智能 | 观察记录现象、种植、养殖、做实验等 |

那么如何判断学生的兴趣和学习风格？其中一个简单的方法就是教师在布置作业的时候，有意识地涉及上述各种类型，以满足不同学生的需要；还有一个简单的办法就是让学生自己选择他们喜欢的或者能够证明自己学习结果的方法和表达方式。比如，关于一次社会实践活动的体会，学生可以选择写作的方式，可以选择录音讲述的方式，可以选择图文并茂的宣传海报的方式，还可以选择和别人一起合作完成一段微视频的方式，甚至教师可以允许学生在课堂内进行一次模拟表演……。假若教师能考虑到每个学生不同的学习风格，就会设计一些开放性、实践性的作业，并且允许学生选择不同形式的完成方式。这样不仅可以让学生各尽其才，收获丰富的学习效果，而且可以促进学生之间相互学习，让学生在各种表现形式的作业中，收获自信，感受兴趣，获得成就感。对于这一类型的作业完成结果，教师一定要在学校让学生有展示交流的机会，这样才能发挥作业的最大价值。如果教师对于这种可以让学生展示不同学习风格的作业只布置，不指导，不展示交流，也不诊断反馈，时间长了以后，这类作业不仅不会发挥应有的价值，而且也会让学生逐步失去兴趣。

（三）基于不同脚手架的差异性作业

在作业设计中增加一些脚手架，也是一种满足不同学习能力学生的差异性的作业设计方式。脚手架是给予学生在做作业的过程中一些关键"步骤"、关键"问题"指导，把复杂的作业任务加以合理分解，以便达成最终的学习结果。针对同一学习目标给予多少脚手架？不同的学生设计怎样不同的脚手架？何时设计脚手架？对这些问题的理解是至关重要的。

如前所述，维果茨基的最近发展区理论是指导教师如何为不同学生设立脚手架的理论基础。学习绝不应消极地适应儿童智力发展的实际水平，而应不停顿地把儿童的智力从一个水平引导到另一个更高的水平。因此，基于脚手架设计的差异性作业，就是建议教师能够根据学生的最近发展区，为学生的作业要求提供适当的线索、提示、问题等脚手架，让学生通过这些脚手架一步一步地攀升，逐渐发现和解决问题，成长为一个具有自主学习能力的独立的学习者。

例如，如何让学生在课外自主阅读一篇文章？教师可以给予学生以下不同的脚手架：

● 给学生一些图表性的结构框架来帮助他们阅读；
● 给学生文章的基本框架，并且要求他们填写一些主要观点；
● 给学生词汇表或者学习笔记来帮助他们回答问题；
● 学生可以通过同伴帮助或者教师指导来完成作业；
● 学生可以通过教师提供的学习网站或者学习资料进行自学，并直接回答问题；
……

通过给予不同的学习资源、不同类型的脚手架、不同的学习要求等来让作业适应不同的学生，成为差异性作业的另一种重要的体现形式。（见表5-12）

表5-12　差异性作业设计案例（Vatterott，2009）[111]

| 作业目的 | 作业内容示例 | 作业难度和数量差异 | 作业脚手架差异 | 适应学习风格和兴趣差异 |
| --- | --- | --- | --- | --- |
| 机械记忆 | 乘法表 | 对一些学生要求每次背诵和掌握一组；对一些学生要求每次背诵和掌握几组 | 一些学生可以通过一个完整的网格进行查询；一些学生需要通过记忆直接默写出来 | 学生可以选择写出来、复述出来，或者创造出自己的乘法表格，甚至用音乐来帮助记忆乘法表 |
| 技能练习 | 整数的除法 | 给一些学生布置两位数的除法；给一些学生布置三位数的除法；给一些学生布置四位数的除法；给一些学生布置少量难题 | 一些学生的作业单中已填写了部分数字，只要求学生填写缺失的数字；一些学生的作业单页边空白处有每个步骤的解释；一些学生的作业单上没有任何提示，要求学生自己写出所有的步骤 | 一些学生通过寻求家长的帮助解决困难；一些学生通过自己查阅数学网站解决问题 |

续表

| 作业目的 | 作业内容示例 | 作业难度和数量差异 | 作业脚手架差异 | 适应学习风格和兴趣差异 |
|---|---|---|---|---|
| 预习 | 章节的主要观点 | 一些学生只阅读几节较短的章节；一些学生需要全面阅读所有章节，并总结主要观点 | 提供一些问题来指引部分学生阅读，并要求他们提炼出所读内容的主要观点；为一些学生提供词典以帮助他们阅读，并且让他们选择适合文章的主要观点 | 一些学生通过画结构图的方式来阐述主要观点；一些学生通过列举主要案例的方法来说明主要观点 |
| 检查理解情况 | 波士顿倾茶事件的原因与影响 | 一些学生阅读教材内容；一些学生阅读简要的概述；一些学生看录像 | 一些学生要逐条写出波士顿倾茶事件的原因和影响；一些学生需要填空，写出部分原因和影响；一些学生只需要选择相应的选项 | 学生可以支持也可以反对波士顿倾茶事件的参与者，可以通过写评论、设计海报、辩论或者画概念图的方式来表达观点 |

表 5-12 表明同一项作业可以基于上述反映差异的特点进行不同的设计，比如反映难度和数量的、搭建脚手架的，以及反映不同学习风格的。显然，指导理念不同，反映差异的设计方式也不同。

(四) 自主学习能力与差异性作业

如果体现难度和数量差异、基于学习风格设计、设计不同脚手架等差异性作业设计的思想，都是从教师角度出发，将教师作为主体，学生属于被动接受者的话，那么让学生学会自主学习则是从学生自觉性、自主性的角度进行的激发，这也是最好体现差异性、实现学生个性化学习的最有效的办法。因为学生只有真正拥有了自主学习能力，才能够根据自己的学习能力、学习兴趣、学习目标等不断调整适合自己的作业内容、作业方式，循序渐进，不断发展。

### 1. 自主学习能力

教师的教学实践，并不只是传授知识、培养技能和正确的价值观，更应促进学生成为自主学习者，这也是帮助学生进行有目的、自发和有效学习的主要途径，也是实施因材施教的重要方法。

什么是自主学习？齐默尔曼（Zimmerman，2002）认为，在自主学习中，学习者需要主动地对自身的思想、情感、行为及环境做出适当的调适和整合。帕纳德罗（E. Panadero）等人在研读分析大量有关自主学习的文献后认为，自主学习是学生在实现其预定目标的过程中，通过个人学习策略的运用，对自己的认知、行为、情感和动机等进行有效的管理或调控。（李子建 等，2017）总之，自主学习是以学生为学习的主体，学生通过独立地分析、探索、实践、质疑、创造等方法来实现学习目标。显然，自主学习弥补了被动接受式学习的不足，更加强调学生自身在学习中的能动性和主动性。

综合各类研究文献发现，绝大部分学者认为培养学生的自主学习能力，需要教师指导学生学会自我评估、设立目标、掌握及运用学习策略，以及培养学生自学的动机和通过元认知监控自己的学习。（Cheng，2011）

### 2. 元认知能力

学生能否自主学习，元认知能力是非常重要的一个影响因素。研究表明，学习能力强的学生，元认知能力也较强。自我学习能力越强，越有能力和意识来提高元认知水平，从而有更好的学习表现，也就更自信，进入一个良性循环。因此，对于学习能力弱的学生，可能恰恰要注意提升他们的元认知能力，通过元认知训练来培养他们的专注力、反思能力等，这样，自主学习能力可以得到显著提升。

使用认知策略来监控学习和记忆的内部过程，一般被称为"元认知"。元认知能力是对自己思维的反省，即对认知活动的自我意识和自我调节。简言之，认知是元认知的基础，认知也是元认知的对象；元认知是通过对认知进行调控，促进认知的发展。元认知和认知共同作用，促进任务的完成。认知与元认知的关系见表5-13。

表 5-13　认知与元认知的关系

|  | 认知 | 元认知 |
| --- | --- | --- |
| 对象 | 以外界事物为主 | 以认知活动为主 |
| 活动内容 | 某种智力操作 | 意识到认知活动，并进行调节和监控 |
| 发展速度 | 认知能力会随着年龄的增长逐步发展 | 需要有意识地培养，比认知能力的发展缓慢、困难 |

元认知是一种从"他控"到"自控"、从"外化"到"内化"的过程。基于弗加逊（Fogarty）1994 年的研究，培养元认知能力，学习者需要参与元认知的三个不同阶段。

一是创建学习计划：开始学习任务之前，学习者需要创建学习计划。

二是监测理解过程：学习者必须监测自己是如何理解任务、完成任务，以及如何调整方法的。

三是评估与反思：学习者需要在任务完成后，评估学习过程并决定如何提高学习能力。

### 3. 自主学习能力与差异性作业建议

长久以来，学生往往以"听完就背、背完就考试、考完就忘"的学习心态完成作业，学习效果是不令人满意的。研究表明，学生完成自主作业的时间越长，提高学业成绩的效果越明显。可见，教师如何在作业设计中，有意识地引导学生自主安排作业时间，养成自主学习能力是实现差异性作业和因材施教的长久之计。

在作业中培养学生的自主学习能力和元认知能力，建议关注以下几方面的策略。

**一是对不同学科不同问题解决的认知策略、元认知策略要有清晰的认识和理解。**

认知策略与元认知策略，是学生能够开展自主学习的关键。但是不同的学科和作业任务，所需要的认知与元认知策略是不同的。比如，解决一个阅读任务所需要的认知策略包括理解和记住信息的策略、概括信息的策略，而所需要的元认知策略包括监控策略等。其中，理解和记住信息的策略又需要学生关注以下几方面：

  A. 能快速地把文章读两遍；
  B. 读完文章后，能与别人讨论文章的内容；
  C. 会圈画出文章的重要部分；
  D. 能用自己的话总结文章。

  针对培养学生自主学习能力的作业，教师还要指导学生在复习后再次进行练习，并且强调不能边看笔记边查阅书边完成作业。因为前者有助于学生巩固学习效果，而后一种作业方式往往会使学生陷入"伪学习"的过程，有时候他们并不能真正掌握相关的学习要求。也只有这样，学生才能发现自己的薄弱点，在后续的学习中才能更加具有针对性。此外，教师还要让学生在完成作业的过程中尽可能依靠自己，不能依靠家长或者聘请的校外辅导老师，否则一旦养成依赖心理，学生的自主学习能力也很难发展。只有让学生学会依靠自己的力量进行学习，学生才能最大限度调动自己的认知策略和元认知策略进行学习，才有可能逐步培养自己的自主学习能力。

  **二是要逐步培养学生分析自身学习情况及确定学习目标的能力。**

  作业应该是学生查漏补缺、满足个性需求的过程。假如说单元作业更多是教师设计的，偏重于统一目标；那么倡导培养自主学习能力的作业，则更加倾向于让学生在教师的指导下自己设计，偏重于个性化目标。这就需要教师帮助学生分析自己的学习问题，给予学生后续学习的相关建议，慢慢培养学生为自己设立学习目标的能力。

  当然，作业的目标，学生很难准确地写出来。教师则可以通过明确作业设计目标、明确每道作业题的对应目标的方式，让每个学生根据自己的学习情况，学会从教师提供的作业目标和作业任务中选择适合自己的作业。这种方式不但尊重了学生的差异，而且也是逐步培养学生认识和了解自己学习情况、学会自主学习的关键步骤。（见表5-14）

表 5-14　体现学生自主学习能力的学生作业选择表

| 序号 | 作业目标 | 对应作业序号 | 学生选择完成作业结果 | 备注说明 |
|---|---|---|---|---|
| 1 | 目标 1 | ABC…… | | |
| 2 | 目标 2 | DEF…… | | |
| | …… | …… | | |
| 学生自主完成的其他作业说明 | | | | |

说明：

（1）"学生选择完成作业结果"栏中，学生可以直接写题号。如果不选择，则可以在"备注说明"栏中写出理由，比如"已掌握"或者"完全不会"等。

（2）在"学生自主完成的其他作业说明"栏中，学生可以写出自己完成的其他的自主作业，比如阅读了某本书的某几页内容。这样，教师可以根据学生自主完成情况给予诊断与指导，并判断学生是否逐步掌握了自主确定目标的能力和发展了自主学习的能力。

当然，需要说明的是，上述操作的前提是，我们必须建立一个共同的观念：即教师布置的作业不是每个学生都必须全部完成，学生具有选择权。而且教师还要针对学生选择的情况不断给予评判、反馈与矫正，同时对学生自主完成的其他作业进行判断，给予指导。随着学生年级的升高，使用这样的方法所取得的学习效果应该会越来越好，并且学生也会在这个过程中逐步学会自主学习、自主作业。

### （五）一周作业与差异性作业

教师还可以设计一些具有长周期和挑战性的作业任务，通过提供充分的表现空间，让具有不同智能倾向、不同学习能力的学生有充分展示的可能。

相比较而言，具有一定挑战性、长周期的作业任务，可以更好地调动学生的兴趣，提高学生学习知识、查阅资料以及元认知、评价反思、改进等各种自主学习能力。比如，与抄写背诵类的作业相比，让学生写观察日记、设计一个活动方案这样的作业更加有利于调动学生的自主学习能力、元认知能力，也可以让学生表现出各自的差异。

在美国，一些小学教师会设计与实施"一周作业"，这对于培养学生的自主学习、自主管理时间的能力，同时对于适应学生不同的学习风格倾向和学习速度有很好的借鉴意义，是体现因材施教的差异性作业的一种典型做法。美国加州不少小学的作业是教师一周布置一次，一般每周一的时候教师会把本周作业发放给所有学生，学生利用一周的时间完成，周五的时候交给老师。这种作业设计和美国小学教师的包班教学制有关，即一位教师任教该班级语言、数学、科学等所有课程。这种一周作业的设计有助于教师统整各学科的作业内容与数量。一周作业的系统设计与布置有以下明显的优势。

一是有助于教师加强作业的整体感和各学科作业内容之间的衔接。一周作业的设计与布置，需要教师统筹思考每天内容之间的联系，并且注意不同学科之间的系统性和结构性。

二是有助于让学生提前知晓一周作业内容，学生能够根据自己的实际情况和自己对相关知识的掌握情况有计划地完成作业，实际上这无疑之中培养了孩子自主安排时间和自主学习的能力。

三是关注了不同学生的差异性需要。教师一周作业的整体布置有助于兼顾不同学习能力的学生。例如，基础比较好的学生可以做完后去做其他的作业或者活动，掌握速度比较慢的学生也能有足够的时间保证作业的完成，而且可以避免学生为了突击完成每天的作业而出现的熬夜现象。

这实际上从另外一个角度照顾了学生的差异性问题，是较为人性化的。

【案例】 美国加州 Maple Hill 小学的一周作业设计[1]

---

**作业单第 1 页内容**

亲爱的家长：

我们非常高兴地迎来了 10 月。一年级将会有许多具有教育意义且有趣的活动。这个月我们主要学习关于南瓜的内容。我们将围绕南瓜来开展写作、数学和艺术活动，但是我们需要您的帮助。我们希望每个孩子在 10 月 22 日（星期一）的时候都能够带一个小南瓜到学校。这个南瓜高 15—20 厘米。希望您和您的孩子挑选南瓜愉快！

一年级教师团队

---

[1] 本案例是作者在 2012 年 9—12 月参加第二届"上海—加州影子教师"项目，从美国加州胡桃谷学区 Maple Hill 小学所获得的一手资料，由作者本人翻译整理而成。

**寻找叶子**

请在 10 月 22 日星期一的时候让你的孩子带一些秋天的落叶到班级。我们需要褐色的、橘黄色的、红色的或者黄色的落叶。当我们讨论到秋季的时候，我们将要运用这些叶子进行数学及科学等学科的学习。

| 作业单第 2 页内容 |
|---|

**一年级家庭作业**

姓名：

截止时间：10 月 12 日（星期五）

- 在家阅读：每天阅读 10 分钟并自己打☆。如果你从班级里借了一本书回家，请读给大人听。每天借的书要记得归还。
- 日记撰写：使用附页写日记。画一幅你认为很重要的画（一些你"做过的""想过的""看到过的""拥有过的"），使用字母、单词或者音标写 1—3 句话。
- 单词列表：练习阅读单词列表中的第 21—40 个，要求流利。你阅读单词列表有多快？（目标：20 秒 20 个单词）
- 语音阅读项目：练习阅读学生练习单。使用"电子键盘"（tapper）来听单词的读音并且打乱单词的顺序，把这些单词和句子读给大人听。（额外训练：根据大人的要求听写一些简单的单词和句子）
- 数学：请完成并交这些数学作业，页码范围：第 <u>47—56</u> 页。
- 工作单：完成附页中的工作单，可有家长的帮助。
- 个人项目：在下列个人项目中挑选一个完成。

  （请家长在你的孩子完成的项目任务下面画横线）

  ①登录网站 www.starfall.com 来提高你的阅读技能；

  ②和父母或者朋友玩卡片游戏；

  ③通过调查食物成分来帮助家长准备一份食谱；

  ④写下一个等式并且用插图说明；

  ⑤玩掷骰子。

**给家长的消息：**

我们将于10月16日（星期二）去瑞利农场，学生和陪伴的家长必须要在早上8：00前到达学校，并且在8：15前上车。

- 穿上一年级的T恤衫；
- 带上简易包装的午餐（不要用午餐盒或保温盒）以及一次性包装的饮料，或者购买学校的午餐；
- 带上一次性水杯，并写上你的名字；
- 带上一件夹克衫。

10月31日（周三）会有一个万圣节活动，可以允许学生做一些节日的装扮，但是要保证你的装扮不会让其他孩子感到害怕。（不允许带枪、刀、剑等。感谢你的配合!）

### 作业单第3页内容

**我的作业日记**

日期

### 作业单第4页内容

给家长的信息：39个单词，6个新单词——at，does，cannot，get，help，now。认真听你的孩子大声读这个故事！

**Sam cannot play**

Look at Sam. It is something new. Sam does not like it.
He does not like something new.
Sam cannot play with something new. He will run.
He will get help.
Look at Sam now.
Now he can play.

### 作业单第5页内容

亲爱的家长：

　　这份作业是关于复合词（compound word）的。复合词是把两个单词组合在一起形成的一个新的单词。我们会经常使用复合词，且常常是在无意识中使用的。（事实上，关于单词的作业是非常好的案例！）你的孩子，毫无疑问，已经在交流中使用了复合词。

　　复合词经常让孩子惧怕，这是因为它们看起来很长！希望您能帮助孩子意识到复合词只是两个很小的单词组合到一起，你可以轮换遮住复合词的一部分让孩子辨认。等到孩子能够把两个部分都读对了，再让孩子连起来读。

技巧<br>阅读复合词

我们已经一起完成了这项任务！

_____　　　　_____
学生签名　　　　　　　家长签名

问题

这个故事里有两个复合词，请把它们写下来：

_____　　　　_____

请你的爸爸和妈妈帮你再想三个复合词，并且写下来：

_____　　_____　　_____

（家长：你可以帮助孩子拼读或者你自己写下来给孩子看。）

> **作业单第6页内容**
>
> 
>
> 语音阅读项目
>
> 学生练习单　单元6
>
> a b c d e f g h i j k l m n o p q r s t u v w x y z
>
> 
>
> 把下列单词和句子读给大人听。
>
> 使用录音机来听单词的读音，并且根据需要打乱单词的顺序。
>
> 
>
> tack　　pick
>
> lick　　sack
>
> pack　　back
>
> rack　　Jack
>
> 
>
> ＊在阅读项目里，发音不规则的单词叫作"红"（red）词，因为它们没有一个直接的发音标志。在下文中，请用一个方框圈明"红"词。
>
> The backpack is in the van. Nan has a ham in the sack. The cat will lick the pan. A big kid has Jack's cap.

这份美国加州 Maple Hill 小学的一周作业总共由 6 页纸组成。第一页纸是在一张黄色的纸上写给家长的一封关于作业的信，看起来赏心悦目。仔细分析这份一年级学生的一周家庭作业，我们会发现该小学在作业设计上的细致、认真和别具匠心。虽然这是一份家庭作业，但实际上它已经超越了家庭作业的一般功能。

**1. 作业中对学生有学习策略与方法指导**

在美国加州不少小学的作业设计中，尤其是在低年级，教师会根据每次布置作业的情况，写一封给家长的信，信中会对此次作业做一些必要的说明，并且会把最近的学习计划以及需要家长准备的活动物品等告知家长。

此外，在家庭作业的设计中，教师还会把一些重点和难点内容、需要运用到的学习策略写在作业单上。如上述这份作业中，教师解释了复合词的概念、意义，而且告诉家长和学生如何消除对复合词的恐惧，即通过遮住一部分让孩子读出来的方法，让孩子意识到复合词实际上是由两个很小的单词组合而成。这有助于学校和家庭形成教育合力。这些针对不同学习内容的学习策略的日积月累，将会对学生未来的自主学习能力产生从量变到质变的价值。

### 2. 学生可以自主选择作业内容

从这份作业设计来看，一周一共只有5页纸的作业内容，而且每页纸需要学生完成的任务量并不多。但是最为典型的是在"个人项目"中，教师提供了5项任务供学生挑选，这其实就体现了学生在作业过程中的自主性和选择性。具体任务的设计也反映了对学生不同智能倾向的考虑，比如阅读更加适合语言智能比较强的学生，而玩游戏则适合身体动觉智能比较强的学生。这些都是值得我们教师在设计作业时借鉴的。

### 3. 作业类型丰富，富有趣味

作业类型丰富是解决作业兴趣问题的有效途径，同时也适应了学生不同的认知特点。

从这份6页纸的一周家庭作业的原文来看，不仅纸张的颜色选择非常考究，比如第一页给家长的信是用色彩鲜艳的黄色纸张，并且运用了非常可爱的心形、树叶等图形；再比如在一些短文的旁边还画着非常可爱的小猫。这有助于让学生愉快地接受作业，避免学生对作业产生"冰冷""无趣"的印象。从一周作业来看，作业类型非常丰富，包括阅读、写日记、读故事、读单词给爸爸妈妈听、进行自我评价等；还包括必选和可选的作业，例如个人计划；设计的几项内容都非常具有趣味性，包括上网阅读、玩卡片游戏、准备一份食谱、数学插图说明及玩掷骰子等，让不同智能倾向与认知风格的学生，都能从作业中找到乐趣。

### 4. 能培养学生多种能力，尤其是自主管理时间的能力

从这份作业设计来看，作业不仅仅是为了巩固知识和技能，而是更加注重学生的阅读习惯和自我评价能力，注重学生兴趣的培养。

除了上述的优势外，一周作业的整体设计与布置还有助于学生学会合理安排自己的时间。例如，有些学生会保证每天都有作业时间，而且

每天的作业时间比较均衡，比如每天半小时左右，这样就能够保证每天都有巩固教学内容的时间；有些学生则会一段时间不做作业，而集中在某一天或者某几个时间段完成所有的作业，其他的时间则会自行安排等。这给予了学生安排自己学习时间的机会，提高了他们的时间管理能力。一周作业的设计不仅能让学生了解整体的作业内容，而且能让学生根据自己的实际学习情况，灵活合理地支配时间，完成作业。对于学习能力较弱的学生，可以保证作业的完成；而对于学习能力较强的学生，则可以留出时间做自己想完成的其他作业，即自主作业，或者参加自己感兴趣的课外活动等。这充分满足了不同学业水平、不同兴趣爱好学生的需求，真正体现了因材施教。

### 5. 引导学生在完成作业的过程中学会自我评价与反思改进

如前所述，学生自主学习能力的培养不仅需要学生自身对其认知、情感、动机、行为和环境等因素进行自我监控与调适，更需要教师提供一定的学习条件和策略予以支持。

比如，教师可以研制一些简单有效的自我评价反思量表，供学生在自主完成作业的过程中进行自主思考、评价与反思，教师可以进行抽查，并给予个别化辅导。（见表5-15）

表5-15 促进学生自主学习的作业评价反思量表

| 维度 | 建议反思内容 |
| --- | --- |
| 目标判断 | ● 这些作业的目标我都清楚了吗？<br>● 我读懂每一项作业的要求了吗？<br>● 哪些作业目标已经掌握了？哪些需要我继续巩固？<br>● 我选择完成哪些作业？我想自主增加哪些作业？（说明：这一条需要教师允许，并鼓励学生完成自主作业）<br>…… |
| 过程监控 | ● 我是否在复习了已经学习的内容的基础上开始写作业？<br>● 完成作业过程中，是否认真审题，理解了每一个要求？<br>● 是否运用了有效的策略与方法？<br>…… |

续表

| 维度 | 建议反思内容 |
| --- | --- |
| 结果反思 | • 在完成相应作业任务的过程中,有什么问题需要进一步请教教师?<br>• 是否有什么方法可以让作业更加有效?<br>…… |

自我反思评价诊断的维度,是教师引导学生思考的维度。

从上述分析可知,差异性作业的设计,是对学生差异和个性的尊重,也是课程视域下作业设计的价值取向。这种差异性作业设计可以通过作业量、作业难度、作业类型、作业兴趣、关注不同的认知风格、搭建不同的脚手架、培养学生自主学习能力及元认知能力等多种方式来实现。至于在实践中如何操作,教师需要根据学科特点和学生特点,灵活使用。

总之,教师在设计差异性作业的时候,往往需要不断追问几个问题:这样的作业设计是否建立在真实了解学生的学习准备和学习能力的基础上?是否与学生不同的学习风格与认知特点相符合?是否真的对每一个学生都有效?……

上述几种体现差异性作业的设计方式各有利弊。通过设计难度、数量的不同来满足不同学生学习能力的差异需求,以让不同的学生达成不同的学习结果;适应不同学习风格/智能倾向的差异性作业,虽然学习结果的表现方式可以不同,但都会起到激发学生作业兴趣的效果;而基于不同脚手架设计的差异性作业,则是允许不同的学生通过不同的时间、不同的步骤来达成同一学习结果;培养学生自主学习能力是实现因材施教、体现差异性作业的长久之计,但是难度却是最高的,也缺乏有效的实践。这几种方式各有优劣势,教师在设计差异性作业的时候可以根据内容灵活使用,而不必局限于某一种方式。

## 七、作业结构

结构决定功能。在设计作业时,如果作业的目标、时间、难度、科学性、类型等各关键要素都能达到理想水平,也不一定代表最终组合出来的作业质量就一定是高的,作业整体结构的合理性是决定作业质量高低的终极性指标。因为一组作业中很可能每一项作业看起来达成度都很好,但是组合起来的结构却是不合理的。比如一组作业都是实践考察题,或者都是高难度的题目,虽然每一项作业的要素都达到要求,每一个题目的质量都很高,但是组合到一起可能是结构失衡的,或者是难以操作的,或者是效果不好的。

作业结构是衡量一组作业质量的最终指标,也是最关键的指标之一。一般来说,单元作业结构主要包含以下几种。(见图5-6)

- 同一单元不同作业内容之间的结构(内向结构);
- 不同课时同一内容作业之间的结构(纵向结构);
- 不同学科同一时间段作业间的结构(横向结构);
- 新授课和复习课、讲评课作业间的结构(其他结构);

……

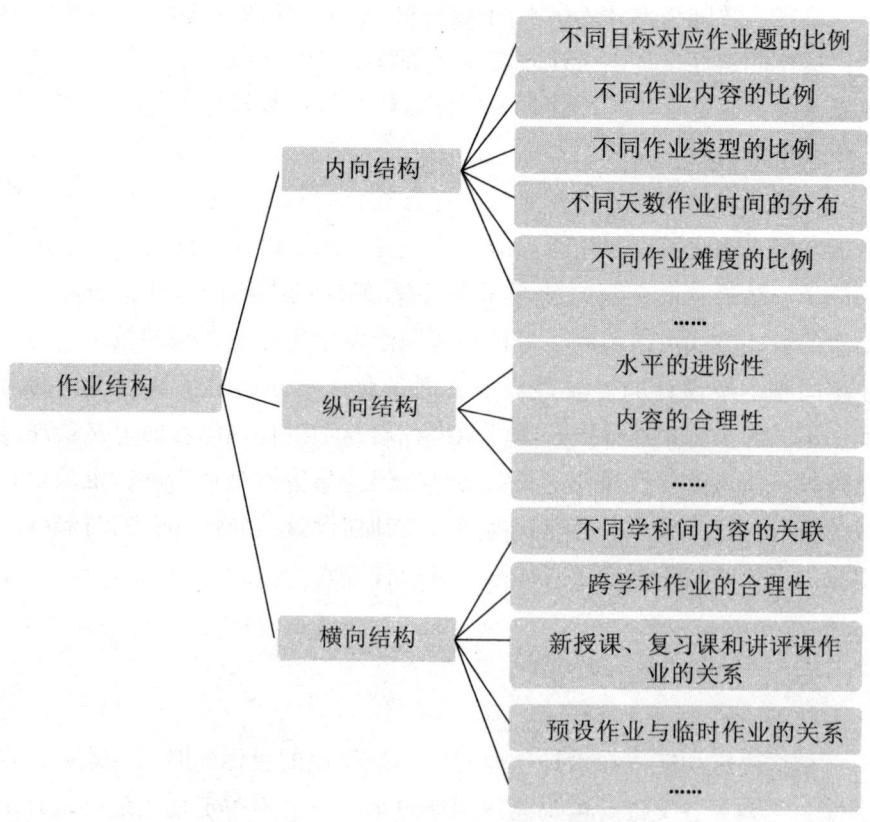

图5-6 作业结构的类型与内涵

如果说单元作业的内向结构主要反映的是作业各个维度内在的自洽性，那么作业的纵向结构则主要是从时间维度来纵向反映作业的系统性、发展性问题，作业的横向结构则是反映不同学科之间的关联，凸显学科之间有机衔接，以及部分跨学科作业的设计问题。作业的三种结构也是课程视域下作业设计的典型特征之一，即作业设计需要具有整体性、系统性、结构性。

(一) 作业的内向结构

我们可以通过课时作业、单元作业来判断作业的结构，也可以通过年级作业、学段作业来判断。一般而言，课时作业题量相对较少，学段作业题量又太多，建议以单元为基本单位比较合适。每个单元结构基本合适，也基本能保证最终的年级作业、学段作业结构是合理的。

同一单元作业的结构，主要是指一个单元所有作业中不同作业类型、不同作业难度、不同作业内容等的比例是否合理。这些属于作业的内向结构。

作业的内向结构决定了作业的合理性、适宜性等问题。虽然我们很难有准确的结构数据标准，比如对于一组单元作业来说，假如难度分为简单、中等和难三个等级，究竟是 7∶2∶1 的难度结构更好，还是 6∶2∶2 的难度结构更好？这是难以准确界定的，因为这与学校、学生、学科及内容都有关系。但是教师一旦有了这种"作业结构要合理"的意识后，对于一些极端结构肯定就会进行反思与改进。比如一组作业设计好了以后，发现有一些作业目标有 50% 的作业题对应，而一些作业目标则没有作业题对应，这样的结构显然就是不合理的。

一些教师在设计作业的时候，每一课时、每一单元的作业类型、水平、要求按照相似的结构进行，比如每一课时都涉及"知识梳理""链接生活""释疑解惑"和"实践活动"四种作业类型，每种作业类型对应一类主要作业目标和认知水平。(见图 5-7)

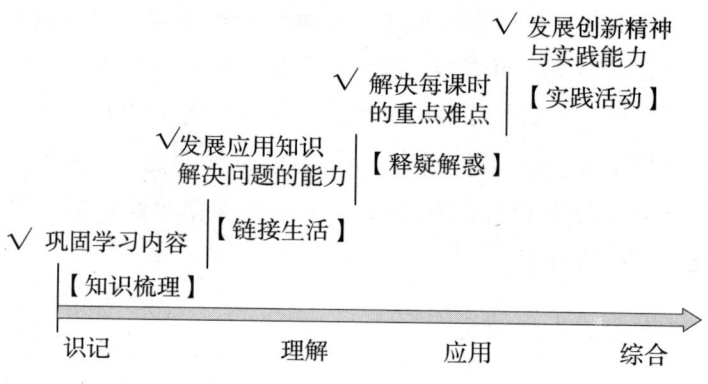

图 5-7 不同课时作业设计（内向结构）案例①

当然，上述作业内向结构的设计只是一种方式，可以借鉴。教师也可以根据不同单元不同课时内容选择不同的类型和水平，而未必是每一单元或课时都是稳定结构。但最终要确保一个单元的整体结构，以及一个学期甚至一个学段的整体结构是合理的。

## （二）作业的纵向结构

作业的纵向结构，一般是指连续课时、连续时间内所布置的作业，在内容上具有衔接性，在水平上具有进阶性，在要求上具有差异性。比如，一个单元内对于同一个能力，要求在不同课时里需要有一定的差异和进阶特征。这种时间维度可以是一个学段、一个学年、一个学期或一个单元的作业设计，也可以是一周作业、一个月作业的整体设计。前者更加强调同一学科作业内容要求上的递进性，后者更加强调连续时间内不同学科作业内容的衔接性。不管是哪种作业设计，都强调教师要像学科课程专家一样，系统思考前后作业之间的关系，而不是孤立地设计某一天的作业或者某一个课时的作业。

**1. 不同课时内容、水平的纵向结构**

如上所述，作业的纵向结构着重考虑内容上的衔接、水平的进阶或

---

① 引自"2019年上海市中小学优秀单元作业、试卷案例征集评选"一等奖案例（高中地理组，上海市教委教研室内部资料）。作者为上海市青浦高级中学的俞琼、韩文平、方瑞印老师，复旦大学附属中学青浦分校的谢玲、王夏倩、张子江老师。

内容与水平的差异。例如，以下案例反映了高中化学在同一个单元不同课时的作业设计中如何体现"实验探究"能力的差异。第一课时作业着重反映方案探究，第二课时作业着重体现装置探究，第三课时作业着重考虑产物探究，而最后一课时作业则主要侧重于原理探究。

**【案例】同一单元不同课时关于"实验探究"的作业**①

**实验·探究**　　　　　　　　　　　　　　　　　　纵向结构

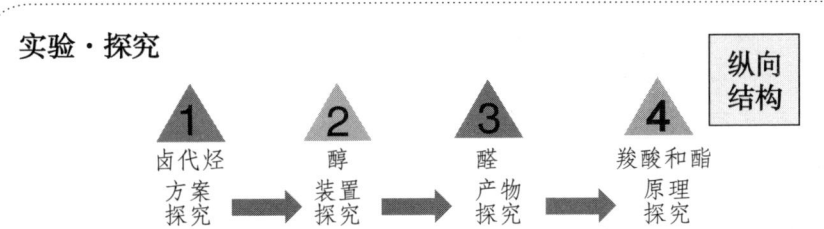

- **第 1 课时　关于方案探究的作业设计**

卤代烃 A（$C_2H_5X$）是一种无色液体，为探究 A 的性质，设计如下实验方案。（方案略）

……

(2) 有人认为方案一和二达不到检验 X 的实验目的，理由是_____，方案二正确的操作是_____。

(3) 你认为方案三能否达到实验目的_____，理由是_____。若不能达到实验目的，正确的实验操作是_____（若认为能达到，则不答）。

- **第 2 课时　关于装置探究的作业设计**

乙醇催化氧化实验装置的探究。

乙同学对甲实验装置进行了改进。将凹形铜片放在三脚架上，用酒精灯灼烧，铜片逐渐由红色变成黑色，待铜片升高到一定温度后，在上面滴加 3—4 滴乙醇，乙醇在铜片上不断地滚动，液珠经过的地方，铜片立即变红，犹如一朵盛开的鲜花，同时可闻到强烈刺激性气味。（图略）

---

① 引自"2018 年上海市中小学优秀单元作业、试卷案例征集评选"一等奖案例（高中化学组，上海市教委教研室内部资料）。作者为杨浦高中的鲍文亮教师团队。

乙同学与甲同学的实验相比，该实验装置的优点有：＿＿＿＿＿＿
＿＿＿＿＿＿、＿＿＿＿＿＿。（甲同学的实验略）

- **第 3 课时　关于产物探究的作业设计**

某实验小组做乙醛（$CH_3CHO$）和新制氢氧化铜反应时，发现 NaOH 的用量对反应产物有影响，于是他们采用控制变量的方法，均使用 0.5 mL 40% 的乙醛溶液进行下列实验。

……

(4) 为了进一步证明实验 4 中红色沉淀的成分，该小组同学通过查阅资料得知：$Cu_2O$ 在碱性条件下稳定，在酸性溶液中可转化为 $Cu^{2+}$、Cu，并进行了以下实验。

ⅰ．将实验 4 反应后的试管静置，用胶头滴管吸出上层清液。

ⅱ．向下层浊液中加入过量稀硫酸，充分振荡、加热，应观察到的现象是：＿＿＿＿＿＿＿＿＿＿＿＿＿＿＿＿。

- **第 4 课时　关于原理探究的作业设计**

实验室制取乙酸乙酯的装置如图所示（图略）。a 试管中装有 3 mL 无水乙醇、2 mL 冰醋酸、2 mL 浓硫酸和沸石。b 试管中装有饱和碳酸钠溶液。请回答下列问题：

……

(3) 通过分析实验①、②和③，发现浓硫酸的浓度并非越浓越好，由此得出酯化反应的催化剂实际上是＿＿＿＿＿＿。因此，推测盐酸＿＿＿＿＿＿（填"能"或"不能"）作为酯化反应的催化剂，若不考虑盐酸的挥发和阴离子对酯化反应的影响，推测加入盐酸的浓度是＿＿＿＿＿＿ $mol·L^{-1}$ 时可能会得到④中的实验结果。

显然，上述化学作业案例中，同一单元不同课时的纵向结构并不是一种典型的水平进阶，体现了要求、维度上的差异。当然，如果到了不同单元或者不同年级，水平进阶的要求可能更加明显。

**2. 同一类作业不同年级的纵向结构**

同一类作业在不同年级的纵向结构，比如复习类作业、预习类作业、实践类作业等在不同年级应该是有差异的，但是在实践中却往往容易被忽略。

如对复习类作业，长期以来教师习惯布置成如下要求：

复习第二单元。
自主复习，准备期中考试。
……

但是学生并不是天生就会复习的，也不是每个学生复习的效果都很好。复习类作业需要教师给出复习策略建议和具体要求，而不是仅有教师泛泛几个字的作业要求学生就能够做好复习的。复习什么？怎么复习才是有效的？不同年级、不同学科的复习类作业究竟有何差异？这是教师在日常教学中需要研究积累经验的。

教师在设计复习类作业时，需要着重关注以下几个方面。

【要点1】引导学生养成及时复习与定期复习相结合的习惯；

【要点2】让学生注重在理解记忆的基础上掌握基本知识和技能；

【要点3】引导学生学会通过概念图等进行知识结构的梳理；

【要点4】教师设计具有一定综合运用性质的复习题；

【要点5】引导学生整理与掌握日常作业与考试测验中的错题；

【要点6】针对学生日常作业中的常见错误，设计必要的迁移性作业；

【要点7】教师演示一个单元的复习方式，提供每个单元的复习要点，让学生学会自主复习的方法。

……

对复习类作业，一方面教师要给予指导，另一方面学生也要学会自主完成。上述复习类作业的要点并不是每个年级的学生都需要或者都能掌握的。比如对于小学低年级的学生，可能侧重在第一和第二个要点上；而到了小学中高年级则可以增加整理错题、教师设计一些迁移性作业等要求；到了初中和高中则可以增加运用概念图、自主复习等要求。（见表5-16）

表 5-16　不同年级复习类作业的注意要点

| 年级 | 复习要点建议 |
| --- | --- |
| 小学一、二年级 | 要点 1、2…… |
| 小学三至五年级 | 要点 1、2、5、6…… |
| 初中 | 要点 1、2、3、4、5、6…… |
| 高中 | 要点 1、2、3、4、5、7…… |

表 5-16 提供的不同年级的复习要点仅供参考，不同的年级、不同的学校、不同的学科、不同的学生都是有差异的。比如在学科差异方面，对于英语学科，可能更加强调在理解性记忆的基础上掌握基本知识和技能；而数学学科可能更加强调教师设计具有一定综合运用性质的复习题、学生整理与掌握日常作业与考试测验中的错题等；而物理等学科可能更加强调对概念图的整理等。

正是因为复习类作业的复杂性，所以教师在日常的作业设计中要认真研究总结有效的复习类作业的内容与方式，而不是简单地提出要求。学生也可以根据自己的实际情况和不同学科内容特点灵活运用更加适合自己的复习类作业的方法，教师更要根据不同学生的差异给予学生有针对性的复习类作业要求，这是至关重要的。

（三）作业的横向结构

作业的横向结构主要是指不同学科同一时间段的作业在内容、要求与能力上的相关性。比如，物理、化学学习中的一些计算要求，需要学生在数学课上已经学习过相关计算方式才有可能完成相应作业任务；再比如，历史的学习需要学生掌握比较扎实的地理、文言文阅读理解能力；等等。这些是比较明显的横向结构。但是有一些不是很明显的横向结构，尤其是在能力层面衔接上。比如阅读理解能力，可能语文学科需要的是以理解语言文字内涵为主的阅读能力，而数学、物理则需要学生结合文字、图形等进行抽象理解，这种比较隐性的能力要求往往是被教师所忽略的。

如果说关注作业的纵向结构、内向结构能够通过教师个人或者学科教研组的努力来达成，那么关注作业的横向结构则是需要不同学科教研组联合攻关来实现的,它也是作业设计中最难的要求之一。

那么,如何加强学科之间作业的横向结构?具体建议如下。

**1. 加强不同学科学习内容的进度之间的关联分析**

不同学科教师应该对自己所布置的作业需要运用到的其他学科的知识与技能了然于胸,同时也要主动了解其他学科的教学进度。

从学校作业管理角度来说,学校要对需要布置作业的各门学科的作业内容、要求与进度进行学段的整体设计,并对于可能存在的不协同和时间错位预先进行沟通,尽可能避免不同学科因为进度差异,给学生作业带来不必要的困难。各个学科学段教学内容的进度的整体设计建议如表 5-17 所示。

表 5-17 不同学科作业进度整体分析建议

| 时间 | | | 学科及建议 | | | | |
|---|---|---|---|---|---|---|---|
| | | | 语文 | 数学 | 物理 | …… | 跨学科作业关联点建议 |
| ×年级 | 第一学期 | 第一周 | | | | | |
| | | 第二周 | | | | | |
| | | …… | | | | | |
| | 第二学期 | 第一周 | | | | | |
| | | 第二周 | | | | | |
| | | …… | | | | | |
| ×年级 | 第一学期 | 第一周 | | | | | |
| | | 第二周 | | | | | |
| | | …… | | | | | |
| | 第二学期 | 第一周 | | | | | |
| | | 第二周 | | | | | |
| | | …… | | | | | |
| …… | …… | | | | | | …… |

**2. 对学校不同学科作业体系进行整体设计**

如果要填写好上述表格,则需要有布置作业的学科教师预先把整个学段的作业设计好,这样才有可能进行相关分析。当然,如果预先设计没有完成,也可以以教学目标、教学内容为依据进行关联分析,这不仅对于加强不同学科作业的横向结构有益,对加强不同学科教学之间的有效关联也是大有裨益的。当然,这个表格可以在实践过程中逐渐完善。

**3. 加强作业横向结构有助于探索跨学科作业设计**

如前所述,跨学科作业是作业改革的方向之一。跨学科作业的设计往往需要很多学科教师协同进行,仅仅凭借一门学科是难以完成的。

比如,下述设计牛奶包装盒的作业就具有一定的挑战性,而且需要具备数学、劳动技术等相关学科的能力。

**【案例】 设计牛奶包装盒的跨学科作业**

> 包装一盒牛奶(长 6 cm,宽 4 cm,高 8 cm)需要多大的包装纸?为了方便学生小组分发牛奶,送餐公司需要设计一种四连包的牛奶包装盒,现在向五年级征集设计方案。请你们四人为一组,完成下列任务:
>
> (1) 包装一盒牛奶需要多大的包装纸?请计算出包装纸的大小。
>
> (2) 要设计四连包的牛奶包装盒,你们能想出几种包装方法?请分别算出这几种包装方法所用的包装纸大小。
>
> (3) 用哪种包装方法最节约包装纸?请你们画出该方案的草图。
>
> (提示:小组合作完成任务,需要在设计之前想一想你们小组要做什么准备,要考虑哪些因素。先制定解决问题的步骤及分工,然后尝试操作,画出草图。)
>
> ——普陀区新普陀小学郭琪琳团队

跨学科作业设计也可以依据前文表5-11,结合学生发展核心素养的要求进行设计,具体要求可以参考第五章第五部分的建议。

作业的横向结构本质上要求学校加强不同学科教研组之间的沟通交流,避免学科"各自为政"的局面。学校要建立保障制度,不同学科教研组长、年级组长要定期召开相关的研讨会，学科教研组长整体把握整个学段不同学科的关联性，而年级组长则主要协调同一年级阶段性作业布置的横向结构问题。

此外，作业结构还包括新授课、复习课和讲评课等不同课型之间的结构关系，这对于教师来说也是需要妥善处理的。一般而言，新授课的作业往往比较强调对新授内容的掌握与巩固，复习课的作业强调对一个单元所有内容的综合性运用，而讲评课的作业主要侧重于难点解决等。当然，这也不是绝对的。

总之，要把握好作业的内向结构、纵向结构、横向结构和其他结构，往往需要教师具有学科课程专家的专业能力及系统的分析判断能力，还需要教师持之以恒地进行研究、合作与反思。

## 八、作业批改分析与改进

美国教师联合会主席魏因加藤（R. Weingarten）曾说，再好的想法也可能输给糟糕的执行。

课程视域下的作业设计，不仅强调目标导向、整体设计，而且强调反馈调节，按照泰勒的课程编制模式，需要根据评价结果来调节课程目标本身。借鉴课程研究范式，作业设计也应该根据学生实际的作业结果，发现学生学习存在的问题，从而针对不同的学生情况，开展有一定针对性的教学，以及改进和完善作业设计、批改与辅导等。因此，课程视域作业，借鉴泰勒的课程研究模式，同样强调"作业目标—作业内容—作业实施—结果反馈"的自我循环与完善，而不是一种单向的线性关系。

（一）作业批改与统计

正如调研结果所反映的问题一样，现在教师在作业设计与实施时，普遍缺乏对学生作业结果进行评价分析的习惯，从而使得作业的诊断调节作用无法发挥，也缺乏对作业设计质量及作业效果的有效反思。因此，认真分析学生的作业结果，从学生作业结果中反思作业乃至教学中存在的问题，改进作业设计以及教学，是课程视域下作业设计与实施的关键之一。

作业批改、统计与分析可以从以下几方面来进行。

### 1. 注重作业批改的有效性

研究表明,目前教师作业批改的主要方式为指出错误、评分或打等级,而绝大部分学生最喜欢的作业批改方式为"在错误旁批注,指出存在的问题或解决问题的思路",这说明多数学生期望在教师的引导下通过自己的独立思考解决问题。

值得指出的是,对于面批和写评语这些很多专家和学者比较倡导的方式,学生反而不喜欢,认同度很低。这可能和我们的批改现状有关系,现实中"作业面批"往往成为"训斥孩子""差学生""作业完成有问题"等情况的代名词,教师作业批改的评语无个性和缺乏针对性,可能也让学生无法体会到评语的针对性和价值。

鉴于上述分析,建议教师在作业批改时关注以下要点。

- 不能仅仅打对错,应尽可能指出学生存在的错误及其原因;
- 不要写无关痛痒的评语;
- 批改时建议对学生典型的错误与可能的原因进行记录,如果能够对不同的学生进行个性化记录则更好;
- 如果是学生自批或者互批,教师一定要抽查;
- 一定要检查学生作业订正的情况;
- 不要过分在乎作业批改符号的使用;

……

### 2. 统计作业题的错误率

学生完成作业的错误率主要通过学生群体的掌握情况来判断。这类统计方式主要针对选择题、填空题等客观题题型。教师可以根据作业错误率的情况进行有针对性的讲解。一般来说,教师课堂上进行讲评的往往是错误率比较高的题目。教师可以通过不断统计各种作业的错误率情况,一方面掌握相关作业的难度,另一方面了解班级学生的弱点和难点。当然,教师除了关注错误率高的题目外,还需要关注那些错误率低的题目和做错了的学生,对这些学生可以采取个别化辅导、同学互助、"小先生制"等方式来给予帮助。

### 3. 统计分析学生的典型回答

统计学生的典型回答，是一种以质性记录为主的分析方式。教师可以对学生的一些作业回答，尤其是开放题的回答进行分类统计，可以有优秀的典型回答，也可以有错误的典型回答。教师可以根据学生不同的表现，分析学生达成各种核心素养的水平，并分析不同表现的学生分别有哪些值得进一步提高的地方。这种以质性为主的统计分析，既可以帮助教师掌握学生在不同作业任务中的不同表现，发现不同类型的学生存在的需要解决的主要问题，为后续讲评辅导提供依据，而且这样的质性统计的作业资源，还可以成为今后有效的教学资源。

### 4. 统计分析作业目标的达成度

教师在设计每项作业的时候都有相应的作业目标，通过统计学生在各项作业目标上的达成度，可以让教师在进行后续教学、作业改进或作业讲评的时候更加具有针对性。当然这种统计分析方式更适用于主观题题型，而且教师要能够将学生的表现与目标相对应。

下述小学语文的一道相对主观的作业题改进案例，就反映了教师如何通过统计分析目标达成度情况，对教学、作业设计进行改进和完善。

**【案例】基于对学生表现结果的分析，反思改进《十年后的礼物》的作业设计**[①]

> **【案例概述】**
> 《十年后的礼物》是原沪教版小学语文教科书第八册第三单元中的一课。课堂教学结束后，教师布置的作业为："为什么《献给守林人的女儿达格妮》这首曲子对达格妮来说是珍贵的礼物？"这项作业用以检测、发展学生在具体语境中的理解、应用和分析水平。

---

① 选自小学语文学科"提升中小学作业设计与实施品质"项目中的一个案例，该案例由上海市闵行区罗阳小学的黄志勤、闵行区教师进修学院的朱新亚完成（上海市教委教研室内部研究资料，2013 年）。收入本书有删减和文字上的完善。

【作业目标】

1. 复习巩固课堂学习成果,体会礼物的"珍贵"。
2. 学会提炼文本中的有效信息,学习多角度思考问题。
3. 练习书面答题。将课堂上师生间、生生间的口头交流转化为书面语言,有序地表达,做到语言规范流畅。

## 第一次作业设计

【第一次作业内容】

问答题:为什么《献给守林人的女儿达格妮》这首曲子对达格妮来说是珍贵的礼物?

【对第一次作业结果的统计】

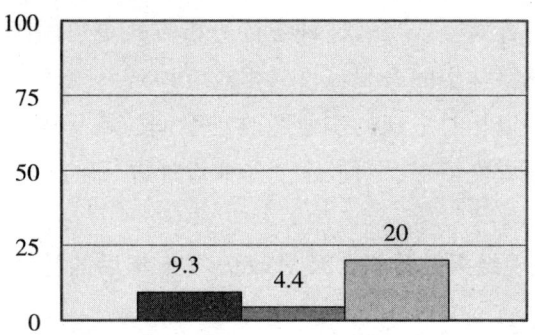

统计表明:该班学生作业目标达成度不高。近90.7%的学生信息提取不全,在答题内容的完整性上有欠缺;近95.6%的学生在表述时不够清晰,缺乏条理性;另有近80%的学生在表述观点时比较机械,缺乏内容整合意识,写出的句子不完整、不连贯。例如,一些学生的表达为——

答案一:说这份礼物珍贵是因为送礼人、成年礼、礼物含义、信守诺言。

答案二:因为有5点。(1) 送礼人;(2) 成年礼;(3) 送礼方式;(4) 礼物含义;(5) 信守诺言。

答案三：因为是著名的音乐大师送的，它是达格妮的成年礼，这种送礼方式很特别，礼物的含义很特殊，它是爱德华·葛利格信守诺言的表现。

【对第一次作业结果的分析和反思】

第一次作业学生的完成情况，反映了作业设计和教学中的一些典型问题：

1. 课堂教学以口头表达为主，而作业以书面表达为主。口头表达和书面表达的要求是不完全一样的，中间存在差异。

2. 作业难度超越了学生的认知水平：一是要求学生从口头表达转变为书面表达，学生存在困难；二是学生缺乏整体提炼信息、多角度综合表达的能力。

3. 作业跨度太大，缺乏对学生有结构、有层次的引导。

从作业题目看：教师采用了一道看似简单的问答题来检测学生对重难点的掌握情况，但仔细分析，学生答题时要完整归纳 5 个要点并进行具体陈述，这对学生思维品质的要求是较高的。而四年级学生的思维品质还不够高，语言的概括、组织能力还没有完全形成，所以此项作业对学生已有知识、能力水平的挑战过大。

基于上述分析，教师对此项作业做了改进。

## 第二次作业设计

【第二次作业内容】

1. 请围绕《献给守林人的女儿达格妮》乐曲的珍贵性完成下图。

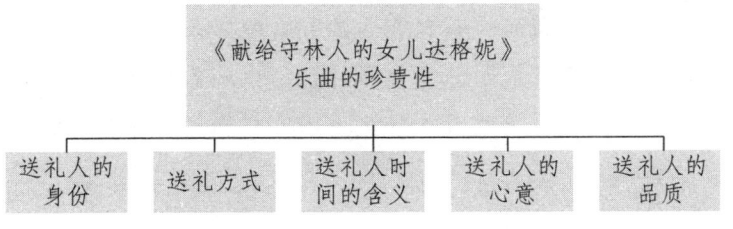

2. 根据上面图中关于"珍贵"的5个方面有顺序地写写:"为什么《献给守林人的女儿达格妮》这首曲子对达格妮来说是珍贵的礼物?"请注意语句要连贯,表达要清晰。

【对第二次作业结果的统计分析】

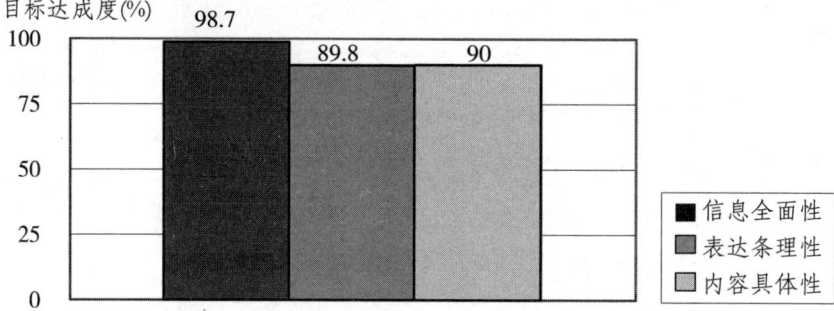

第二次作业的目标达成度有了明显提高。近98.7%的学生答题的5个要点完整;近89.8%的学生表述比较清晰,有条理;近90%的学生能按照表格中的提示清晰地陈述相关内容;只有10%的学生在语句连贯性上有所欠缺。例如,不少学生的表达为——

答案一:

送礼人的身份:这份礼物是著名的音乐家爱德华·葛利格送给达格妮的。

送礼方式:送礼方式很特别,把乐曲传给四方就等于把礼物送给了达格妮。

送礼时间的含义:这是送给达格妮的成年礼。

送礼人的心意:这份礼物代表了对达格妮的祝福。

送礼人的品质:这份礼物代表了音乐家信守诺言的品质。

答案二:

这份礼物之所以珍贵是因为它是著名的音乐家爱德华·葛利格送给达格妮的成年礼;送礼方式很特别,把乐曲传给四方就等于把礼物送给了达格妮;它代表了对达格妮的祝福;它代表了音乐家信守诺言的品质。

上述通过统计分析学生作业目标的达成度，反思完善和改进作业设计的案例，充分说明了教师对学生作业结果进行统计分析，对进一步改进作业、改进教学的重要性。这不仅有利于发挥作业的评价诊断功能，还有利于教师设计更好的适应学生身心特点的作业。这个案例还充分说明了作业自身的结构、支架设计要基于学生的学习水平。教师在设计作业时，要注重作业设计的坡度，要关注班级中不同层次的学生，适当给予学生学习的阶梯。阶梯不是降低难度，而是展现思考、阅读、表达的方法，让学生在层层递进的梯度作业中不断深入思考，去掌握，去理解，在提升作业正确率的同时，也提升学科核心素养。

(二) 作业分析与改进

教师要养成对学生日常作业也进行统计分析与改进的习惯，不是一件容易的事情，因为这需要教师花费很多的精力和心血，但是教师如果用心投入去做相应的工作，一定有助于提升学生的作业兴趣、学业成绩，乃至会对师生关系等产生正向效应。

**1. 教师要注重对作业进行必要的客观统计分析**

对作业的统计与分析是教师通过作业诊断学生学习情况和教学效果的重要途径之一。作业讲评是教师根据学生作业情况进行跟进的补救措施之一。在实践中，教师在作业统计和分析环节花费时间最短，即使有少部分教师进行作业统计分析，也基本是以主观经验判断居多，客观统计较少，原因分析的证据意识和反思改进意识明显不足。调查发现，教师在统计错误率、思考学生作业错误产生的原因、根据学生作业完成情况调整内容与方法、编写或选择与错题相似的作业题等方面的工作情况也不是很理想。因此，教师首先要在观念上开始注重必要的统计分析，尤其是对一些涉及重点难点内容的作业结果、开放性作业结果的统计分析。

**2. 养成记录学生作业中常见错误及其原因的习惯**

如前所述，教师批改的价值并不仅仅是打对错，而是发现学生存在错误的内容及其原因。因此，建议教师要养成在日常作业批改中及时记

录的习惯，记录下学生常见的错误与原因。教师可以设计记录档案，对学生进行个性化分析。（见表5-18）

表5-18 学生作业/测试中错误内容及原因记录

| 学生姓名 | ××单元作业/测试中错误内容及原因 | ××单元作业/测试中错误内容及原因 | ××单元作业/测试中错误内容及原因 | …… |
|---|---|---|---|---|
| 学生1 | | | | |
| 学生2 | | | | |
| 学生3 | | | | |
| 学生4 | | | | |
| 学生5 | | | | |
| …… | | | | |
| 教学、讲评、辅导等改进思考 | | | | |

教师在进行记录的时候，从便于操作的角度，建议做好以下几点。

（1）建议为学生建立电子档案。

（2）每一次可以着重记录3—5个学生的情况，下一次再换3—5个学生进行记录，日积月累，逐步掌握每个学生的主要问题和不足。或者每次记录每个学生最典型的问题。

（3）建议侧重于记录内容、学习方法、学习习惯等方面存在的问题。

因为目前教师在对作业错误的统计分析和处理方法上还有所欠缺，所以也就不难理解为什么教师的作业设计与实施能力没有随着教龄的增加而进步。如果教师能够养成经常记录和分析学生日常作业、试卷中常见的问题及其原因的习惯，至少可以有以下几方面的好处。

一是可以不断增强日常教学、作业和评价的有效性。教师一旦对自己所任教班级学生所存在的问题进行了整体记录，就可以经常对其进行分析研究，同时在设计教学、作业、考试评价的时候，能针对学生存在的主要问题，设计有针对性的教学内容、作业和命题，这样就会大大提高教学、作业和评价的有效性。

二是可以增强个别化辅导的针对性，实现真正意义上的因材施教。事实上对于不同学生同样的分数所反映出来的问题不是完全一样的。同样一道计算题错误，有的学生是忘记进位，有的学生是抄错数字，这两种错误原因是完全不同的。所以，教师在日常个别化辅导的过程中，可以通过所掌握的学生一段时间表现出来的主要问题，进行有针对性的指导，而不是简单讲几道错题，或者简单训斥几句学习态度不好，或者简单凭借分数去推测孩子可能是什么问题。

三是可以促进良好的师生关系的形成，提高学生的学习效果。多项研究表明，良好的师生关系可以提升学习效果。良好师生关系建立的前提是基于师生间一种相互信任的关系。学生如何才能信任教师，感受到教师的关心？只有当学生感受到教师对自己的优点、弱点了然于胸的时候，才会感受到教师对自己是关注的，是足够了解的，教师是相当厉害的。当学生对教师产生了敬佩、信任之情和感受到了教师关爱的时候，师生关系自然就会变得越来越好，这自然会促进学生学习兴趣的产生、学习习惯的养成和学习效果的提升。

四是可以提高教师的专业化素养，促使教师不断增强对学科学习和学生的理解。教师的专业成长，不仅仅表现在学科的知识体系层面，更应表现在如何理解学生在学科学习中的表现和存在的问题上，并能够采取有效的解决策略。当一位教师不断积累不同学生在学科学习中存在的常见问题与解决策略时，这个教师就拥有了真正的学生视角，拥有了如何通过学生思维去更好地设计教学、作业和命题的能力，也才有可能成为一位真正的学科教学专家，而不仅仅是一个学科内容的传授者！

例如，当一个教师不断分析不同学生在代数运算中的常见错误时，他可能会归纳出学生常见的如下错误及其原因，在教学和作业设计时他就会有意识地解决学生的这些问题。

**【案例】初中低年级学生代数运算常见错误类型**

> **【错误类型1】** 不能理解数学符号的代数含义
>
> 例如，$2\frac{1}{3} \times \frac{3}{4}$，学生容易把 $2\frac{1}{3}$ 理解为 2 乘 $\frac{1}{3}$，而不是 2 加上 $\frac{1}{3}$。

> 【错误类型2】 不能很好运用代数运算规则
>
> 　　例如，$2x=1$，孩子刚接触时容易用整数结果去思考，认为 $x=2$；又如，对先乘除后加减的运算规则不熟练。
>
> 【错误类型3】 不能有效地将文字语言转换为符号语言
>
> 　　例如，小胡用3天时间看一本100页的书，第一天看了全书的 $\frac{1}{4}$，第二天看了全书的 $\frac{2}{5}$，第三天看了多少页？
>
> ……

中共中央、国务院印发的《深化新时代教育评价改革总体方案》中指出，要探索建立中小学教师教学述评制度，任课教师每学期须对每个学生进行学业述评，述评情况纳入教师考核内容。完善中小学教师绩效考核办法，绩效工资分配向班主任倾斜，向教学一线和教育教学效果突出的教师倾斜。

教师如何对每个学生进行学业述评？只有基于对学生日常学习表现、日常作业中存在的主要问题和改进建议的不断积累，这样的学业述评才是真正有意义的，而不是凭借"印象"与"主观"进行的。试想，如果教师在批改作业或试卷的时候，只是打对错，这在本质上不就是在做体力活吗？这样的批改学生也可以对照答案进行。而教师区别于学生自批的最大的价值就是发现错误的原因，反思自己的教学，改进后续的教学和作业设计，这是日常作业的主要价值之一，也是教师促进学生发展的主要手段，更是教师走向专业化的必由之路。教师要建立起"学生日常学习中存在问题是正常的，教学的本质是帮助学生不断解决问题的过程"的基本观念，因为学习的真正发生，应该是"从不会到会的过程"，而不是"从会到会"的过程。学生在日常作业中表现出来的问题是最真实的，而且需要教师在日常教学中及时给予反馈。

## 九、本章小结

美国学者瓦特洛特在《反思作业》(*Rethinking Homework*) 这本专著中认为，作业设计应将短期的学术目的和长期的发展目标相结合。她在批判传统作业范式的基础上,提出要建立新型的作业范式,即作业要聚焦于全体学生的学术进步。她将作业分为四种基本目的:预习、检查理解情况、实践及过程。她认为美国以"检查理解情况"为目标的作业是一直被忽视的。作业的应用目的主要体现在那些要综合运用各种概念、知识和能力的作业上,应用类作业往往都是比较长周期的项目,比如对一个单元的主要概念进行总结,创作一首诗歌,或者应用数学知识设计一个高尔夫球场等。瓦特洛特(Vatterott,2009)[99-105]认为,作业设计主要需要思考四个方面,即学术目的(academic purpose)、能力(competence)、归属感(ownership)和美感(aesthetics)。

课程视域作业观更加强调从课程育人的整体功能出发,强调全方位地发展学生,与课堂教学有机协调,以便达成课程的整体目标;更加强调作业功能的多样性,不仅仅是对课堂教学知识与技能的巩固,而且要对课内无法开展的调查、无法解决的问题等在课外进行实践探索,这就决定了作业的内容和形式要更加丰富多样,与教学的功能具有互补性;还强调作业内容与要求要基于目标的系统性和结构性,不仅强调一组作业的内向结构,还关注学科一学期乃至一个学段、学年作业的纵向结构,以及同一年级不同学科之间作业的横向结构;更为重要的是,课程视域作业观强调通过学生作业结果反思和调整课程目标,改进教学。

因此确切地说,课程视域作业观更加强调整体地思考作业的目标、内容、形式、难度、时间等整体结构性问题,并且强调要根据实际情况进行自主设计、灵活调整和适当的个性化,强调教师具有在自己的专业权力范围内做出正确决定的能力,强调通过作业结果来反思和完善目标和内容,从而让作业设计和实施更加有助于促进学生的个性化学习与发展。课程视域作业观不仅有助于解决作业设计根基不牢的问题,也符合课程教学的发展趋势,不仅仅是价值取向和具体要求的不同,更加体现了研究范式的差异。

在课程视域作业观的指导下,本章从作业目标、作业内容、作业时间、作业难度、作业类型、作业差异性、作业结构、作业批改分析与改进等方面,分别提出了具体的操作策略与建议。总之,课程视域下的作业设计与实施,需要基于课程目标整体设计单元作业目标,作业内容与作业目标要保持一致性,作业时间要合理,作业难度要适切,作业类型要多样,作业要体现纵横结构性,关注个性学习的差异性,并且需要依据作业结果反思和完善作业设计等。

课程视域下作业设计的基本策略不仅反映了作业设计各环节的基本流程,而且反映了作业设计各个策略方法之间是紧密相关的。课程视域下作业设计的基本策略与方法不是相互孤立的,也不是简单的线性关系,而是一个自我循环的系统,作业各关键要素具有内在自洽性。(见图5-8)

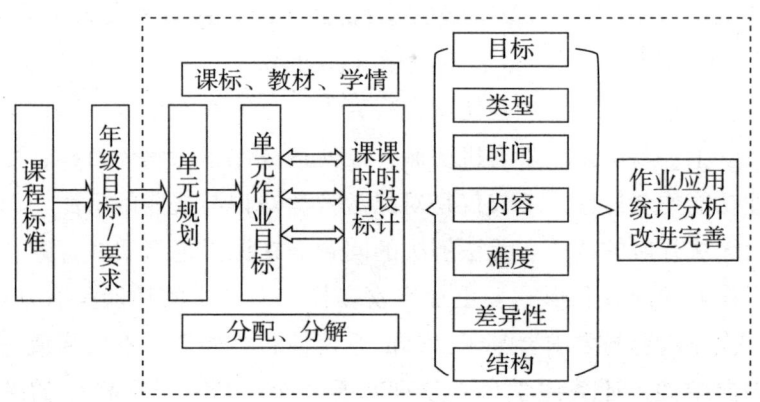

图 5-8　课程视域下单元作业设计与实施流程图

那么如何让课程视域下的作业设计策略与方法更易理解、更易操作,并且逐步转化为教师作业设计的专业自觉呢?这就需要进一步将课程视域下的作业设计策略与方法可视化。相关内容会在第六章有详细论述。

# 第六章　课程视域下单元作业设计策略的可视化

> 你要知道科学方法的实质，不要听一个科学家对你说些什么，而要仔细看他在做什么。
>
> ——爱因斯坦

作业作为一种学习活动，应该是有目的的理性行为。如果说做作业是学生的责任，那么设计高质量的作业则是教师的义务与责任。作业设计的质量直接关系到作业效果。面对作业问题，我们常常思考的是：怎样让学生认真做作业？而我们很少去思考：为什么学生不愿意做作业？前者的思维是将作业的问题归因在学生身上，而后者思考的出发点是将问题归因于作业本身。同样，在作业设计质量上，我们常常思考的是：为什么教师总是设计不出我们认为的高质量作业？而我们很少去思考：是不是我们指导教师设计作业的方法本身出了问题？前者将问题归因于教师本身，后者将解决问题的出发点聚焦于作业设计方法本身的可理解性、可操作性和可复制性上。显然，对于作业问题的解决和作业设计质量的提高，我们更加应该聚焦作业本身，聚焦作业设计方法的有效性本身！

## 一、作业设计策略可视化的必要性

教师究竟是作业的设计者和实施者，还是仅仅是作业的实施者？调研发现，优秀的教师往往会根据本班学生的情况自主设计作业或者改编作业，而不是全盘照搬教辅资料上的各种习题。

作业设计的质量关键要依靠教师来达成，因此教师的作业设计能力至关重要，而作业设计能力又是现在中小学教师普遍欠缺的。绝大部分教师认为作业来源主要是教辅材料，自己的任务主要是"批改作业"。事实上，即使是同一学校同一年级的不同学生在经过同样内容的教学后，学生掌握的情况也会不尽相同，这就决定了教师需要有针对本班学生特点自主设计和改编作业的能力，而不是仅仅简单使用"大一统"的作业。只有这样，教师才能更好地分析和诊断教学情况，提高教学质量，开展因材施教，并最终促进学生发展。那么教师在设计作业时，需要具备哪些关键能力才有可能提高作业设计质量呢？

教师在设计作业时需要综合思考各个相关要素，包括作业目标、时间、类型、难度等。对教师设计作业时各相关要素与作业设计质量进行回归分析，可以发现回归系数均小于 0.1，这说明教师作业设计能力各相关要素并不单独对作业设计质量产生明显影响，而是通过各相关要素的协同作用对作业设计质量产生明显影响。也就是说，教师在发展作业设计能力时，需要系统地从作业功能定位、作业目标、作业科学性、作业难度、作业时间、作业差异等角度全方位思考作业设计。这一研究结论完全符合课程视域的作业设计观，即教师要像学科课程专家一样系统地思考作业的各个相关要素，而不是认为只关注某一个方面就能提高作业设计的质量。

当然，教师也可以根据不同学习目标，特别关注某些关键的影响因素。比如，教师如果为了提高学生对作业的兴趣，则需要在系统思考的基础上，特别关注作业目标、作业选择性、类型多样性、可理解性等关键因素；如果教师更加关注减轻作业负担的目的，则需要在系统思考的基础上，特别关注作业量、作业难度等方面；如果教师为了既提高学生学业成绩，又激发学生兴趣，还减轻学生负担，则需要全面深入地思考作业各个要素的整体性和结构性。

教师的作业观念和教师作业设计的专业能力对于作业设计质量有明显影响。相对而言，后者对作业设计质量的正向影响作用要高于前者。可见，提高作业设计质量，首先需要提高教师作业设计的专业能力。而提高教师的作业设计能力，不仅需要提升教师的作业观念，更需要采用有效的操作路径来培训教师，否则很难对教学设计产生实质性的影响。而对于教师作业设计的专业能力发展来说，备课组的研讨和教师对作业的自我反思是最为有效的。

是不是拥有了课程视域下作业设计的基本理念、基本策略与方法，教师就能自然提高作业设计与实施的质量？显然我们无法很自信地对这个问题做出肯定回答。事实上，我们还需要继续回答很多非常实际和细致的问题，比如设计出课程视域下的作业应该遵循怎样的基本路径？可以通过什么工具或者载体，帮助教师有效地进行过程性思考？如何解决不同学校和学生之间的差异？如何保证方法、途径科学有效且贴近教师作业设计的现实，并且让教师可理解、可操作？……

要将课程视域下的作业思想转化为实践，就需要有将相关的理念、策略可视化①的过程。基于课程视域作业观，研究形成作业设计策略可视化的要求，不仅解决了作业设计中"为什么""是什么"的问题，更加注重"怎么做""怎样做得更好"等问题。作业设计策略的可视化的研究与实践也是教师在作业设计中的现实诉求与迫切需要。只有这样，才能将理想真正转化为现实，才能将策略真正转化为教师设计作业的真实行为。

作业设计策略的可视化虽然拥有"技术"程序规则、"工匠"之嫌，但却有助于作业设计理念、策略方法的"真正落地"，而不是"坐而论道"。只有教师在理解的基础上，科学规范地实施行动，才有可能继续创新与完善。课程视域下的作业设计，需要经历"理论观念—基本特征—基本策略—策略可视化"的逐步"落地"过程。提高教师作业设计能力的方法路径，可以基于课程视域作业观，通过作业设计策略可视化的路径方法来实现。

## 二、作业设计策略可视化的内涵意义

上海市教委教研室原主任、特级教师、正高级教师徐淀芳曾说："一条好的作业的标准是什么？怎么做出来的？如何设计一种途径，证明教师在设计作业的时候思考过这些要求、过程？用什么方式来证明？这就是'可视化技术路径'。可视化不是一种流程，而是让教师用一种有效的形式，例如用一种工具、要求，来促进教师想并且做。"② 作业设计策略可视化最主要的价值就是让学科作业设计的方法与经验变隐性为显性；让作业设计的方法与经验由终极的结果变为设计过程的重现；让作业设计的方法与经验不再是只可意会不可言传的大道理，而是实际可

---

① 说明：本书提出的作业设计策略方法的可视化，借鉴了上海市教委教研室原主任徐淀芳在"提升中小学作业设计与实施品质"项目中提出的"作业设计可视化技术路径"的思想。该项目领导为徐淀芳，主持人为王月芬。本书不强调技术路径，只强调可视化，侧重关注如何通过适当的途径让策略和方法对于教师是可理解和可操作的。本书部分观点融合了该项目中的研究与实践成果，但本书中的作业设计策略方法可视化，着重基于课程视域对作业设计观进行了修改、完善与补充。

② 引自徐淀芳 2011 年 12 月在"提升上海市中小学作业设计与实施品质项目研讨会"上的发言记录（上海市教委教研室内部资料）。

操作和可复制传播的方法；让作业设计的质量不再是模模糊糊一大片，而是变成具体可操作的要求与整体理念的完美结合。

(一) 可视化的内涵与特征

可视化的概念主要来自计算机科学中的"可视化技术"。可视化技术是利用计算机图形学和图像处理技术，将数据转换成图形或图像后在屏幕上显示出来，并进行交互处理的理论、方法和技术。根据计算机科学中对"可视化技术"的解释，作业设计策略的可视化主要是指将内部思维过程外显为可理解、可操作的思想、观点、流程、问题链、方法、工具等。

可视化并不仅仅是指单纯的技术操作。为了让经验、研究结论更加方便教师的理解和操作，作业设计策略的可视化可以从宏观、中观和微观的发展层次来理解，主要包括以下几种相互关联的表现方式：一是基本理念、原则、观点等；二是科学规范的程序或流程；三是展示思维过程的基本工具；四是通过关键问题链提示设计过程；五是对于具体细节问题的解决方法、属性表等。从这个角度来看，课程视域下作业设计策略的可视化包括宏观、中观和微观几个相互关联的发展层次。

**第一种层次**：宏观层面的可视化，主要侧重于价值观、理念、观点和思想等。例如，作业设计需要遵循的基本理念，需要关注的若干基本原则、观念等。这些理念与原则包括关注学生的差异，作业的趣味性、差异性、结构性，符合学生身心特点等。

**第二种层次**：中观层面的可视化，侧重于作业设计的流程、方法、工具和过程中的关键问题链等，可以是单元作业设计的一般流程，可以是单个作业设计思考的路径，可以是作业类型和作业时间等方面的统计工具，也可以是引导教师思考作业设计过程中的一串问题链等。中观层面的可视化，有助于保障作业设计的基本思路和程序，解决作业设计的一般问题，保证作业设计的基本质量。

**第三种层次**：微观层面的可视化，侧重于对具有学科特征、年段特征、作业某个具体问题细节化的指导等。例如，如何确定某个具体学科单元作业目标、课时目标；如何确定作业的难度；如何设计和判断作业的完成时间等；如何针对某个学生的需要，设计合理的作业难度、作业内容、作业时间等。微观层面的可视化是针对现实中可能遇到的各种具体、细节性问题的分析与解决，具有非常实际的指导价值，但是前提是要保证基本理念、基本程序和方法的正确。

　　从上述三个层次的可视化路径来看，宏观层面着重解决理念和方向问题，对于实践操作缺乏具体的指导性；中观层面将理念和原则具体化为可操作的流程，保障基本的规范和质量；而微观层面则是针对一些具有学科特征、年段特征、细节化的具体问题的灵活性解决策略，有助于作业的精细化、科学化和高效化，满足不同学科、学段的高质量、个性化需求。可视化路径的微观层面不仅需要宏观层面理念和方向的指导，也必须在中观层面方法正确的前提下，保证细节的科学。这三者缺一不可，相互补充。只有这三方面完美结合，才能保证作业设计的质量。

　　因此，作业设计策略的可视化并不是一个独立的程序、工具或者方法，而是从宏观理念到中观方法再到微观操作的系统化思考。（见图6-1）

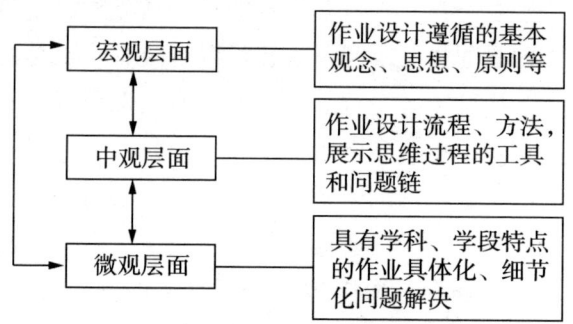

图 6-1　作业设计策略可视化整体结构示意图

　　作业设计策略的可视化，应该在课程视域观指导下进行。结合课程视域下作业设计的基本特征与要求，作业设计策略可视化着重强调以下几个基本特征。

　　●**系统性**：作业设计策略的可视化强调在课程视域作业设计理论的指导下，从理念到程序再到具体细节问题解决的完整系统思考，而不是仅仅强调改进作业的某一个层面。

　　●**可操作性**：强调每个层面的内容和方法，让教师在作业设计的实践过程中可理解、可操作、可应用。

●**可理解性**：作业设计策略的可视化强调站在学生的角度，帮助教师针对目前作业设计中存在的问题，通过一系列的操作方式，指引教师作业设计的过程与方法。强调可视化路径的简洁，便于教师理解，避免过于深奥。

●**工具辅助性**：通过给予教师一些在课程视域作业设计观指导下的流程图、作业属性表、分析统计表等工具，引导和规范教师的思维路径，逐步促进教师将课程视域下的作业设计思想落实到作业设计的行为中。

●**自我反思完善**：作业设计策略的可视化强调通过提供一套方法、工具和问题链，让教师回顾作业设计的过程以及对每一个环节进行思考，从而能够从这个过程中发现问题所在，避免空泛、无针对性的作业设计与实施改进。

●**强调案例指导**：在作业设计策略可视化的过程中，不仅可以从正面阐述科学的做法，还可以通过客观展示一项作业具体形成过程的案例，剖析错误的做法，以及如何解决其中的一些困难问题等，来对作业设计的途径与方法进行阐释。因为对于教师而言，成功的案例示范和引导有助于教师领悟并把握背后的作业设计思想与方法，这些真实的案例才是更加逼近真实情境的具有可操作性的研究，也更加容易让教师理解、借鉴，进而指导实际操作。

## (二) 可视化与教师专业发展

作业设计策略的可视化是课程视域研究范式的一种操作化表现。作业设计策略可视化，虽然是借鉴计算机科学提出的一个新概念，实际上背后表达的意思是如何在课程视域观的指导下，让作业设计的思想、理念、方法更好地转化为教师作业设计的能力和实践行为，能够更加有效地指导作业设计。课程视域作业设计思想指导下的作业设计策略可视化的价值至少有三点。

### 1. 让课程视域的作业设计理念、方法与行为完美统一

在已有的作业研究与实践中，主要侧重于宏观层面的思考，或者在某个学科某个微观层面上进行思考，往往缺乏中观层面的衔接性的研究与思考，并且缺乏三者之间整体性的思考。所以在已有的作业设计研究

与实践中,往往出现四种作业设计的困境:一是仅有宏观层面的理念,教师无法理解,不能将其转化为具体的行为;二是仅有学科某个单元或某学期作业结果的呈现,缺乏中观层面具体程序、方法和思考等方面的过程性思考,教师无法复制方法与经验,难以将其迁移到自己的作业设计中;三是缺乏宏观理念、中观方法和微观操作的整体性协调与统一,知行不统一,导致作业设计理念曲高和寡,而实际的作业"涛声依旧";四是只有正面成功的案例阐述,缺乏让教师产生共鸣的失败案例,让教师感觉到缺乏"真实感"与"现场感",难以实现从理念到方法再到实际操作的完美统一。

作业设计策略的可视化,强调从理念、方法、程序到具体问题解决的系统思考,并且通过设计一系列问题链、工具表等来保障,强调教师在作业设计过程中不断使用这些可视化工具对作业进行设计、分析、反思和调整,这对于作业设计质量具有保障意义。

### 2. 让专家的经验更加可理解、可操作,更加具有可推广性

可视化表达的并不仅仅是字面的含义,即能够用眼睛看得见,而是更加强调可理解性、可操作性,是能够让教师真正"看到就能做的"意思。因此,作业可视化技术不是指作业设计方法途径的某一方面,而是特指系统思考作业设计的思路与途径,强调便于教师真正理解和易于操作的方法。

作业设计策略的可视化,对于不同的教师可能价值不同。对于新手教师而言,专业能力尚属"提升期",他们在作业的设计与实施上经验不足,而且缺乏有效的指导,所以作业设计容易"跟着感觉走"。作业设计策略的可视化有助于新手教师尽快科学、规范、有效地保证作业设计的基本质量;对于成熟教师来说,专业能力已属于相对"稳定期",他们在使用该路径的时候,会对其原有的经验产生一定的冲击,但也可能会将其模糊的认识重新唤起,因此可视化技术对于部分成熟教师来说,可以结合他们已有的经验进行创造性的改进。

### 3. 让教师像学科课程专家一样不断思考和完善作业设计

课程视域下的作业设计的一个重要特点是,教师需要系统思考作业

设计的各要素，系统思考作业、教学和课程的关系。作业设计策略的可视化路径通过从理念到工具再到细节问题的系统思考，引导教师将作业设计逐步进行整体性、系统化的思考，从而保证作业实施的效果。

课程视域作业观强调教师在学科课程的整体视角下，系统思考学段课程的定位与要求，而不是孤立、零散地去布置每一天的作业。作业需要发挥整体优势，与教学协同发挥对学生成长的价值。因此，作业设计可视化技术路径让教师在日常的作业布置中，能够将偶尔的行为逐步形成专业自觉行为。

总之，课程视域下的作业设计可视化技术，是让教师通过运用一系列的分析、反思工具，清晰地展现作业设计背后的思考，有助于他人能够清楚地知道为什么这么设计、怎么设计、设计得如何等问题，从而真正促进自身作业设计的能力发展，最终提升作业设计质量，提高作业实施效果，提升教师自身的作业设计与实施能力，从而最终促进学生成长。

## 三、作业设计策略可视化的基本思路

作业设计策略的可视化是为了让作业设计的理念与经验更加方便教师的理解和操作，提升教师作业设计的能力，切实保障作业设计的基本质量。作业设计策略的可视化包括对作业设计的基本思想理念，作业设计的流程或程序、工具和问题链以及具体细节问题的解决方法等的系统化思考与实践。

### （一）不同层级作业设计的基本要素

作业设计策略的可视化的研制，可以采用两种主要的形成模式：

第一种基本模式是"教师经验总结—专家提炼—实践检验—完善形成"；

第二种基本模式是"理论建构—基于理论演绎设计—实践检验—完善形成"。

实际上，两种形成模式的主要差异在研制形成作业设计可视化路径方法的开始阶段，一种采用自下而上总结的方式，一种采用自上而下理论演绎的方式。无论采用哪一种形成方式，优秀教师作业设计的经验、学科专家的把控和实践检验都是必不可少的。

  课程视域下的作业设计策略的可视化路径与方法，主要通过以下基本途径形成：首先，基于课程视域作业设计观，明确作业设计应该思考的基本要素和要求，形成有关作业设计可视化技术路径的基本框架要求；其次，由小学语文、小学数学、小学英语、初中语文、初中数学、初中英语等学科，结合各自学科的特点形成；再次，经过学科一年多的实践检验，逐步修改完善各学科作业设计的可视化技术路径，让学科在保持一定共性的基础上，根据学科特点形成一定的个性。

  那么，作业设计策略的可视化，首先需要思考各种类型作业的设计关键因素。从学段作业到单个作业，关键因素各不相同。比如单元作业在目标性、结构性、多样性等方面优势更加明显；而课时作业尤其是临时作业，可能在针对性上相对较好。因此，学段作业、学年作业、学期作业、单元作业、课时作业、课内临时生成的作业，实际上是一个互为补充的整体，缺一不可，密不可分。这与课程视域下作业设计的观念是一致的，即教师要在系统设置好学年、学期或者单元作业的基础上，根据本班级学生课堂学习的情况，临时补充、删减、调整部分作业，以满足不同学生的差异化需求。这也体现了作业设计的预设性与生成性，要使这两者完美结合，需要的就是教师专业的作业设计能力。

  从教师真实的教学实践来看，单个作业、课时作业和单元作业是密不可分、上下联动的。学科以单元为作业设计单位，符合日常作业设计和实施的真实情况，更加便于教师实际操作。

  在实际进行单元作业设计时，不仅可以从时间维度进行思考，还可以从内容维度来划分作业。比如语文、英语等学科，可以从写作类作业、阅读理解类作业、听说类作业、背诵抄写类作业等角度，进行专题性的作业设计思考，考虑专题纵向和横向的关系。专题性的作业设计思路要求教师在具体设计的时候，思考各个阶段的具体要求，从本质上来说，这与时间维度的作业划分是一致的。事实上，教师实际布置作业的时候，对时间和内容是整合在一起进行思考的，例如单元作业中会存在阅读、写作等各种形式的作业。因此，单元作业设计的研究是单个作业、课时作业和单元作业设计的基础，研究清楚单元作业设计的思路与方法，有助于实现方法的迁移。

## (二) 作业设计策略可视化的要求

可视化并不是指单纯的技术操作。可视化需要系统思考宏观、中观和微观几个相互关联的发展层次。而如何体现这三者的完美结合？作业设计策略的可视化，需要基于课程视域下作业观的基本观念、基本功能认识，结合学科和作业目的。作业设计策略的可视化着重从作业设计前要有科学的功能定位和规划，作业设计中要有对关键因素的系统思考，作业设计后要进行反思调节三个方面来进行，即通过作业设计前的"设计流程图"、作业设计中的"属性分析表"和作业设计后的"反思评价表"来共同保证作业设计的质量。

### 1. 作业设计前的"设计流程图"

课程视域下的作业设计观，具有系统设计的特点，强调作业设计的目标导向、价值理念和规范科学等问题。教师在进行作业设计前，需要对作业的目标、内容、形式、难度、时间等进行整体规划。作业设计更加需要建立学科课程标准、教学和学生之间的关联，作业不是孤立的存在。

因此，作业设计前的"设计流程图"，首先需要强调在对作业功能正确认识的基础上，对作业设计的整个流程和注意点有一个清晰的认识，并且系统思考作业目标、内容等因素。作业设计前的"设计流程图"，重点关注的是作业设计的整体性、系统性和自我完善性。

### 2. 作业设计中的"属性分析表"

作业设计过程中需要展示作业设计的思维过程，对作业各个关键要素的属性有清晰的判断。作业设计中需要思考哪些关键因素？这些关键因素应该基于怎样的标准进行设计和思考，并进行属性准确判断？……作业设计中这一系列的思维过程需要借助一定的工具，帮助教师清晰思考作业设计流程中的关键问题。这些思维过程也有助于教师在反思和调节的时候进行回忆，准确判断。

### 3. 作业设计后的"反思评价表"

作业设计后的"反思评价表"主要通过一些分析、判断和统计，着重从科学性、结构性、分层性和多样性等角度引导教师进行整体思考，弥补作业设计前和设计中思考的不足。作业设计后的"反思评价表"，主要针对课时作业、单元作业的整体结构引导教师进行综合分析与反思。当然，对于一些具有综合要求的作业，教师也可以根据学生在作业结果中的具体表现，形成反思分析内容，以便于不断提高作业质量。

作业设计前的"设计流程图"、作业设计中的"属性分析表"和作业设计后的"反思评价表"（简称"一图两表"），是作业设计可视化技术路径的核心与关键，三者缺一不可，共同发挥作用，保障作业设计的质量。这也是课程视域下作业设计策略可视化路径方法的研制核心。

## 四、课程视域下单元作业设计策略可视化工具

作业设计包括不同类型的作业，第一种是从时间维度来划分，比如单元作业、课时作业等；第二种是从主题内容维度来划分，比如语文的阅读专题作业、写作专题作业等。不同类型作业设计的可视化技术路径思路并不完全相同，其差异主要体现在思考的问题、解决的方法及过程方面。

单个作业是组成课时作业、单元作业的基本单元，单个作业着重关注整体作业目标的达成、作业的内容和科学性等问题，而单元作业则更需要关注作业目标的适切性、类型的多样性、结构性等问题；单个作业在设计中不一定需要"反思评价表"，而课时作业和单元作业则需要借助"反思评价表"来进行分析。单元作业设计相较于课时作业是更为复杂的，教师学会了设计单元作业，自然就能够形成相应的课时作业和单个作业。因此，后续着重介绍单元作业设计中需要教师思考的作业设计前的"设计流程图"、作业设计中的"属性分析表"和作业设计后的"反思评价表"。教师可以将单元作业的设计方法迁移到课时作业设计、专题类作业的设计中。因为从本质上来说，这些思路与方法基本相似，只是相关的思考内容需要做进一步调整。

## (一) 作业设计前的"设计流程图"

由于当前教师在作业设计的过程中显示了较多的随意性，针对目前作业设计中普遍缺乏目标性、系统性等问题，单元作业设计应该成为教师整体设计作业的基本要求。在作业设计流程图中，每一个环节思考的问题都应该基于课程视域作业观进行思考。（见图6-2）

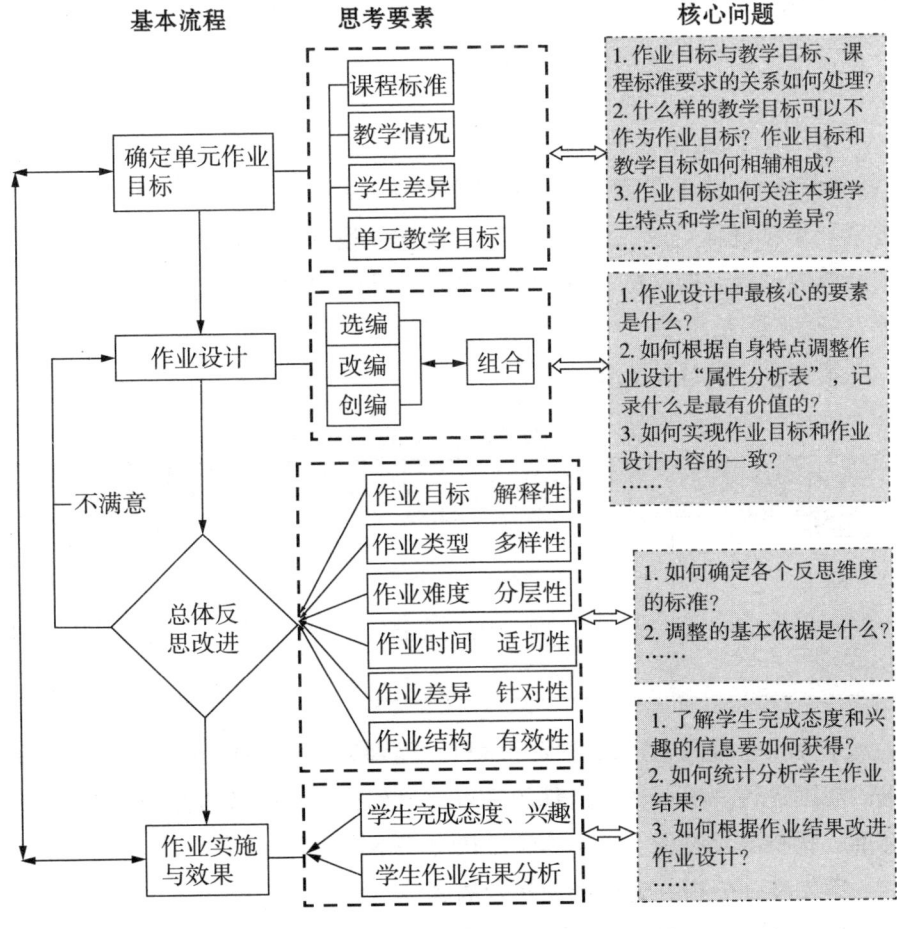

图6-2 单元作业"设计流程图"建议①

---

① 本流程图参考了上海市教委教研室重大科研项目"提升中小学作业设计与实施品质"中小学数学学科项目组在2013年研制的小学数学单元作业设计流程图的部分内容。本书对该项目组单元设计的流程图有改动和补充完善，并基于课程视域下的作业设计观，特别增加了每个环节需要思考的核心问题等。

最为关键的是，在每一个流程和环节中，教师都要基于课程视域作业设计的要求、学科特点等，细致思考微观层面作业问题的解决方法。比如在作业目标环节，教师需要不断思考"作业目标与课程标准、教学目标之间的关系""作业目标与学生特点的关系是否考虑了学生差异"等。再比如，作业难度如何判断？怎样的作业难度才是适合学生的？怎样的作业类型有助于激发学生的兴趣？等等。这些具体的要求可以参考前面几章的相关内容。

### （二）作业设计中的"属性分析表"

单元作业设计中的"属性分析表"，着重反映作业的目标针对性（即解释性）、作业类型、作业难度和作业时间等关键属性。对作业设计进行"思维过程记录"，实际上也是对作业设计中关键因素的属性判断和分析的过程。这样的"属性分析表"需要在明确单元作业目标的前提下完成。（见表6-1）

**第一步，设计单元作业目标。**

表6-1　单元作业目标设计表示例

| | 作业编码 | 目标内容 | 学业质量水平 | 对应核心素养 |
|---|---|---|---|---|
| 单元作业目标 | | | | |
| | | | | |
| | | | | |

单元作业编码，建议根据"学科+学段+年级+学期+单元+序号"的编码规则进行。根据作业流程的要求，单元作业目标需要根据学科课程标准、教材单元设计、学生的学习情况等整体确定。

**第二步，分析并记录每项作业的属性。**

分析并记录每项作业的属性，实际上就是在作业设计的过程中，需要思考每项作业要反映的基本特点与要求。这种分析和记录可以在作业设计的过程中进行，形成作业设计过程中的"属性分析表"，也可以在作业设计完成后分析记录。

作业设计过程中的"属性分析表"能够帮助教师梳理思路过程，引导教师关注作业设计中的一些关键因素，并有意识地做出一些价值判断。比如，在作业设计过程中，教师需要及时记录每一项作业对应的作业目标代码，这样就有助于避免无目标的作业设计；需要在设计每一项作业的时候预估作业的难度，进而避免作业过难或者过易；在设计作业的过程中还应该关注作业的时间，避免产生作业时间过长等问题……。从这个角度来说，作业设计过程的"属性分析表"实际上是让教师将"无意识的随意作业设计"变成"有目的的科学作业设计"的重要脚手架。作业设计的"属性记录表"设计建议如表6-2所示。

表6-2 作业设计中的"属性分析表"示例[①]

| 作业序号 | 作业目标编码 | 作业内容 | 作业难度 | 作业差异 | 作业水平 | 科学性 | 作业类型 | 预估作业时间（分） | 情境性 | 作业来源 | …… |
|---|---|---|---|---|---|---|---|---|---|---|---|
| 1 | | | | | | | | | | | |
| 2 | | | | | | | | | | | |
| 3 | | | | | | | | | | | |
| …… | | | | | | | | | | | |

说明：(1) 作业目标可以填写编码。(2) 根据不同学段、学科自身特点，教师可以选择、增加或者完善表格中的指标。如作业类型可以变成学段、学科特点类的作业类型，比如中学阶段可以变成复习、预习、订正、练习卷等；小学语文可以变成阅读、背诵、写字、作文等。(3) 在汇总信息时，要在作业属性分析的基础上适当调整比例。(4) 各个属性的理解、具体分类、要求等详见本书第五章的相关内容。

## （三）作业设计后的"反思评价表"

单元作业设计中的"属性分析表"，有助于最终整体情况的汇总分

---

[①] 说明：本"属性分析表"借鉴了上海市教委教研室重大科研项目"提升中小学作业设计与实施品质"中的部分研究成果，并且与2013年上海市义务教育阶段作业设计与实施现状调研中的作业"文本分析表"存在一定的相似性。从某种角度而言，作业设计的"属性分析表"和作业"文本分析表"本质上是一致的，本书根据最新课改要求做了适当的调整和修改，比如增加了情境性，使之更加具有普适性。

析。这些分析汇总有助于最终对整个单元作业设计的目标达成度、结构性、多样性、难度、作业时间的适切性做出基本的反思判断,并及时进行调整。

作业设计后的"反思评价表"与课程视域下作业设计关注"反思调节"的思想是一致的。这不仅反映了课程的本质,而且是促进作业设计水平不断提升的专业表现。比如,通过统计一个单元的作业的"属性分析表",就可以发现每个单元的作业目标有多少项作业与之相对应,就可以知道每种类型的作业比例、不同难度的作业比例、作业总时间等。基于这些汇总数据,就可以根据反思评价表的内容进行单元作业整体结构以及每项作业内容的修改完善。

作业反思评价内容应该与课程视域下的单元作业设计要求相呼应,建议从育人为本、目标一致、设计科学、类型多样、难度适宜、时间合适、体现选择、结构合理八个方面进行判断。(见图6-3)

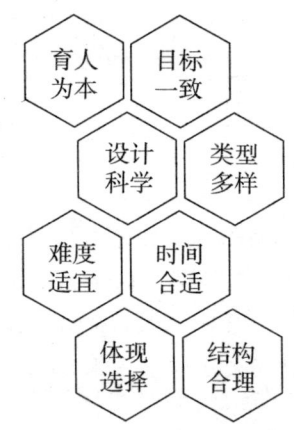

图6-3 单元作业反思评价标准

## 1. 育人为本

作业要落实立德树人根本任务,确保正确的价值观,体现德智体美劳全面发展的育人理念。作业不仅要巩固知识与技能,发展学生解决问题的能力,还要培养学生的责任心、坚持性,激发学生的学习自信,培养学生的学习兴趣等。同时,作业也要考虑对学生德育、审美、劳动能力等方面的价值。例如,有些作业的内容和选材,需要考虑家庭经济条件的差异给学生带来的攀比问题；有些作业需要考虑对学生价值观和人生理想的影响等。

**2. 目标一致**

作业单元目标要符合学科课程标准的规定，要兼顾知识、能力、态度等方面的目标。所有的单元作业目标都要有相应的作业内容来实现，体现作业设计内容与作业目标的一致性。

**3. 设计科学**

作业内容要科学，素材选择要关注思想性。作业要用语精练，要求明确，易于理解，答案正确。对于开放性、综合性的作业任务，答案要合理，并且体现不同的水平标准。

作业设计科学，还要和学生的认知特点相符合，这也是目前最为严重的作业问题之一。过度超越学生认知能力的作业，不仅会导致学生失去学习自信，还容易带来抄袭、作假等道德问题。

**4. 类型多样**

作业设计要体现多种类型，激发学生对作业的兴趣。除了常规书面作业外，还应该设计听说题、活动题、合作题、开放题、综合实践等类型的作业。在作业内容、题型、完成方式等方面体现新颖性，同时考虑可操作性。学校还应探索跨学科作业设计，以发展学生真实情况下的问题解决能力。当然，作业也不是越新颖综合越好，也要考虑学生的认知水平、可接受度和可操作性。

**5. 难度适宜**

作业设计要避免出现难度过高或过低两种极端情况。教师要依据学生实际，设计符合所任教班级学生实际情况的作业。对作业难度的判断要准确，不同难度的作业题题量分配要合理。超越学生认知能力、难度过高并且不可实施的作业设计会导致作业负面影响的产生。

### 6. 时间合适

作业时间过长会导致学生睡眠时间减少，继而会使学生第二天听课效率低下，从而导致第二天作业时间增长，如此恶性循环，会造成严重的负面影响。

因此，学生作业时间要保证在合适的范围内，确保学生的睡眠时间。学校应指导家长不要布置过多的额外作业。

### 7. 体现选择

假如说课堂教学更多体现统一性要求，那么作业更加应该体现差异性要求。单元作业设计过程中是否体现了对不同的学生有不同的作业要求？是否允许不同智能倾向的学生选择完成不同的作业？是否允许不同的学生用自己喜欢的方式完成同一项作业？是否给不同学业水平的学生搭建了不同的"脚手架"？这些都是确保作业差异性时要考虑的问题。

当然，作业的选择和差异性不仅体现在设计上，还表现在批改、反馈与辅导上，对于不同学业水平、性格特征的学生，教师在反馈辅导的方法上也要有所差异。比如，对于一些思维敏捷的学生可能稍加点拨即可；而对于一些反应比较慢的学生，则可能要先演示再让学生做一遍才可以。

### 8. 结构合理

结构决定功能。作业功能的发挥，往往是系统效应、累积效应的体现。因此，作业结构非常重要。作业结构反映了作业目标、内容、难度、类型、能力、时间等方面的整体分布情况。高质量的作业设计，需要考虑学期、单元、课时的作业纵向结构，还需要考虑不同年级的层次性、递进性，以及不同学科作业之间的衔接性和关联性。

当然，上述单元作业设计质量的八大标准都是具有一定难度的，不是一蹴而就的。各个学科、学段也有一定的差异，比如小学学段的难度结构比例可能就和高中学段的难度结构比例不同。这些都需要学校教研组不断研究、实践，持之以恒，不断完善。（见表6-3）

表 6-3　作业设计后的"反思评价表"示例

| 整体分析判断内容 | | 评价（1—10 分） |
|---|---|---|
| 育人为本 | 1. 作业目标是否综合考虑了课程标准、学生情况？ | |
| | 2. 作业目标与教学目标是否协同？ | |
| | 3. 作业目标是否反映了核心素养、学业质量标准？ | |
| | 4. 作业选材、情境创设是否体现了思想性、政治性、区域性，是否存在性别歧视等情况？ | |
| 目标一致 | 5. 作业内容是否与作业目标相一致？ | |
| | 6. 不同单元作业目标是否都有一定数量的作业来落实？ | |
| 设计科学 | 7. 作业的表述、答案是否准确、清晰、无错误？ | |
| 时间合适 | 8. 作业时间是否合适？ | |
| 难度适宜 | 9. 作业的难度是否符合学生实际的情况？比例是否合适？ | |
| 类型多样 | 10. 是否有合适比例的跨学科作业、实践类作业、合作类作业、开放性作业等？ | |
| | 11. 各种类型的作业量是否控制在相对合理的范围内？ | |
| 体现差异 | 12. 作业内容、难度、类型等是否能满足不同学生的需求？ | |
| | 13. 是否允许学生选择作业内容、作业完成方式等？ | |
| | 14. 是否能对不同的学生进行有针对性的讲评辅导？是否能根据学生差异改进后续作业设计？ | |
| 结构合理 | 15. 作业内向结构整体如何？ | |
| | 16. 作业是否体现了纵向结构？ | |
| | 17. 作业是否考虑了横向结构？ | |

对作业设计后的"反思评价表"，教师可以根据自己的经验进行判断，也可以请同一学科的教师帮助一起反思，还可以结合学生的作业结果进行反思完善。当然，反思评价的主要目的不是打分，主要是通过这些问题帮助教师不断改进、完善作业设计与实施本身。

此外，在各个学科的作业设计中，还存在一种主题式作业的设计，比如阅读类作业、写作类作业、物理实验类作业等。这种主题式作业设计与单元作业设计的不同点在于，更加具有"聚焦性""系统性"和"递进性"。因此，在单元作业设计策略可视化技术路径中的"一图两表"的具体内涵和要求需要进行相应的调整，但是绝大部分的思路是相通的。

在课程视域作业观的指导下，本书提供了具有一定普适性的作业设计策略的可视化路径方法。各个学段或者学科都可以根据自身的特点，对作业设计的基本流程、作业"属性分析表"、作业"反思评价表"进行内容上的删减、补充、调整与完善，以便更加适合本学科的特点。

## 五、本章小结

作业设计与实施质量体现了教师的专业水平，折射了教师对于学科课程、教学和评价整体把握的水平。越来越多的专家也意识到教师的作业设计能力、作业实施能力是教师专业发展的重要标志之一，作业设计和实施水平的高低甚至影响到课程改革的成败。

作业设计策略可视化，实际上是在课程视域作业观的指导下，通过设计一系列体现课程视域作业设计理念与要求的"思维工具"，促进教师在作业设计的过程中不断思考、记录和反思，这也是一个优秀的教师在作业设计过程中必须经过训练养成的基本习惯。教师刚开始运用的时候，可能会觉得非常陌生、麻烦并且速度缓慢，但是当教师达到一定的熟练程度以后，就会逐渐过渡到熟能生巧的境地，并且内化为一种正确的作业设计策略与方法，从而显著提高自身作业设计的水平和质量。当然，对作业的反思调整有时候不仅仅依靠对作业本身的分析，也可以根据学生的实际表现来进行。

课程视域下的作业设计策略可视化，不仅让教师通过运用一系列的分析、反思工具，清晰地展现了作业设计背后的思考，而且有助于他人清楚地知道为什么这么设计、怎么设计、设计得如何等问题；作业设计策略的可视化，不仅让大家看到了作业设计的结果，而且看到了作业设计的形成过程，从而真正提升自身作业设计的能力，最终提升作业设计的质量。

当然，当学科教师拥有了课程视域下的作业设计观，也能够熟练使用这些作业设计的可视化技术，是否就一定能够设计出高质量的作业？学科初步的研究结论显示，学科教师通过系统的训练，经过一段时间的作业设计训练，有助于逐步从无意识的经验行为，走向有意识的专业行为；能够使片断零散的每日作业，形成具有系统性与结构性的单元作业；作业设计的解释性、科学性和结构性会明显提高。但是，学科教师的实践结果也日益证明另一个重要的结论，即学科作业设计的质量不仅仅取决于教师对作业设计的认识与实践能力，还取决于教师对学科课程本体性知识与要求的把握程度。

我们有充分的理由相信，当学科教师在具有成熟的学科本体性知识的基础上，如果拥有课程视域下的作业设计观，那么在坚持使用可视化技术路径的过程中，会逐步实现熟能生巧，会逐步内化为一种作业设计的个人智慧。只有高质量的作业设计，才有可能为提升作业实施效果奠定良好的基础；也只有真正提升了作业实施的效果，才能最终促进学生的健康成长！

# 第七章　作业研究总结与展望

　　如果说教学从某种角度上着重体现了教师"教"的科学与艺术，那么作业则充分体现了学生"学"的需求。

——题记

作业是一个牵涉多种因素的专业活动。作业设计与实施质量直接影响学生的作业效果。但是作业研究从来都不是一个单纯的活动，作业研究和实践受到社会文化、政治等多个方面的影响，有关作业的观念一直存在各种争议。这些观念似乎都没有经过实证检验，但是却根深蒂固地存在于不同社会群体的观念之中。这些观念或者基于信念，或者基于传统，或者基于经验判断。

当今社会，学习已经无处不在，超越了学校时空的界限，因此作业延伸到学生的校外生活已经成为无法阻挡的社会趋势。基于此，高质量的作业设计与实施显得越来越重要，作业设计质量是保证作业功能发挥和作业效果实现的先决条件。

作业设计与实施能力也应该成为教师专业素养的重要标志之一。作业设计问题是目前作业研究领域迫切需要解决的首要问题。严格来说，对作业的理论与方法在历史上并没有进行过非常系统的研究和论述。本书基于解决现实作业设计问题的初衷，通过作业文本分析等研究方法，全面细致地剖析了现实作业中的真实问题、具体表现与原因，同时通过对作业观的历史分析，建构了课程视域下有关作业的基本理论，研究了课程视域下作业设计的基本理念、设计策略与方法、作业设计策略的可视化等一系列问题，希望由此转变教师的作业观念，提高教师作业设计与实施能力，提升作业质量，最终促进学生的健康成长！

作业文本分析是学生作业设计质量分析的重要方法。应该选择哪些基本要素和观察视角对表面上看似杂乱无序的作业内容进行分析？系统收集学生真实作业的方案，并且尝试通过研制作业文本分析的基本框架与分析工具，对实际存在的作业问题及其原因进行客观分析，将杂乱的文本信息转换为可以分析的数据信息，从而有助于更有针对性、更加深入地进行作业设计研究。

作业设计质量不高是影响作业效果的关键因素。作业设计质量普遍不理想，主要表现在作业功能定位、作业目标、作业时间、作业难度、作业类型和作业差异性等各个方面。作业设计质量不高的原因主要来自作业设计理论的欠缺、作业功能定位的不清晰、作业设计策略方法的匮乏以及教师作业设计能力不尽如人意等各个方面。整体而言，提高作业设计质量，减轻学生过重的课业负担，不能仅仅简单地通过"作业量"

和"作业时间"的减少来解决,更应该从提高作业自身的设计质量、实现作业多样化、促进学生适切的心理感受、让学生爱上作业、提高对不同学生的针对性等角度进行解决。

课程视域作业观符合历史发展趋势与现实诉求。从作业思想的历史发展脉络进行分析,国内外鲜有专家系统论述作业的理论。本书尝试对历史上一些著名的教学论、课程论和作业研究专家对于作业的思想进行概括和提炼,发现"作业即游戏活动"的思想更多地将作业作为教育的一个环节,"作业即教学巩固"的思想更多地将作业作为教学的一个环节,而"作业即学习活动""作业即评价任务"的观念则更多地将作业作为课程的一个环节,这几种作业观念体现了本质差异。但在历史长河的发展中,作业的功能越来越丰富,有关作业的研究越来越科学规范并且逐步建立在心理学的研究基础上。

建构课程视域作业观有助于变革作业。课程视域作业观不仅有助于解决目前作业存在的种种问题,而且也是对历史上各种作业观的继承与发展的必然追求。课程视域作业观更加强调的是一种科学的研究范式,即"目标导向、系统设计和诊断改进"。课程视域下的作业设计,需要在明确作业功能与价值的前提下,综合课程标准和学生学习情况进行单元作业目标设计,注重作业内容与作业目标的一致性,强调作业各个关键要素的内在结构性、纵向结构与横向结构等;课程视域下的作业设计,更加强调要根据学生的作业结果反思和完善作业设计,强调作业设计各个环节之间的相互作用。

课程视域下的作业设计策略有助于提升作业设计质量。要求做到以下几点:一是基于核心素养科学设计单元作业目标;二是作业内容与作业目标保持一致性;三是作业各关键要素具有内在自洽性;四是基于个性学习需求设计差异性作业;五是作业内容要求需体现纵横结构;六是依据学生作业结果反思完善作业设计等。其中最为突出的是,课程视域下的作业设计更加强调对不同学生差异性的关注,这是作业设计中始终需要关注的核心灵魂思想,更是作业的本质价值追求。

作业设计策略的可视化有助于提高教师的作业设计能力。仅仅依靠说理或者原则性的表达是无法提高教师作业设计与实施能力的。课程视域下作业设计策略的可视化,关注如何通过有效的工具、方法来将相关的理念、思想和策略变得更加可操作、可理解，更加符合教师日常的作业设计过程。作业设计策略可视化，实际上是在课程视域作业观的指导下，通过设计一系列体现课程视域作业设计理念与要求的思维工具，促进教师在作业设计的过程中不断记录和反思，从而促使教师在作业设计过程中形成科学习惯，最终提高作业设计的质量。课程视域下的作业设计策略可视化，强调作业设计要将宏观理念、中观流程与工具和微观问题相结合进行系统思考，主要是通过作业设计前的"设计流程图"、作业设计中的"属性分析表"和作业设计后的"反思评价表"等工具，引导教师设计作业的基本思路，促进教师在作业设计过程中不断反思，从而保障作业设计的质量。

作业设计研究只是作业研究领域的一个方面，但作业设计不是一种孤立的存在，而是要和作业批改、作业统计分析、作业讲评、作业管理等相结合。作业在教育领域内也不是一个独立的领域，作业和教学体系、评价体系相整合，共同发挥对学生发展的价值。作业不只有线下的，还有线上的，如何与信息化相结合也是未来作业设计可以不断探索的。从这些角度来看，作业设计与实施研究还存在广阔的空间。

## 一、信息化与线上线下融合式作业

信息化、智能化融入教育，是未来教育的发展趋势。信息化与作业系统的结合，成为面向未来的教育无法回避的领域，这也是很多学校和教师正在关注的信息化在教育中的应用。

与线下作业相比，线上作业具有随时随地、基于数据诊断分析精准施教、批改反馈及时、个性化推送、作业资源丰富等独特功能。线上作业可以不局限于固定的班级、班额，不受制于时空限制，还可以让不同学习能力的学生自主选择相应的作业，满足不同学生的差异化需求。

但不可否认的是，线上作业也有明显的局限性。线上作业最大的劣势在于对学生的社会实践、合作类作业、动手类作业、开放类作业等有明显局限。而且线上作业对学生视力的损害、网络环境对学生学习的诱惑干扰极大，对学生自控力和自主学习能力的要求极高，容易导致两极分化，这些问题不容忽视。

另外，线上作业的美好愿景，是建立在线上作业资源极其丰富且质量高、大数据分析非常精准、教师和学生的信息技术水平高、网络环境非常优越、软件平台使用非常便捷等基础上的。没有这些前提，前面所讲的线上作业的优势都难以发挥。当然，线上作业还有一个不可忽视的重大影响在于，教师高度依赖线上作业、依赖自动批改以后，很可能会逐渐失去作业设计与命题的能力，会更加不了解学生的实际情况，造成更严重的题海战术情况，加重学生的训练负担。

因此，未来并不是线上作业简单替代线下作业，而是相互融合。线上线下融合式作业是未来的大势所趋，也是符合实际需求的正确选择。

**1. 线上线下融合式作业的基本特征**

线上线下融合式作业，是结合单元目标，将不同类型的作业合理分布在线上与线下，有效整合线上与线下作业各自优势，实现因材施教，促进学生更好发展的作业设计与实施形态。

相较于线下作业，线上线下融合式作业有以下几个关键的特征。

一是必须要运用信息化环境。纯粹的线下或者纯粹的线上，都不能算是真正意义上的线上线下融合式作业。

二是需要融入及时批改、分析诊断等体现信息化独特优势的要素。线上作业最大的优势就是海量以及能够及时批改、及时分析诊断、及时反馈、及时推送等。借助便捷迅速的信息化统计分析，教师能迅速把握学生的学习结果，学生也会及时获得相应的反馈。但由于目前线上很多作业基本上还是以考查知识技能为主的题目，线上线下融合式作业要避免题海战术，作业自身质量要高，而且要少而精。

三是发挥线上作业和线下作业各自的优势。目前线上作业还是偏重于知识技能类的题目，偏重于客观题，偏重于具有唯一正确答案的题目，而一些比较开放的主观性作业、合作类作业还没有完全实现通过信息化手段自动批改、自动诊断和自动推送，因此这一类作业建议还是以线下为主，同时要加强教师的诊断与个别化辅导。

线下作业、线上作业都有各自不可替代的独特优势。因此，要警惕过分夸大线上作业的极端思维。

**2. 线上作业设计与实施的基本建议**

线上作业系统是基于互联网技术，集作业存储、作业布置、作业完成、作业批改、作业反馈、作业管理于一体的网络系统，同时还需要兼顾对教师、学生、家长、校长等不同角色身份的系统思考。

**线上作业系统的基本特征**。整体而言，无论是线上作业还是线下作业，其设计与实施的整体思想应该是基本相似的。在信息化时代，部分线下作业转移到线上是可行的，但转移后也需要是经过重新设计的"数字孪生"。

与线下作业相比，线上作业系统具有以下基本特征：

- 便利环保（无纸化）；
- 海量的长期存储；
- 根据需要选题组题；
- 批改迅速；
- 反馈及时；
- 数据积累；
- 智能化诊断分析；
- 作业的个性化推送；
- 与线下作业系统互补；

……

**线上作业需要有科学的作业属性标识系统**。线上作业不应该是无序的，而是要基于非常严谨和系统的整体设计。每一门学科的作业都要有系统的属性设计以及应用场景的分析。

比如，对每门学科作业的属性设计，可以借鉴本书第五章和第六章的相关内容进行系统设计。针对每一条作业，都可以通过目标编码，对作业内容、作业难度、作业差异性、作业水平、作业的科学性、作业类型、作业时间和情境性等进行标识。每一门学科可以有所差异，例如作业水平，可以借鉴布卢姆的教育目标分类，也可以将布卢姆的教育目标分类与学业质量水平相结合。再比如，对于作业情境，不同的学科也会有比较大的差异，但一定要预先设计好并且达成整体共识，这样才便于整体标识。

**建议尽可能提供适当的解题思路与方法指导**。线上作业系统在实施过程中有一系列的规范性操作，当学生做错的时候，并不是简单地判定

错误,而是能够为学生推送类似的题目,根据学生的错误原因推送相应的解题思路与方法建议,比如:

- 建议你仔细审题,尤其关注"……"文字;
- 请你计算的时候别忘记进位;
- 请阅读教材第×页。

……

类似这样对学生错误结果的针对性指导,可能对于学生后续的改进非常有意义,同时也会在系统推送类似题目的时候,让学生能够更高效地完成。

当然,对于学生的错题,除了给予建议外,还可以通过微视频给出解答过程。

**科学设计作业的个性化推送系统**。作业的推送系统是决定个性化、智能化水平的关键。一项作业是做对还是做错,系统后续推送什么题目给学生,是非常重要的问题。如果原来的作业只是从内容上进行标识,系统也只是会推送与这个内容相关的题目让学生不断进行操练。但是学生有时候做错是多种原因所致,并不一定是因为不理解相关内容。比如,图 7-1 中 A 卷和 B 卷考查的其实都是关于平行四边形面积的内容,但是 A 卷题学生的正确率为百分之九十多,而 B 卷题学生的正确率只有百分之十几。

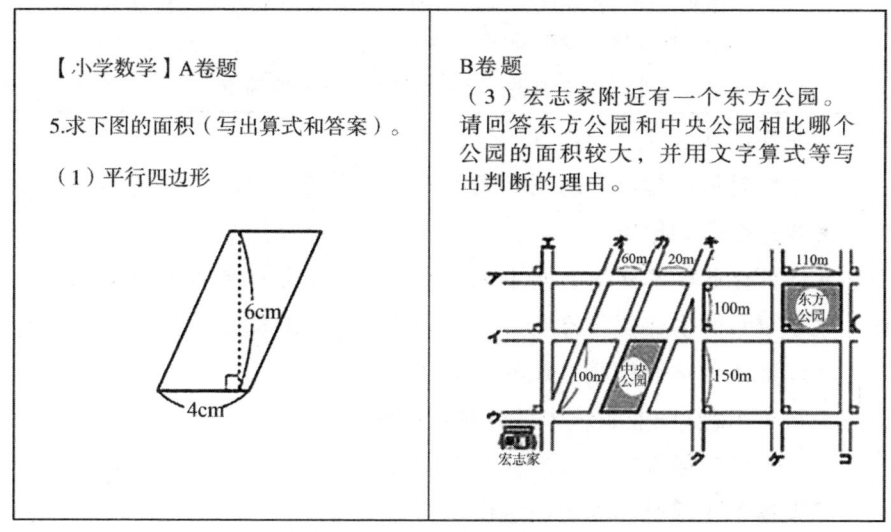

图 7-1 A、B 卷题目比较

为何考查同样的知识内容，正确率差异这么大？B 卷题错误率较高可能是两方面的原因：一是学生对于情境题不熟悉，不会通过文字和图片进行判断；二是学生没有掌握间接获得平行四边形的底和高的数值方法。假如要给答错 B 卷题的学生推送新的作业，显然不能仅仅只推送关于平行四边形面积的题目，而应该同时推送情境题、图形题，以及同时满足情境与平行四边形面积的作业等，以大大提高个性化推送的有效性。

因此，线上作业系统设计并不是单一属性的，而应是多重属性的，这样不仅能够更好地根据需要进行不同的作业组合，也丰富了诊断视角，还提高了推送个性化作业的精准性。

### 3. 线上线下融合式作业系统的应用场景

第一种是从不同角色身份的角度进行应用场景设计。（见表 7-1）

表 7-1　从不同角色身份的角度设计应用场景

| 角色身份 | 主要功能 |
| --- | --- |
| 教师 | 作业设计：作业上传，作业组合，作业布置，作业及答案更新，作业及答案查询等；<br>作业批改：客观题自动批改，主观题手工批改，查看答案，成绩登记等；<br>作业管理：作业成绩加权汇总，作业成绩表浏览，作业成绩表打印，作业成绩分析等 |
| 学生 | 完成作业，提交作业，查看成绩和答案，交流互动等 |

第二种是从平台自身的功能表现进行应用场景设计。

- 导入作业和导出作业。
- 保证作业的多样化，而不是单一化：高质量的作业系统必须保证作业题型分布的多样化，方便更全面地掌握学生的动态。
- 保证各种选取作业方式的兼容性：
  自主出题+作业系统中部分题目的组合；
  根据课时或者难度等选择重组作业；
  根据单元课时等固定抽取作业；
  ……

- 批改、统计分析作业结果。

根据学生的答题情况进行数据分析，掌握学生的学习情况，改进教学，对学生进行有针对性的指导。

**4. 作业系统建设基本流程建议**

建设一个符合标准、题型多样、扩展性较强的多层次的作业系统，可以按照以下步骤来进行设计。

- **总体设计**：对作业系统内容、难度、类型、水平分布情况进行整体设计。
- **作业设计与上传**：根据规格要求，将符合作业系统标准的作业导入作业平台。
- **测试作业**：系统形成之后，为了保证作业系统中作业的有效性，要对其中的作业进行测试，学生抽题、答题、提交作业，系统进行批改、量化分析。根据测验的结果，教师还可以修改不理想的作业。
- **存储作业**：按照一定的框架结构、作业属性存储作业。
- **作业维护与更新**：根据学生实际完成情况，及时更新作业系统中的作业，对作业进行增加、删除和修改等。要经常检测系统的架构，保证系统稳定性。

**5. 线上线下融合式作业面临的挑战**

根据上述分析，线上线下融合式作业系统的建设与实施，绝不是简单地融入部分技术就可以，而是对作业理念、作业目标、作业结构、实施方式、信息技术条件等都提出了巨大挑战，同时也对教师、学生、家长、校长、教研员以及教育行政管理者的专业素养提出了一系列挑战。

**对线上线下融合式作业本质追求的理解**。无论是设计线下作业还是线上线下融合式作业，都需要对学生、对作业有着本质的了解与认识。线上作业"翻船"通常并不是因为技术，而是设计者对作业的本质追求与价值观没有科学把握，依然以知识技能训练为主。要从真正促进学生全面发展、健康发展的角度出发，才能更好地发挥线上线下融合式作业的价值。要真正做到从学的角度出发，围绕学习内容和学生的认知基础进行作业设计，更好地反映学生多样化的学习，这样学生的学习才会自然走向深入，能力才会得以提升。线上线下融合式作业，不能简单定位在提高学生学业成绩上，而始终要把更好地实现因材施教、减负增效，更好地实现学生的终身发展，作为终极价值追求。

**对高质量作业不断迭代开发的挑战**。丰富、精致、高质量的线上作业资源的系统开发与不断更新，是实现线上线下融合式作业的关键基础。但是并不是所有老师都具备开发这样高质量作业资源的相应能力。开发高质量的作业系统，并且不断完善更新，是未来线上线下融合式作业效能得以实现的前提条件。

**对教师专业素养的挑战**。教师是一切教育变革的关键。教师首先要对线上线下融合式作业的本质有非常深刻的认识与理解，其次要具有学习、反思、研究和改进的能力。线上作业系统要求教师增强线上作业设计能力、数据分析能力、信息技术能力；同时还要处理好线上与线下作业的系统设计与实施问题，加强对学生的个别化辅导，使线下作业与线上作业形成互补、互相拓展或深化的关系。

**对学生学习能力的挑战**。不少事实表明，学生的自主学习能力是影响线上学习效果的关键。比如一项调研结果显示，65.45%的受访者认为自控力/自主学习能力是影响孩子在线学习效果最关键的因素；同时对于在线学习的短板与不足，38.81%的受访家长认为是"学生不能集中注意力，容易分神"。（中国教育科学研究院课题组，2020a）

与自主学习能力相对应的是被动学习、接受式学习。自主学习是以学生为学习的主体，学生通过独立地分析、探索、实践、质疑、创造等方法来实现学习目标。其实无论是线下学习还是线上学习，学生的自控力、自主学习能力都决定了其学习效果。只不过线下学习因为受到老师时刻的关注、监督和指导，缩小了部分学生由于自控力和自主学习能力弱造成的学业差距。但是线上学习因为老师无法时刻监督，更加依赖于学生的独立学习，所以自主学习能力和自控力所发挥的作用更加明显。加上在线学习会有很多网上的其他信息，会加重对孩子的干扰。这也是导致线上学习环境下学生两极分化更加严重的主要原因之一。

如何培养学生的自控力、自主学习能力，是线上线下融合式作业设计中需要特别加强的培养目标，这也是决定学生学业是否成功的关键要素之一。

除了上述挑战与要求之外，还需要学校电脑、网络、软件平台等软硬件配置的支持，以及足够的财政投入等，这样线上线下融合式作业才有可能逐步达成。

当然，线上线下融合式作业设计除了要面对上述挑战外，还面临着实践效果的考验。比如，线上作业对于大规模学生学习的实际效果缺乏很多强有力的实证数据。又如，采取线上线下作业融合是否更大范围地实现了教育的优质均衡？是否会造成更加严重的学生发展的两极分化？再如，人力、财力和物力的投入与产出是否合理？是否一定会得到比线下作业更好的整体效果？这一切都还有待长期关注。

信息化与作业改革不应该是一场立竿见影的颠覆式改革，而应该是一场渐变式改革，有一个从量变到质变的过程。因为一个人有时候可以走得很快，跨一大步会很容易，但是一群人哪怕一起跨一小步往往都是非常艰难的。

## 二、教学、作业与评价①的系统设计与实施

作业自身是一个系统，作业体系又是整个教育系统的一部分，所以要用系统的思想设计与实施作业体系。

与作业最紧密相关的是教学、评价等领域。作业如何与教学、评价形成相互促进的体系？这是一个非常值得进一步研究和探索的重要话题，要结合学段特点和学科特点进行深入研究与实践。

**1. 作业作为教学、评价关系的过渡与平衡支点**

如果仔细研究分析教学、作业与评价这三个核心内涵领域的差异和关联，就会发现一个非常重要的现象，即作业发挥了重要的过渡、平衡与支撑作用。（见表7-2）

---

① 评价是指学校日常的考试，包括单元测试、期中考试、期末考试等。

表 7-2 教学、作业与评价的比较

| | 教学 | 作业 | 评价 |
|---|---|---|---|
| 参与人员 | 依靠教师、学生、工具书等多重帮助解决问题 | 以个人独立解决问题为主，父母、工具书和笔记辅助 | 个人独立解决问题 |
| 实施方式 | 以对话、活动为主；以输入为主 | 以书面为主，辅以口头作业、活动等；同时有输入与输出 | 以书面为主；以输出为主 |
| 实施时空 | 35—45 分钟；以教室为主 | 一般超过 40 分钟；学校、家庭、社会 | 100 分钟左右；以教室为主 |

首先，从参与人员来看，教学主要是教师、学生与自己；评价是个人独立解决问题；而作业过程则少了教师这样一个对学生进行学习指导的"拐杖"，以学生个人独立解决问题为主，学生可以适度依靠父母，也可以查阅工具书。在这样一个从"依靠教师指导学习（教学过程）—依靠以学生个人、工具书为主进行自主学习，内化理解（作业过程）—完全依靠个人独立解决问题（评价过程）"的不同学习过程中，作业发挥了自然过渡、平稳缓冲、重要支撑等价值，有助于避免学生从"完全依靠教师学习"一下子跳跃到"完全无人帮助的评价"可能产生的各种问题。基于上述分析，我们需要在学生做作业的过程中给予正确的方法指导，比如引导学生在做作业的时候要尽可能依靠自己，尽可能先复习掌握后再独立做作业等。因为如果学生在做作业的过程中还是一直依靠父母、依靠家庭辅导老师、依靠查阅工具书，就会养成依赖心理，很难真正内化理解，很难自然过渡到以学生个体独立解决问题为主的评价过程，这样到评价的时候就可能出现各种困难，产生令教师和家长经常觉得难以理解的"课堂教学中听得懂，作业也会做，但是一考试就不会"的现象。

其次，从实施方式来说，教学以对话、活动为主，以教师口头表达、输入为主；评价以书面表达、输出为主；作业则再次体现了一种过渡、平衡作用，体现了一种"中间状态"——作业不仅有书面的，还有口头的，也有活动的，可以通过查阅资料、请教他人等方式，同时实现输入与输出。做作业的过程是有助于学生从输入到输出，从口头表达到书面表达的过程。

再次,从实施的时空来说,教学时空受到一节课 35—45 分钟①的限制,评价也有时空限制,而作业可以走出学校,走向社会,时间也不会受限这么明显。这是作业对教学既有巩固发展价值,又有互补价值的重要条件保障,也是课程视域下作业观的一个核心观点,即作业与教学不仅有一致性,也有互补性。

因此,作业在整个教育内涵发展中,发挥了至关重要的过渡、平衡、支撑与协同作用(见图 7-2),与教学评价协同实现课程的整体全面价值追求。

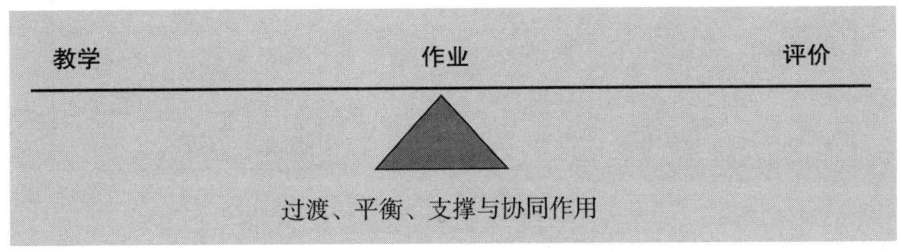

图 7-2　作业的过渡、平衡、支撑与协同作用

### 2. 教学、作业、评价脱节的典型表现

事实上,在现实学校日常教学中,教学、作业与评价并未完美结合、协同发展,而是体现了一种非常糟糕的不一致、不协同的情况,从而带来了非常严峻的后果。(见图 7-3)

教学、作业和评价的不一致主要是内容、进度、难度、要求、形式等方面的不一致。相比较而言,图 7-3 中的这些表现是典型的显性不一致,但还有一些比较隐性的不一致表现,比如形式与要求的不一致,教学是以活动为主、交流为主,而评价的要求则是完全书面的,这种隐性的形式不一致有时候会被教师所忽略。

---

① 本书中的教学一般是指狭义的教学概念。从全国各个省市来看,一节课的教学时间有差异。例如,上海市小学阶段一般每节课为 35 分钟,中学阶段一般每节课为 40 分钟;其他省市小学阶段一般每节课为 40 分钟,中学阶段一般每节课为 45 分钟。

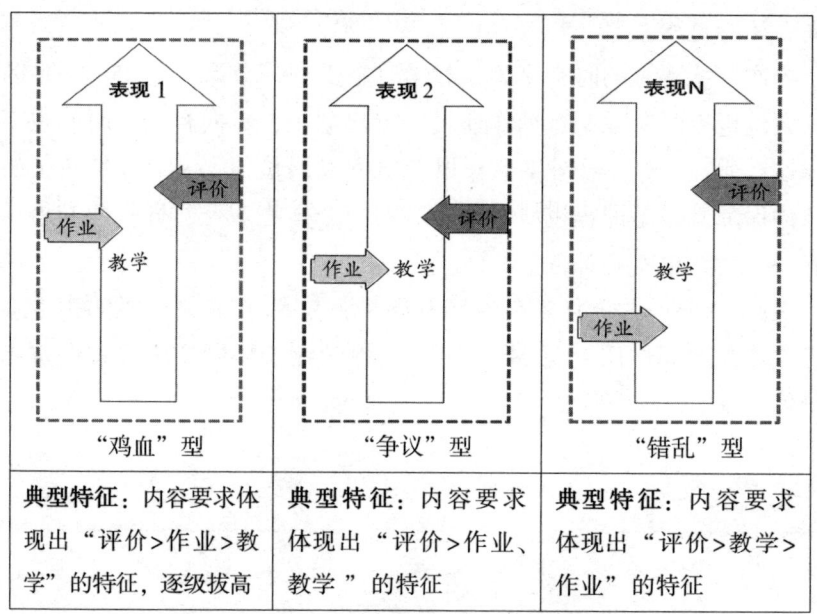

图 7-3 教学、作业与评价脱节典型示例

比如,英语教学的时候,课堂上只和学生进行有感情朗读,作业是阅读,表面上看起来很多语法、词语的知识点都在阅读中,但是教师教学的时候没有明确相应的语法点和使用注意点,也没有相应的指导和提醒,而考试评价的时候并不考口头阅读,恰恰只考相应的语法点和第三人称的动词使用方式。学生在这样的教学和作业要求下,很难完成相应的考试评价题。(见表 7-3)

表 7-3 教学、作业和评价不一致的隐性表现案例

| 要求 | 具体内容 |
| --- | --- |
| 教学要求 | 阅读:Kate has a cold… |
| 作业要求 | 阅读:Kate has a cold… |
| 考试评价要求 | 用下列词语的适当形式填空<br>My brother _____ a cold. Why _____ he _____ a cold?(have) |

这种隐性的教学、作业和评价的不一致往往被很多学校、教师和家长忽略,教师和学校自认为这些都教过了,但是却忽略了教学过程中只

是读一读，作业过程中也只是读一读，而到了书面考试评价中却考查语法点的重大差异。

**3. 教学、作业、评价脱节的危害**

教学、作业、评价的脱节并不是一件小事，会带来一系列的严重危害：

- 会导致家庭、社会对学校教育的不信任、不满意、不合作等；
- 会严重增加学生的学习负担，降低学习效率，打破学生固有的学习习惯；
- 会严重扰乱学校教学节奏；
- 会让教师失去对学生真实学习能力的判断，降低针对性；
- 会逐步降低学校教师自身教学、作业和评价的能力；
- 会让大众教育价值观扭曲；
- 会让家长、学生越来越追求校外培训机构，越来越不信任学校教学和作业；
- 会导致学生学业差距受到家庭经济因素影响越来越明显；

……

**4. 教学、作业、评价的系统设计实施**

教学、作业与评价脱节有很多原因，其中一个很主要的原因是现在很多教师缺乏考试命题、作业设计的能力。当下，很多教师只管教学，而对于作业和试卷等，基本依赖校外教辅资料、网上资源，采用"拿来主义"，这也是导致今天教学、作业和评价严重脱节的重要原因。教学、作业、评价的系统设计，建议主要做好以下几件工作。

第一，以单元为基本单位，对学科进行整个学段的单元整体规划。

单元整体规划，不是一个学期的整体规划，而是要整个学段的整体规划，这是为了确保教学、作业和评价的整体结构性。建议以自然单元和重构单元相结合的方式进行，并明确每个单元的基本属性。（见表7-4）

表 7-4　单元整体规划表格建议

| 年级 | 学期 | 单元序号与名称 | 单元性质<br>A. 概念单元<br>B. 主题单元<br>C. 能力单元<br>D. 项目任务单元<br>E. 跨学科单元<br>F. 其他 | 单元组合方式<br>A. 自然单元<br>B. 重构单元<br>C. 自然单元+重构单元<br>D. 其他 | 单元总课时 |
|---|---|---|---|---|---|
|  |  |  |  |  |  |
|  |  |  |  |  |  |

说明：

（1）单元名称，如果是自然单元可以用教材单元名称，如果是重构单元可以自拟名称；自然单元+重构单元，往往是指这个单元里一部分内容是来自教材本身的，一部分内容是教师自己或教研组额外添加的。

（2）单元性质，各个学科可以根据本学科的实际情况进行完善修改，其中项目任务单元往往还是偏重于本学科的项目任务，跨学科单元相关的内容主题和任务则比较强调超越本学科的主题任务。

**第二，从教学、作业和评价三个维度系统思考单元目标。**

单元目标，不仅仅是单元教学目标，还应该包括单元作业目标、单元评价目标，当然有些目标只能作为教学目标，有些目标只能作为作业目标，还有些目标则既可以是教学目标，也可以是作业目标、评价目标。前文阐述了单元作业目标和单元教学目标之间的关系。单元评价目标应该主要选择在日常教学、作业中学生常见的错误，以及一些综合性运用的目标。同时单元评价目标应该具有可测性，这些与教学目标、作业目标是有所区别的，单元评价要充分发挥诊断改进功能。

此外，单元目标不仅需要思考学科的目标，还要思考跨学科的目标，这对跨学科主题学习、跨学科作业和跨学科命题都很有价值。

基于第六章表 6-1 单元作业目标设计表示例，在进行教学、作业和评价的系统设计时可以稍做调整，如在此表中增加几个纵列（见表 7-5 灰色部分），即明确具体年级、学期、单元名称，每个目标究竟适用教学、作业，还是都适用。

表 7-5　单元教学、作业与评价目标整体设计撰写表格建议

| 年级 | 学期 | 单元名称 | 单元目标编码 | 目标内容 | 学业质量水平 | 对应核心素养 | 目标性质<br>A. 教学目标<br>B. 作业目标<br>C. 评价目标<br>D. 教学作业目标<br>E. 教学评价目标<br>F. 作业评价目标<br>G. 教学作业评价目标<br>H. 跨学科目标 |
|---|---|---|---|---|---|---|---|
|  |  |  |  |  |  |  |  |
|  |  |  |  |  |  |  |  |
|  |  |  |  |  |  |  |  |

当然，单元目标建议也是根据单元规划进行整体设计，经过调整成熟后再进行具体教学、作业、评价内容的设计。这也是决定教学、作业和评价系统是否能够有效设计的前提条件。

一个学段所有单元目标的系统设计是一个庞大的工程，需要教师在深刻理解学科课程标准要求、每个单元内容要求和本校学生特点，以及整体纵向结构的基础上，才有可能设计好。建议由教研员和学校合作完成这一工作。教研系统可以设计共性的基本要求，学校教研组可以基于本校学生特点在此基础上进行适度调整、完善和删补。

当然，这样的目标并不是固定僵化的，需要教研体系和学校紧密合作，结合学生在教学、作业和评价中的表现，定期进行调整与完善。

**第三，依据单元目标整体设计教学、作业、评价内容。**

单元目标一旦确定，学校教研组要依据单元目标，采用合作的方式，逐个单元完成设计。每个单元的教学、作业和评价不能割裂开来进行设计，要一体化设计，并且经过教研组的研讨达成一定的共识。

对设计过程中的很多具体要求前文都有详细阐述，其实评价也可以参照作业设计的很多要求，两者具有一定的相通性。此外，还要关注一些基本要点：

- 教学、作业、评价都要体现核心素养导向，避免仅仅体现知识技能训练的内容。
- 教学过程要为作业做铺垫，教学、作业要为评价做铺垫。
- 注意单元知识结构图的整理与设计。当然，知识结构图不能仅仅体现教师个人的思维方式，若能够适当反映不同水平学生知识结构图的建构特点和发展特点，则更加有意义。
- 教学、作业和评价要相互关联，但又要各有侧重。比如，教学侧重于重点难点讲解、方法策略指导、学习活动与互动交流等；作业侧重于重难点的巩固、落实和应用，以及对目标达成情况不理想的内容的再学习，必要的开放实践任务的完成等；评价则主要侧重于在单元学习和作业中，对学生掌握存在困难的内容以及单元相关内容的综合应用等方面的集中诊断等。

**第四，依据评价结果不断诊断改进。**

根据课程视域的特征，单元目标、教学、作业、评价内容的设计并不是永恒不变的，而是要根据学生完成结果的分析诊断，不断进行完善改进。

依据评价结果诊断改进教学、作业与评价并不是一件简单的工作，需要教师具有负责的态度、专业的能力进行分析判断，并能够及时付诸行动。从诊断改进的措施来看，可以有以下几种主要的操作方式。

一是改进教学、作业实施策略。学生表现的结果不好，有可能是教师在教学过程中的实施策略不妥当，缺乏正确的指导，导致学生无法理解；也可能是教学中没有涉及，但是在作业评价中却有相应的任务要求所导致……

二是改进教学、作业和评价内容本身。假如教师反思后觉得实施过程没有问题，那么就需要反思教学、作业和评价内容设计本身。有时候可能是因为学习任务太难，也可能是因为学生无法理解相应的情境，或者是因为要求不清晰所导致……

三是对于单元目标自身的改进完善。如果教师分析内容、实施本身都没有问题，则需要完善单元目标本身。比如，对于学生普遍很难达到的目标要适度降低要求。一般来说，单元目标建设要特别严谨科学，对单元目标的调整也要非常慎重。

当然，教师还可以通过个别化辅导等方式去进行改进完善。

总之，教学、作业与评价系统含有多种含义与特征：一是侧重于同一学科内容的系统性，主要是指目标、内容任务的纵横关系处理；二是侧重于"目标—内容—实施—反思改进"整个环节的系统性和协调性；三是侧重于不同学科之间的横向关系。教学、作业与评价系统的设计实施是一件复杂而专业的内涵工作，可以避免原先教学、作业与评价孤立化、零散化、碎片化等问题，避免教师个人只懂教学不懂作业和评价，或者只会命题不擅长教学的现象。要将教师具备教学、作业和评价系统化设计实施能力作为重要的专业能力来抓。此外，教学、作业与评价系统化设计实施要以学校为基本落实单位，这样可以更好地提高针对性与实效性。

### 三、本章小结

作业的过程本身也是全面育人的过程。

正如杜威所认为的，作业不仅仅是获得知识本身，否则就会沦为技术性的作业。应该让学生在作业的过程中锻炼"思维"，发展"智慧"，让学生能够解决日常生活中的问题，同时在作业的过程中培养情感和道德。

确定课程视域作业观，不仅因为课程视域作业观是作业问题的现实诉求，而且也是作业思想历史发展的必然趋势，更是因为课程视域作业观更加符合未来作业的价值追求且是对历史、现实与未来的综合反映。

实际上，在作业领域还有很多需要不断深化研究与实践的问题。

比如，通过线性回归的方式，我们已经证明了作业的针对性越强，越有助于提高学生的学业成绩，越有助于提高学生的作业兴趣。因此，在大班额集体教学的背景下，如何真正结合学生的认知特点，设计满足每个学生个性化需求的作业，就显得越来越迫切。

又如，如何让做作业的过程真正成为学生学习的过程，而不仅仅是一个诊断、评估学生已经掌握知识的过程？这是一个更加有意义的视角。目前，因为作业设计缺乏体系，教师缺乏对学生学习心理的研究和学习特征的分析，作业往往会表现出碎片化、零散化的特征。如果今后

# 参考文献

## 一、中文文献

奥恩斯坦，汉金斯，2002. 课程：基础、原理和问题：第三版［M］. 柯森，主译. 南京：江苏教育出版社.

布卢姆，等，1987. 教育评价［M］. 邱渊，王钢，夏孝川，等译. 上海：华东师范大学出版社.

波斯纳，2007. 课程分析［M］. 仇光鹏，韩苗苗，张现荣，译. 上海：华东师范大学出版社.

博伊德，金，1985. 西方教育史［M］. 任宝祥，吴元训，主译. 北京：人民教育出版社：97.

蔡迪，1955. 什么是设计教学法？它的错误在哪里？［J］. 人民教育（9）：60-61.

陈桂生，2009. "作业"辨析［J］. 上海教育科研（12）：59-61.

陈以藏，范叶颖，2011. 家庭作业的是与非：美国的家庭作业之争及其启示［J］. 长治学院学报，28（3）：105-108.

陈屹，2001. 诱惑与困惑：美国教育参考［M］. 北京：中国社会出版社.

陈晓红，2010. 优化高中数学作业设计的实践与研究［D］. 苏州：苏州大学.

邓宗怡，匡芳涛，2009. 泰勒原理和凯洛夫教学论的比较：兼论课程论和教学论之间的关系［J］. 西南大学学报（社会科学版），35（6）：53-57.

杜威，2001. 民主主义与教育［M］. 王承绪，译. 2版. 北京：人民教育出版社：46.

杜威，2005. 我们怎样思维；经验与教育［M］. 姜文闵，译. 北京：人民教育出版社.

顾志跃，2004. 中小学生课业负担问题：中小学教育改革热点问题导读之十一［J］. 教育科学研究（11）：15-16.

郭华，刘晓敏，赵介平，2006. 国内四省区普通中小学作业情况调查研究［J］. 教育学报（6）：29-39.

赫尔巴特，1989. 普通教育学；教育学讲授纲要 [M]. 李其龙，译. 北京：人民教育出版社.

胡惠闵，王小平，2013. 国内学界对课业负担概念的理解：基于500篇代表性文献的文本分析 [J]. 教育发展研究，33（6）：18-24.

胡雅静，2012. 浅谈小学数学课外作业的优化策略 [J]. 教学与管理（2）：62-64.

黄炳煌，1985. 课程理论之基础 [M]. 台北：文景书局.

黄蔚艳，2011. 项目式作业在高等教学中的应用研究 [J]. 创新与创业教育，2（2）：59-62.

黄莺，彭丽辉，杨心德，2008. 知识分类在教学设计中的作用：论对布卢姆教育目标分类学的修订 [J]. 教育评论（5）：165-168.

季金杰，2013. 基于设计教学法的教学设计策略研究：以上海高中信息科技选学模块"算法与程序设计"为例 [D]. 上海：上海师范大学：22.

加涅，布里格斯，韦杰，1999. 教学设计原理 [M]. 皮连生，庞维国，等译. 上海：华东师范大学出版社.

姜琦，1935（民国二十四）. 现代西洋教育史 [M]. 上海：商务印书馆.

凯洛夫，1951. 教育学：上册 [M]. 沈颖，南致善，等译. 2版. 北京：人民教育出版社.

克伯屈，1991. 教学方法原理：教育漫谈 [M]. 王建新，译. 北京：人民教育出版社.

克拉斯沃尔，布卢姆，等，1989. 教育目标分类学：第二分册 情感领域 [M]. 施良方，张云高，译. 上海：华东师范大学出版社.

柯政，2013. 公众对课业负担的理解：基于2159份问卷调查结果 [J]. 教育发展研究，33（6）：25-30.

乐嘉立，2012. 长作业研究：基于中美比较视野 [D]. 上海：上海师范大学.

李秉德，1991. 教学论 [M]. 北京：人民教育出版社.

李慧清，2012. 教育文献研究论文：《优化初中英语作业与提高学习积极性关系的实证研究》情报综述 [J]. 中学课程辅导（教师通讯）（12）：125-128.

李茂，2008. 家庭作业：美国教师联合会的建议 [J]. 教育理论与实践，28（12）：57.

李倩，2008. 基于内容分析法的博客文献的研究 [D]. 天津：天津师范大学.

李思悦，2009. 上海地区小学高年级家庭作业问题的调查与研究 [D]. 上海：上海师范大学.

李文奎，1992. 试论杜威的课程论思想：从"活动作业"到"分科教学" [J].

高等师范教育研究（5）：21-25.

李学书，2009. 国内外家庭作业比较研究［J］. 教育学术月刊（10）：65-68.

李子建，邱德峰，2017. 学生自主学习：教学条件与策略［J］. 全球教育展望，46（1）：47-57.

林影，刘炬航，2008. 试析泰勒的柏拉图情结［J］. 华南理工大学学报（社会科学版）（2）：24-27，71.

刘春生，2010. 让学生爱上作业：小学作业布置、查收和批改的技巧［M］. 北京：中国轻工业出版社.

刘红，刘君，2008. 新加坡专题作业评价：兼谈对我国综合素质评价的启示［J］. 人民教育（13/14）：63-64.

刘辉，2010. 促进学习的课堂评价结果处理研究［D］. 上海：华东师范大学.

刘辉，2012. 课后书面作业：来自国外研究者的解读：关于课后书面作业的研究综述［J］. 中小学管理（3）：4-7.

柳依宁，2010. 新课标下对高中历史作业流程的探索与实践研究［D］. 上海：华东师范大学.

栾小芳，2007. 小学生家庭作业问题研究［D］. 兰州：西北师范大学.

罗建河，杨琳，2009. "家庭作业"的新概念：国外的经验与启示［J］. 中小学教师培训（4）：61-63.

吕大为，2003. 美国中小学家庭作业的历史演变及启示［J］. 辽宁教育（7/8）：51-53.

美国国家教育和经济中心，匹兹堡大学，2004. 美国小学学科能力表现标准：英语、数学、科学、应用学习标准介绍、能力表现说明、作业实例及评注［M］. 上海市教育科学研究院，译. 北京：人民教育出版社.

孟娟，2002. 新课程下的作业布置：一种新的学习观［J］. 湖南第一师范学报（4）：84-86.

牧之，2012. 德国家长怎么处理孩子的家庭作业问题［J］. 家庭之友（佳人）（11）：66-67.

邱均平，邹菲，2004. 关于内容分析法的研究［J］. 中国图书馆学报（2）：12-17.

任宝贵，2007. 国外家庭作业研究综述［J］. 上海教育科研（3）：31-34.

任宝贵，2010a. 凯洛夫家庭作业观反思［J］. 全球教育展望，39（2）：7-10.

任宝贵，2010b. 美国历史上的废除家庭作业运动及其对我国的启示［J］. 外国中小学教育（1）：51-55.

任宝贵，2012. 我国家庭作业改革的成功尝试及其启示［J］. 当代教育科学

(2): 41-44.

任胜洪, 2005. 再论"传统教育"与"进步主义教育"之争：从赫尔巴特到杜威 [J]. 贵州师范大学学报（社会科学版）(4): 105-108.

山子, 2011. "过重课业负担"的概念分析及问题求解 [J]. 基础教育, 8 (5): 27-33.

上海市教育委员会教学研究室, 2019. 小学作业设计与实施指导手册 [M]. 上海：华东师范大学出版社.

沈瑜, 2010. 小学中高年级英语作业设计的实践研究 [D]. 上海：上海师范大学.

施良方, 1996. 课程理论：课程的基础、原理与问题 [M]. 北京：教育科学出版社.

史美利, 2009. 新课程背景下高中化学作业设计研究 [D]. 北京：首都师范大学.

宋君, 2020. 读懂学生, 才能做好在线教学 [N]. 中国教师报, 2020-04-29 (4).

宋立华, 李如密, 2011. 中小学家庭作业从异化到理性回归之路 [J]. 教育理论与实践, 31 (32): 3-5.

宋倩, 2008. 英国教师与讲师协会提倡：取消学生家庭作业 [J]. 基础教育参考 (5): 19-20.

苏萌, 2009. 初中英语家庭作业设计的探索 [D]. 上海：华东师范大学.

孙瑞英, 2005. 从定性、定量到内容分析法：图书、情报领域研究方法探讨 [J]. 现代情报 (1): 2-6.

泰勒, 1994. 课程与教学的基本原理 [M]. 施良方, 译. 北京：人民教育出版社.

唐玉光, 胡惠闵, 1986. 福禄培尔论游戏体系中的"恩物"和"作业" [J]. 教育评论 (3): 76, 78.

汪亮, 2010. 小学生课后作业问题研究：家庭作业的设计与评价 [J]. 海外英语 (2): 181-183.

王宝剑, 熊莹莹, 2010. 国外作业研究及其对我国作业设计的启示 [J]. 教学与管理 (19): 78-80.

王静娴, 2006. 我国中小学家庭作业价值观研究：师生视角的双重透视 [D]. 武汉：华中科技大学.

王培峰, 于炳霞, 2003. 面对新课程, 作业怎么做 [N]. 中国教育报, 2003-04-05.

王天一，夏之莲，朱美玉，1993. 外国教育史：上册［M］. 2版. 北京：北京师范大学出版社.

王伟琦，2010. 从"计划配给"到"自主选择"：小学生作业管理的实践研究［D］. 上海：华东师范大学.

王月芬，2014. 让教育慢一些："基于课程标准的评价"的九个基本问题［J］. 基础教育课程（21）：55-62.

王月芬，张新宇，等，2014. 透析作业：基于30000份数据的研究［M］. 上海：华东师范大学出版社.

吴向阳，2010. 初中生物多元化作业理论和实践的探讨［J］. 福建基础教育研究（8）：43-44.

夏虹，韦慧彦，2002. 英国中学生物学教材的课后作业［J］. 生物学教学（7）：7-8.

谢维和，2000. 重要的是减轻中小学生的心理负担［J］. 教育研究（4）：9，41.

熊和平，沈雷鸣，2008. 作业：课程哲学意涵及改革思路［J］. 教育理论与实践（28）：49-52.

熊焰，2009. 试评福禄倍尔和蒙台梭利的幼儿园"作业"观［C］//中国地方教育史志研究会. 纪念《教育史研究》创刊二十周年论文集：16 外国教育思想史与人物研究：394-397.

杨波，2008. 小学英语拓展性作业的多维化设计与实践［D］. 南京：南京师范大学.

杨富有，1999. 小学生家庭作业负担过重问题的调查与思考［J］. 教学与管理（2）：29-30.

杨杰，2012. 小学高年级英语作业的多维化设计研究［D］. 长沙：湖南师范大学.

杨晓英，2007. 对小学生作业的哲学解析［D］. 兰州：西北师范大学.

佚名，2008. 英国小学生课业过重无暇玩耍［J］. 课程教材教学研究（小教研究）（17/18）：84.

易红郡，2013. "设计教学法"述评［J］. 课程·教材·教法，33（7）：103-109.

余丽蓉，何彩霞，2009. 初三化学作业情况的调查与实践改进［J］. 化学教育，30（11）：50-52.

于永正，2007. 个性化作业设计经验：语文卷［M］. 北京：教育科学出版社.

曾忠禄，马尔丹，2011. 文本分析方法在竞争情报中的运用［J］. 情报理论与实践,34(8):47-50.

张法琨,1980.赫尔巴特教学论中的几个问题[J].华东师范大学学报(自然科学版)(5):89-94.

张华,2000.课程与教学论[M].上海:上海教育出版社.

赵云翔,2008.高中数学作业设计的实践研究[D].长春:东北师范大学.

中国教育科学研究院课题组,2020a."停课不停学"的中国经验[N].光明日报,2020-04-21(14).

中国教育科学研究院课题组,2020b.大规模在线教育的六点启示[N].光明日报,2020-04-21(14).

胡森,波斯尔斯威特,1990.简明国际教育百科全书:教学 下[M].中央教育科学研究所比较教育研究室,编译.北京:教育科学出版社.

周晓彬,2011.当前我国小学英语课外作业设计的合理性研究:基于江苏J小学的个案研究[D].上海:华东师范大学.

周晓燕,陆露,2011.美国交互式家庭作业及其启示[J].外国中小学教育(3):58-61.

朱海英,2010.高中化学课外作业负担现状的调查研究[D].上海:华东师范大学.

朱智贤,林崇德,1988.儿童心理学史[M].北京:北京师范大学出版社:22.

邹强,2007.国外家庭作业研究及其启示[J].教学与管理(19):78-80.

佐藤学,2010.分层教学有效吗[J].钟启泉,译.全球教育展望,39(5):3-7.

佐藤正夫,1996.教学论原理[M].钟启泉,译.北京:人民教育出版社.

## 二、外文文献

ANDERSON T, ANALYTICS A, 2008. From unstructured text to valuable insights: leveraging text analytics to meet competitive intelligence needs [J]. Competitive Intelligence Magazine, 11 (1): 11-15.

BANG H J, 2011. Promising homework practices: teachers' perspectives on making homework work for newcomer immigrant students [J]. The High School Journal, 95 (2): 3-31.

BEMBENUTTY H, 2011. The first word: homework's theory, research, and practice [J]. Journal of Advanced Academics, 22 (2): 185-193.

BOBBITT J F, 1918. The curriculum [M]. Boston: Houghton Mifflin Company.

CHEN C, STEVENSON H W, 1989. Homework: a cross-cultural examination [J]. Child Development, 60 (3): 551-561.

CHENG E C K, 2011. The role of self-regulated learning in enhancing learning performance [J]. The International Journal of Research and Review, 6 (1): 1-16.

COOPER H, 1989a. Synthesis of research on homework [J]. Educational Leadership, 47 (3): 85-91.

COOPER H, 1989b. Homework [M]. New York: Longman.

COOPER H, 1994. The battle over homework: an administrator's guide to setting sound and effective policies [M]. Thousand Oaks, CA: Corwin Press.

COOPER H, ROBINSON J C, PATALL E A, 2006. Does homework improve academic achievement? A synthesis of research, 1987-2003 [J]. Review of Educational Research, 76 (1): 1-62.

COOPER H, LINDSAY J J, NYE B, et al., 1998. Relationships among attitudes about homework, amount of homework assigned and completed, and student achievement [J]. Journal of Educational Psychology, 90 (1): 70-83.

COOPER H, LINDSAY J J, NYE B, 2000. Homework in the home: how student, family, and parenting-style differences relate to the homework process [J]. Contemporary educational psychology, 25 (4): 464-487.

DETTMERS S, TRAUTWEIN U, LÜDTKE O, et al., 2010. Homework works if homework quality is high: using multilevel modeling to predict the development of achievement in mathematics [J]. Journal of Educational Psychology, 102 (2): 467-482.

DOYLE W, 1992. Curriculum and Pedagogy [M] //JACKSON P W, et al. Handbook of Research on Curriculum. New York: Macmillan Publishing Company.

EPSTEIN J L, VAN VOORHIS F L, 2001. More than minutes: teachers' roles in designing homework [J]. Educational Psychologist, 36 (3): 181-193.

HONG E, WAN M, PENG Y, 2011. Discrepancies between students' and teachers' perceptions of homework [J]. Journal of Advanced Academics, 22 (2): 280-308.

HOWELL R T, 2003. At issue: the importance of the project method in technology education [J]. Journal of STEM Teacher Education, 40 (3).

KLANGPHAHOL K, TRAIWICHITKHUN D, KANCHANAWASI S, 2010. Applying multilevel confirmatory factor analysis techniques to perceived homework quality [J]. Research in Higher Education Journal (6): 1-10.

LINVER M R, BROOKS-GUNN J, ROTH J L, 2005. Children's homework time: Do parents' investments make a difference? [EB/OL]. (2005-06) [2020-10-30].

https://www.researchgate.net/publication/242184336_Children's_Homework_Time-Do_Parents'_Investments_Make_a_Difference.

MUHLENBRUCK L, COOPER H, NYE B, et al., 2000. Homework and achievement: explaining the different strengths of relation at the elementary and secondary school levels [J]. Social Psychology of Education (3): 295-317.

TANNER D, TANNER L, 1980. Curriculum development: theory into practice [M]. New York: Macmillan: 4.

VATTEROTT C, 2009. Rethinking homework: best practices that support diverse needs [M]. Alexandria: ASCD.

VAN VOORHIS F L, 2004. Reflecting on the homework ritual: assignments and designs [J]. Theory into Practice, 43 (3): 205-212.

WESTCHESTER INSTITUTE FOR HUMAN SERVICES RESEARCH, 2002. Homework [J]. The Balanced View, 6 (6): 1-3.

ZIMMERMAN B J, 2002. Becoming a self-regulated learner: an overview [J]. Theory into Practice, 41 (2): 64-70.

# 后　记

　　这本书似乎早就该形成，因为书的核心内容来源于我的博士学位论文，但因为工作的忙碌，拖延至今。这本书的迟来，也让我有机会增加了近年来我对作业的一些新的思考。

　　因此，凡事皆有利弊。

　　虽然我一直觉得我还没有把与作业相关的很多问题想清楚，我应该慢慢完成这本书，让我在书中写的每一句话、每一个观点都是我所相信的，都是经过实证的，但这毕竟是一个美好的愿望。我一直渴望教育能够走科学化道路，而不是人云亦云，但关系到人的科学研究何其难？书里的一些观点是有实证依据的，但无法做到所有都是这样。我唯一能够保证的是，书中的每一句话都是我思考后写下的，是我至今所相信的。

　　本书也是我十多年扎根于作业研究的阶段性成果之一。虽然这是一本我个人尝试架构作业理论基础框架的专著，但我努力让它读起来不晦涩，也努力与实践指导相结合，尝试澄清很多对作业的误解。

　　这本书的形成要感谢上海市教委教研室，感恩很多人，感慨很多事。我特别感恩上海市教委原副主任、巡视员尹后庆先生，上海市教委教研室原主任徐淀芳先生，是他们多年的支持和指导，让我十多年来一直扎根在作业领域进行探索；我也特别感谢华东师范大学崔允漷教授，作为我的导师，他对于我如何在博士论文中形成关于作业研究的理论基础等给予了很多悉心指导；我也非常感动于我们作业研究团队多年来的持之以恒、精诚合作，他们有张新宇、刘嘉秋、邵骁、周坤亮、邹一斌、薛峰、陈振、曹刚、范飚、赵尚华、黄华、刘达、方耀华、汤清修、刘辉等。此外，我还要感谢上海市一些区域、学校多年来对作业研究的有效实践，他们的作业研究实践丰富了我关于作业研究的思想，启发了我的思考，激励我一直坚持耕耘在作业研究与实践这片亟须开垦的"荒原"上！

我一直觉得写一本个人专著，不同于出一本简单的汇编图书。写一本偏重于思想的个人专著，就应该在书里体现出一个人的思想体系与思维方式，能够让读者感受到作者的思维脉络，能够给读者一定启发。希望本书能够给予关注作业研究的同仁以思想引领与实践指导。

虽然2017年"提升中小学作业设计质量的实践研究"获上海市教学成果奖（基础教育）特等奖，并于2018年获基础教育国家级教学成果奖一等奖，2019年我的博士论文被评为"首届全国优秀教育博士专业学位论文"，但我从来没有把这些已经取得的成绩作为作业研究的终点，而是作为新的起点！

诗人艾略特曾经在《四个四重奏》中这样写道："我们叫作开始的往往就是结束，而宣告结束也就是着手开始。终点是我们出发的地方。"

用学习的力量避免盲目，看懂现在就是面向未来！

王月芬

2021年5月

出 版 人　李　东
策划编辑　池春燕
责任编辑　池春燕　郑　莉
版式设计　孙欢欢
责任校对　马明辉
责任印制　叶小峰

**图书在版编目（CIP）数据**

重构作业：课程视域下的单元作业/王月芬著. —北京：教育科学出版社，2021.6（2022.1重印）
ISBN 978-7-5191-2629-2

Ⅰ.①重… Ⅱ.①王… Ⅲ.①学生作业—研究—中小学 Ⅳ.①G632.46

中国版本图书馆CIP数据核字（2021）第108861号

**重构作业——课程视域下的单元作业**
CHONGGOU ZUOYE——KECHENG SHIYU XIA DE DANYUAN ZUOYE

| | |
|---|---|
| 出版发行　教育科学出版社 | |
| 社　　址　北京·朝阳区安慧北里安园甲9号 | 邮　　编　100101 |
| 总编室电话　010-64981290 | 编辑部电话　010-64989441 |
| 出版部电话　010-64989487 | 市场部电话　010-64989009 |
| 传　　真　010-64891796 | 网　　址　http://www.esph.com.cn |

| | |
|---|---|
| 经　　销　各地新华书店 | |
| 制　　作　北京金奥都图文制作中心 | |
| 印　　刷　保定市中画美凯印刷有限公司 | |
| 开　　本　720毫米×1092毫米　1/16 | 版　　次　2021年6月第1版 |
| 印　　张　16.25 | 印　　次　2022年1月第9次印刷 |
| 字　　数　215千 | 定　　价　49.80元 |

图书出现印装质量问题，本社负责调换。

作业的设计与实施，能够站在帮助学生学会"自主学习"的角度来进行，则是作业革命最有价值的转变。比如，作为作业的阅读素材自身的价值和意义，提供的资料的科学性、文学性等，让学生在阅读的过程中可以学习新的知识、产生兴趣，感受评价不是在输出自己原有的所学，而是在输入新的学习内容的过程。再比如，设计的作业要前后有关联，教师要有意识地搭建"脚手架"，让学生通过前后有序的学习，学会相关的要求；作业设计中可以提供一些方法指导，让学生学会自主学习的各种能力，包括如何获得资料、如何做笔记、如何做批注、如何记录自己的困难等，让学生在做作业的过程中获得不断生长的能力，避免产生习得性无助感。

作业设计与实施不应该仅仅在教学论、课程论的基础上进行研究，还可以结合社会学、心理学进行研究。

比如，跨学科作业如何更好地设计与实施？作业难度和结构怎样才更合理？作业的契约式管理如何开展？教师如何实施作业讲评课？不同教龄教师的作业设计能力如何提升？不同学科、不同学段的作业设计与实施究竟有何差异？

……

忽然感觉，作业研究与实践，实际才刚刚开始！